# 新时代国家安全学学科建设研究

王 林 著

中国政法大学出版社

2025·北京

**图书在版编目（CIP）数据**

新时代国家安全学学科建设研究 / 王林著. -- 北京 : 中国政法大学出版社, 2025. 3. -- ISBN 978-7-5764-1969-6

Ⅰ. D631

中国国家版本馆 CIP 数据核字第 2025UA3983 号

---------------------------------------------------------------------------------

| | |
|---|---|
| 出 版 者 | 中国政法大学出版社 |
| 地 址 | 北京市海淀区西土城路 25 号 |
| 邮寄地址 | 北京 100088 信箱 8034 分箱　邮编 100088 |
| 网 址 | http://www.cuplpress.com (网络实名：中国政法大学出版社) |
| 电 话 | 010-58908586(编辑部) 58908334(邮购部) |
| 编辑邮箱 | zhengfadch@126.com |
| 承 印 | 北京旺都印务有限公司 |
| 开 本 | 720mm×960mm　1/16 |
| 印 张 | 14 |
| 字 数 | 240 千字 |
| 版 次 | 2025 年 3 月第 1 版 |
| 印 次 | 2025 年 3 月第 1 次印刷 |
| 定 价 | 56.00 元 |

在我交往不多的朋友中，王林老师是一个非常勤奋且成果频出的中年学者。涉足国家安全教学科研以来，王林老师的文章就频频见诸各种学术刊物。从理论到历史，从古代到当代，从学理到政策，他的论文涉及面非常广泛。这里面我最感兴趣的，还是他有关国家安全学理论和学科建设的研究成果。面前的这部书稿，就是他从以往研究成果中提炼和概括总结出来的关于国家安全学学科建设的深思之作。

《新时代国家安全学学科建设研究》不是有组织编写的任何丛书系列中的一本，而完全是作者自己学术兴趣的凝结，在一定程度上也是学术自由的结晶。在当前高校教学科研组织化程度越来越高，教学科研越来越失去个性特征的学术环境中，能够根据自己兴趣爱好选择研究领域，进行深入探索，提出学术观点，是非常难能可贵的。王林老师在国家安全学教学科研领域是一个成绩非常突出的孤勇者。

当前热火朝天的国家安全学领域，有些人不知道甚至有意不提30年来我国国家安全学的来龙去脉，对学科历史缺乏起码的尊重。与此不同，王林老师一开始从事国家安全学教学科研工作，就认真回顾梳理了中国特色国家安全学简短的历史进程。本书第一章在回顾历史时明确指出，我国建立国家安全学的理念在20世纪90年代就被提出，具体来说发端于1998年，代表作是内部发表的《为国家安全立言——"国家安全学"构想》及由其压缩后公开发表的《建立"国家安全学"初探》。正如本书第二章所指出的那样，2004年的《国家安全学》是中国特色国家安全学诞生的标志，2014

年的《为国家安全立学——国家安全学科的探索历程及若干问题研究》是国家安全学理论的进一步完善和对国家安全学学科建设的进一步探讨。这两部著作，构成了中国国家安全学自主知识体系1.0版。在此，我不因自己是这两篇文章和两本书的作者，就故作谦虚地回避这一历史事实，而要明明白白地感谢王林老师把这一事实载于他的论著之中。当然，如果更严谨些，还应该指出"国家安全学"一词在1994年就首先由朱奕宝先生提了出来（这一点在本书后面是有论述的）。

从第三章开始，王林老师就当前国家安全学领域的一些争论问题展开论述，其中包括的内容非常广泛，我感兴趣的问题包括国家安全学是交叉学科还是综合学科（第三章）、国家安全学学科来源问题（第四章）、学科范围界定问题（第五章）、国家安全概念"泛化"问题（第七章）、国家安全学分支学科建设问题（第八章）等。对于学科性质，本书认为，只有将国家安全学定性为全新的综合学科，才能符合国家安全学"一级学科"的定位，也才能在逻辑上理顺国家安全学一级学科和其他一级学科的关系，并且为国家安全学特有的学科体系、理论、研究方法设定前提。关于学科来源，本书在考察了众多不同观点后写道：国家安全学并不是从某一个学科或某一方面的社会需要中产生的，而是从多个不同学科分化出不同内容后，根据不同方面的社会需要，经过综合研究后形成的一门能够满足社会相关方面的不同需要，并独立于其多个母体学科的综合性社会科学。所谓国家安全概念"泛化"，是一个非常复杂的理论问题，本书对此概括总结了各种观点，进行了深入分析，提出了自己的看法，只是我觉得还需要进一步深入下去。

事实上，总体国家安全观下的国家安全就是一个国家所有国民、所有领域、所有方面、所有层级安全的总和，也就是国家的全要素安全。因此，把国家中任何一个人的安全、任何一件事的安全、任何一个领域的安全、任何一个方面的安全，置于国家安全概念之中，都不是国家安全的泛化。国家安全的泛化，在于把不是安全的人和事置于国家安全概念之中。例如，把"科技安全"置于国家安全概念之中不是国家安全的泛化，但把"科技"置于国家安全概念之中就是国家安全的泛化。同理，虽然把"交通"置于国家安全概念之中是国家安全概念的泛化，但把"交通安全"置于国家安全概念之中并不是国家安全的泛化。然而，由于国家安全学不仅要研究国家安全，而且要研究影响国家安全的因素、威胁危害国家安全的因素和国家安全保障问题，因而许多不在国家安全概念中的事情，其与国家安全的关系也是国家安全学需要研究的。例如，科技虽然不在国家安全概念之中，但科技发展程度影响国家安全，发展科技是保障国家安全的重要手段，因而在研究国家安全概念包括的"科技安全"之外，国家安全学还要研究科技发展对国家安全的影响，以及如何通过发展科技来保障国家安全。这就需要构建一个包括国家安全同时超越国家安全的国家安全体系和国家安全学理论体系、学科体系。

在深入研究各种争论问题的同时，《新时代国家安全学学科建设研究》还对国家安全学学科体系中的一些分支学科建设进行了专门探讨，提出了建设性的意见和建议。这主要包括第九章和第十章关于国家安全法学学科及专业建设的探讨，第十一章"构建国家安全战略学"，第十二章"构建国家安全案例学"，第十三章"构建国家安全保障学"，以及第十四章"构建国家安全史学"和第十五章"国家安全思想史的学科定位及体系构建"。全书最后一章（即十六章），专门研究"《尚书》中的国家安全思想"，这可以说是作者对自己倡导国家安全史学和国家安全思想史的一种自我回应。

国家安全学术研究与其他学术工作一样，需要的是百家争鸣，而不是独尊一术。有人认为现在国家安全学领域太"乱"，我倒认为这种乱是好事，不是坏事。学术不怕乱，就怕一律，怕千篇一律。本书涉及了国家安全学领域的许多问题，包括许多正在争论的问题，这反映出国家安全学正在健康成长和发展。如果没有了争论，都统一到了一个什么上面，那才是学术的悲哀，是不正常的学术状态。对于书中广泛涉及的各种问题，包括争论性问题，我在这里无法一一列举，希望读者能够根据自己的需要，选读其中相关章节。如果时间充裕，或者要从事这方面的专门研究，更应该从头到尾通读一下。

我非常愿意向国家安全学专业的老师和同学，以及对国家安全学学科建设感兴趣的所有读者，推荐王林老师的这本《新时代国家安全学学科建设研究》。这本书语言表达浅显，道理学理深刻，入门者可以读，深造者可以读，专业研究者也可以读。开卷有益，此书是也。

刘跃进

2025 年 3 月 6 日于北京海淀坡上村

# 目 录

# 第一章

# 国家安全学：历史回顾、现状分析及未来展望

国家安全学是研究国家安全的系统性学科，研究对象的独特性是构建新学科的基础。国家安全学源于国家安全实践，又服务于国家安全实践，这也是理论和实践辩证关系的哲学体现。在理论界和实务界的共同推进下，我国的国家安全学发展取得了长足的进步，国家安全学的学科地位也获得了官方的认可，步入了正规化发展的道路。但是，一门新兴学科的成熟、定型并不是一蹴而就的，需要一个提出、探索、成熟的发展过程，可能需要数十年甚至上百年的时间，这是由学科的发展规律决定的，国家安全学也不能例外。鉴于国家安全的复杂性以及国家安全学的交叉性和复合性，国家安全学的有些概念和基本理论还存在争议。要解决上述问题，一方面，需要继续深化对相关概念和理论的研究，例如要厘清国家安全概念的内涵和外延；另一方面，要将国家安全的理论放到维护国家安全的实践中进行检验，达到去伪存真的目的。在我国国家安全学快速发展的当下，及时进行理论回顾、总结以及学术史的考察，显得特别重要、也特别必要。回顾历史、反思现在、展望未来，重整行装再出发，促进我国的国家安全学更好、更快发展，也是笔者写作此书的初衷。

## 一、历史回顾

### （一）国家安全学的缘起

任何理论和学科都不是凭空产生的，现实的需要催生理论，而学科就是理论的系统化。没有实践，理论和学科注定是无源之水、无本之木，不

可能获得长久的发展。一个国家所面临的国内外安全环境决定了一国维护国家安全的实践需求，而维护国家安全的实践需求直接催生了国家安全理论和国家安全学。国家安全理论以及国家安全学的发展和一国所面临的国家安全严峻形势呈正向关系，国家安全形势越严峻、越恶劣，对国家安全理论的需求就越迫切，国家安全学的发展就越迅速。

在我国，建立国家安全学的理念在 20 世纪 90 年代被理论界提出，要追溯国家安全学的缘起，就要考察当时我国所面临的国内外安全环境。虽然当时世界的时代主题是和平和发展，但是我国还是面临着严峻的国内外安全形势。从国内来看，20 世纪 90 年代，非传统安全威胁加剧，以"东突"恐怖组织为代表的"三股势力"出于政治、意识形态目的，在我国新疆地区制造了大量的暴力恐怖袭击事件，严重威胁了社会稳定和长治久安；随着国有企业改革向纵深推进，大量下岗职工的再就业问题成为不可回避的社会问题，如果不能很好解决下岗职工的再就业问题，不可避免会影响我国的政治安全、经济安全和社会安全。从国际来看，我国当时面临的国际环境并不利于自身的发展。苏联解体、东欧剧变后，以美国为首的西方国家出于"西化"目的，也对我国发动"颜色革命"，妄图改变我国的社会主义制度、推翻我国人民民主专政的政权。虽然最终以失败告终，但也让我们认清了敌人亡我不死之心；1999 年发生了美军轰炸我国驻南联盟大使馆的恶性事件，中美关系一度降至冰点。要破解我国面临的国内外安全困局，就需要科学的、先进的、理性的、有预见性的国家安全理论指导我国的国家安全工作。

时任国家主席的江泽民同志深刻洞察世界政治走向多极化、经济日益全球化的复杂国际形势，认识到"天下仍很不太平，霸权主义和强权政治有新的发展"。在新的历史条件下，以江泽民同志为代表的中国共产党人继承和发展了中国共产党优良的国家安全思想，提出了涵盖多种国家安全领域的新安全观。新安全观的提出，是对国家安全理论的重大突破[1]。维护国家安全理论的最新成果，需要通过学科的形式固定下来。维护国家安全

---

[1] 曹亚雄、王磊：《论习近平对中国共产党国家安全思想的继承和发展》，载《中州学刊》2019 年第 7 期，第 2~3 页。

实践的需要催生了国家安全学，而以新安全观为基础的国家安全理论的发展为创建国家安全学提供了深厚的理论准备。在内因和外因共同的作用下，创立国家安全学具备了天时、地利、人和。

（二）国家安全学的探索历程

国家安全学的发展是一个长期的、动态的过程，也是一个量变和质变相统一的过程。在国家安全学发展过程中出现了一些关键性的、具有转折意义的事件，被称为国家安全学发展过程中的"节点"。

1. 《建立"国家安全学"初探》论文发表

《建立"国家安全学"初探》是刘跃进教授1999年在《国家安全通讯》上发表的论文，也是我国学者在公开刊物上就国家安全学发表的第一篇学术论文。刘跃进教授致力于国家安全学研究，在后来的研究中又陆续发表了多篇以国家安全学为主题的学术论文，这些都奠定了刘跃进教授国家安全学创始人的地位。需要特别说明的是，《建立"国家安全学"初探》一文压缩转载于刘跃进教授1998年2月在内部刊物《首都国家安全》上发表的《为国家安全立言——"国家安全学"构想》一文。因此，严格来说，我国国家安全学的学术研究发端于1998年[1]。

刘跃进教授在论文中论述了我国创立国家安全学的紧迫需求、研究对象、现实意义，辨析了"国家安全"和"国家安全工作"两个相似的概念，并在结尾详细列出了国家安全学研究的内容结构体系：导论；国家安全理论和国家安全工作理论[2]。虽然和刘跃进教授后期国家安全学的论文相比，这篇论文篇幅相对比较短、论述也不是特别深刻，但是其开启了国家安全学研究的先河，为后来的国家安全学研究指明了方向。

2. 《国家安全学》教材出版

刘跃进教授主编的、中国政法大学出版社2004年出版的《国家安全学》是我国首部国家安全学教材，这本教材是北京市高等教育精品教材立项项目成果。《国家安全学》教材的出版，直接解决了国家安全学课程没有

---

〔1〕　刘跃进：《刘跃进国家安全文集》（上册），中国经济出版社2020年版，第2~6页。

〔2〕　刘跃进：《建立"国家安全学"初探》，载《国家安全通讯》1999年第1期，第31~33页。

教材的紧迫问题。《国家安全学》一书内容非常丰富、涉及的知识也非常广泛。该书不但详细论述了国民安全、国土安全、经济安全等具体的国家安全领域，而且还阐释了和国家安全学密切相关的基础性知识，例如国家安全学的对象、任务和学科性质，国家以及国家利益等；还包括国家安全环境、国家安全保障体系、国家安全观、国家安全战略等国家安全学的下位内容[1]。

3. 《为国家安全立学——国家安全学科的探索历程及若干问题研究》
专著出版

如果说我国的国家安全学研究肇始于刘跃进教授的《建立"国家安全学"初探》一文，那么《为国家安全立学——国家安全学科的探索历程及若干问题研究》一书就是刘跃进教授在国家安全学领域研究成果的集中展示和阶段性总结。专著出版是一个学科发展、成熟的重要标志，是对学科基础理论的系统性梳理，也是对学科发展前景的展望。有了专著出版，国家安全学研究才有阵地，才能吸引和聚拢一批志同道合的研究者，才会有学者间对话的平台，也才能为培养国家安全人才提供素材准备。

刘跃进教授在专著中系统梳理了国家安全和国家安全学相关重要问题，内容包括古代和近现代的国家安全思想、国家安全研究的历史考察、国家安全学的初步探讨和学科体系探索、对国家安全学对象和性质以及地位的探讨、国家安全学的理论内容与体系结构、"国家""安全"等基础概念辨析、社会安全等国家安全领域、国家安全法治理论等。本书内容可谓非常丰富，有很高的学术价值[2]。刘跃进教授在文化安全部分创造性地探讨了语言文字安全问题，现在来看，这有很强的学术敏感度和前瞻性。

4. 提出总体国家安全观

中国共产党的国家安全思想经历了百年演进，在严峻的国家安全形势中得到了洗礼和考验，不断成熟和完善，也发展出不同的国家安全观。我国在从"站起来"、到"富起来"、再到"强起来"的过程中，在不同的阶段，面临的国家安全形势是不同的，对安全的认识和把握也是不同的，对

---

〔1〕 刘跃进主编：《国家安全学》，中国政法大学出版社 2004 年版，第 1~4 页。
〔2〕 刘跃进：《为国家安全立学——国家安全学科的探索历程及若干问题研究》，吉林大学出版社 2014 年版，第 1~256 页。

安全和发展的侧重也不同。第一阶段：从新中国建立到改革开放。新中国成立后，我国面临严峻的国家安全形势，在外部被西方国家敌视和孤立，新生的人民政权还不稳定；在内部也面临国民党旧政权残余势力、特务、土匪等各种敌对势力的破坏，社会不稳定因素交织。虽然当时新生的人民政权也重视经济的发展、民生的改善，通过制定"五年计划"的方式发展国民经济，但是和经济发展相比，安全占据更重要的地位，而且后期由于"以阶级斗争为纲"政策的提出，国民经济发展遭受巨大破坏。第二阶段：从改革开放到十八大。改革开放的总设计师邓小平同志认识到当时世界发展的主流是和平与发展，将改革开放设定为基本国策，坚持以经济建设为中心，通过发展经济，提升综合国力，强化保障自身安全的能力，使中国成为维护世界和平的重要力量。在这个阶段，发展和安全的天平更多是向发展倾斜，更加注重发展对安全的推动作用和发展的基础作用。第三阶段：十八大以来的新时代。十八大以来，我国的经济社会发展进入新时代，也需要安全为发展提供保障，新时代呼唤新的有中国特色的国家安全理论。考虑到当前国家安全内涵和外延比历史上任何时候都要丰富、时空领域比历史上任何时候都要宽广、内外因素比历史上任何时候都要复杂，2014年，以习近平同志为核心的党中央高瞻远瞩地提出了总体国家安全观。总体国家安全观既是世界观也是方法论，其精神实质就是强调国家安全的人民性和总体性，构建一个"以人民安全为宗旨"统合国家安全及其相关问题的系统性理论体系，并将整体思维、综合思维和系统思维注入维护国家安全的体制和机制。总体国家安全观的提出在我国维护国家安全的历史上具有划时代的意义，总体国家安全观是我国维护国家安全实践的最根本指导思想。

总体国家安全观的提出为我国国家安全学的发展提供了指引，国家安全学从此有了明确的发展方向；总体国家安全观也具有定分止争的作用，在总体国家安全观提出前，学界对国家安全的内涵和外延存在争议，如果将国家安全限定于传统的政治安全和军事安全，不但和现实不符，而且不利于从整体上维护国家安全。如果将国家安全的外延拓展得过宽，又有"泛化"国家安全之嫌。总体国家安全观将国家安全的外延限定在合理的范围内，宽严有度，既照顾到客观现实需求，又考虑到整体平衡，具有合理性；总体国家安全观也为国家安全学提供了研究内容和素材，总体国家安全观是内涵非常丰富的国家安全理论，国家安全学应该将其设定为重点研究内容。

5. 设立国家安全学一级学科

如果上述还是在理论上构建和谋划国家安全学，2020 年国务院学位委员会、教育部将国家安全学认定为我国第 14 个学科门类"交叉学科"下的一级学科，则意味着国家安全学最终获得了官方身份。其实，2018 年至2020 年是建立国家安全学的预热期。2018 年，教育部颁布《关于加强大中小学国家安全教育的实施意见》，提出推动国家安全学学科建设，设立国家安全学一级学科。将国家安全学设定为一级学科，一方面反映出培养国家安全人才的紧迫需要，另一方面也体现出党和国家对前期国家安全学理论研究成果的认可，毕竟设立一门新的学科需要扎实的理论根基。虽然官方已经将国家安全学设立为一级学科，但是目前还没有细化具体的一级学科下的二级学科。一个完整的一级学科必定包括合理数量的二级学科，这是由学科发展的规律决定的，国家安全学也不能例外。国家安全学学科下一步发展的重点之一就是合理划分国家安全学一级学科的二级学科，但是目前学界在此领域的研究成果较为缺乏，需要加强。

6. 高校获批国家安全学一级学科博士学位授权点

高校是人才培养的主体，学科建设需要高校在人才培养中落实。只有培养出了国家安全学专业人才，国家安全学才能真正落地，才能完成理论向实践的转化。2021 年，北京师范大学、吉林大学、中国人民解放军国防大学和西南政法大学获批了国家安全学的一级学科博士学位授权点；2022年初，南京大学也获批了国家安全学的一级学科博士学位授权点。可以看出，目前的国家安全学人才培养还处于试点阶段，即选择几个有前期积累的代表性高校进行试点，待到时机成熟时，再向全国推广。而且，国家安全学的人才培养是从博士阶段开始的，这也是国家安全学人才需求"小而精"的特点决定的。考虑到国家安全学的交叉学科性质，国家安全学根据方向的不同，可以分别授予工学、法学、管理学和军事学学位，这已经在国务院学位委员会发布的《关于对〈博士、硕士学位授予和人才培养学科专业目录〉及其管理办法征求意见的函》中的《博士、硕士学位授予和人才培养学科专业目录（征求意见稿）》中得到体现。但是，授予独立的学位是学科独立的重要体现，如果国家安全学最终还是被授予工学、法学、管理学和军事学学位，国家安全学学科的独立性就难以体现。国家安全学最终的归宿还是应授予国家安全学学位，目前只能是官方设立"交叉学科"门类后的权宜之计。要授予国家安全学学位，我们就要做好相关的配套措施建设，改变国家安全学只是一级学科的现状，将其升格为学科门类。毕竟，我国授予学位的依据是学科门类，而不是一级学科。

## 二、现状分析

### （一）研究现状概述

以"国家安全学"为主题在"中国知网"进行搜索，截至 2022 年 2 月 26 日，共查询到 104 篇中文文献。通过比对分析，去除内容和主题不符的文献以及报刊新闻等，共筛选到有效的学术文献 51 篇。笔者的选取标准是严格限制在"国家安全学"范围内，如果论文的主题是国家安全学的研究对象即国家安全，例如总体国家安全观等，则被排除在笔者的选取范围之内。通过分析国家安全学研究的期刊分布、学者分布、研究机构分布、学术成果年度分布等，可以从历史的角度从整体上把握国家安全学的发展脉络。

### 1. 学术成果年度分布

我国的国家安全学研究肇始于 1999 年，当年有 3 篇论文问世，分别是刘跃进的《建立"国家安全学"初探》、桑松森的《国家安全与国家安全学》、陈东的《信息安全：国家安全学研究的新课题》，这 3 篇论文都发表在《国家安全通讯》期刊上。1999 年后，国家安全学研究并没有很快成为学界的热点，也没有吸引足够多的学者进入国家安全学研究领域。2003 年，刘跃进教授又发表了《试论国家安全学的对象、任务和学科性质》一文，开始从微观层面研究国家安全学，探究国家安全学的对象、任务和学科性质。2004 年，刘跃进教授主编的《国家安全学》教材出版，当年其他学者还发表了 3 篇关于《国家安全学》的书评，分别为张卫的《国家安危 匹夫有责——评〈国家安全学〉》、李爱华的《国家安全学的拓荒之作——〈国家安全学〉一书评析》、潘波的《一门新学科的奠基之作——〈国家安全学〉评介》。2007 年有 1 篇论文，2009 年有 2 篇论文，2010 年有 3 篇论文。2010 年后，国家安全学的研究又沉寂了一段时间，2017 年有 1 篇论文，2018 年有 2 篇论文，2019 年有 9 篇论文，2020 年有 11 篇论文，2021 年有 12 篇论文，2022 年截至 2 月 26 日有 3 篇论文。可见，2018 年以来国家安全学研究的热度逐年上升，不但发文量大幅度增加，而且越来越多的学者加入到国家安全学的研究队伍中。这一现象的出现，一方面，归因于 2018 年教育部规划要推进国家安全学学科建设，2020 年国家安全学作为一级学科被官方设立，再到后来试点高校获批国家安全学一级学科博士学位授权点，国家安全学学科建设的实践助推了国家安全学理论研究的繁荣；另一方面，还要感谢国家安全学的创始人刘跃进教授长期以来孜孜不倦地推进，刘跃进教授发表了大量以国家安全学、国家安全为主题的高质量论文，不遗余力地推动着我国国家安全学的繁荣发展，也为维护我国的国家安全作出了巨大的理论贡献。

2. 学者分布

虽然目前国家安全学研究领域的学者在绝对数量上还比较少，但是在相对数量上已经有了大幅度的增长。在国家安全学研究领域，发文量排在前三名的学者是刘跃进（10 篇），王林（3 篇），李文良（2 篇），张宇燕、冯维江（2 篇），毛欣娟（2 篇），梁怀新（2 篇），上述学者的工作单位分别为国际关系学院、西北政法大学、国际关系学院、中国社会科学院、中国人民公安大学和对外经济贸易大学。除了上述几位高产学者，马方、靳高风、杨华锋、马振超、匡四、陈嘉鑫、舒洪水、李锋、王东明等学者也有涉及国家安全学的论文发表。需要特别指出的是，张宇燕和冯维江 2021 年在《中国社会科学》上发表的论文《新时代国家安全学论纲》，将国家安全学研究推向了新的理论高度。

3. 期刊分布

学术成果的问世离不开期刊的推广和大力支持，1999 年的 3 篇国家安全学的研究成果都发表在《国家安全通讯》（已停刊）上，目前刊发国家安全学研究成果量前三位的期刊是《情报杂志》（18 篇）、《国际安全研究》（前身为《国际关系学院学报》）（7 篇）、《国家安全通讯》（3 篇）。除了上述高发期刊，《中国社会科学》《世界经济与政治》《亚太安全与海洋研究》《江汉论坛》《北京教育（高教）》《中国刑警学院学报》《中国信息安全》等期刊也刊发过国家安全学研究相关论文。可见，《情报杂志》和《国际安全研究》是刊发国家安全学研究成果的最重要阵地。而且这两本期刊都是 CSSCI 来源刊物，这也从一个侧面反映出国家安全学的研究成果已经达到了一定的理论深度和高度。需要特别指出的是，《中国社会科学报》虽然不是专业的学术期刊，但是也刊发了 3 篇关于国家安全学的报道，为推动国家安全学发展作出了应有的贡献。

（二）研究内容分布

通过阅读上述 51 篇文献，可以归纳概括出国家安全学的几个主要研究领域，这不但可以为后期的学术研究打下基础，而且还可以拾漏补缺，完善未来的国家安全学理论研究。

1. 宏观性研究

对国家安全学的宏观性研究并不拘泥于国家安全学的某个具体的问题，而是从宏观和整体上研究国家安全学，为国家安全学的发展提供路径设计和方向指引。刘跃进教授的《建立"国家安全学"初探》一文就是最早从宏观层面探讨国家安全学构建的研究成果，为后来的国家安全学研究指明了方向。张宇燕和冯维江利用经济学、国际关系特别是国际政治经济学理论资源，试构建一个一般性的理论框架，以探索提出新时代国家安全学的分析纲要。同时从分析方法的角度，还讨论了国家安全学可以运用的概念和理论工具[1]。可见，张宇燕和冯维江的研究对国家安全学的构建具有很重要的方法论意义。此外，张宇燕和冯维江还从思想渊源、实践基础和理论逻辑三个维度论述新时代国家安全学，从世界观、认识论和方法论层面把

---

[1] 张宇燕、冯维江：《新时代国家安全学论纲》，载《中国社会科学》2021 年第 7 期，第 140~162 页。

握总体国家安全观在哲学上的"总体性"特征[1]。梁怀新从体系、制度和内涵三个方面探析国家安全学学科建设路径的聚合、构建以及建设问题[2]。刘忠和戴美玲从大国竞争的背景出发，从学科、认知、现实需求和国家安全治理四个维度，梳理中国国家安全的阶段性特征和重点难点。抓主要矛盾，着力解决核心问题，有很强的理论和现实意义[3]。笔者认为，我国的国家安全学在内容上是复合型的，在形式上是原生性的，在性质上是综合性的。虽然官方将其认定为一级学科，但是成为学科门类应该是其发展方向，我国的国家安全学建设应该走一条精英化和小而精的发展道路[4]。可见，我国目前对国家安全学基本理论的研究，在研究议题上还是比较广泛的，研究的深度也逐步拓展，鉴于国家安全学交叉学科的性质，学者们的研究视角也比较多样化，兼顾了文科和理科的视角。国家安全学的宏观性研究可以为微观性研究提供研究方向和方法论指导。

2. 微观性研究

对国家安全学宏观层面的"主义性"研究很重要，而从微观层面对国家安全学具体问题的"问题性"研究也很关键，二者要共同发力、相向而行。如果不关注国家安全学的具体现实问题，那么我国的国家安全学理论研究内容就不充实、基础就不牢固，很容易陷入"假大空"的尴尬境地，也就无法为我国的国家安全实践提供正确的理论指导。

（1）国家安全学的研究对象、任务和学科性质研究。

搞清楚一门学科的研究对象、任务和学科性质是构建和发展一门学科的前提，是学科构建的基础。刘跃进教授认为，国家安全学是一门新兴的综合性实用型政治科学，国家安全学的研究对象包括国家安全本身、影响国家安全的因素、危害国家安全的因素、国家安全保障体系及活动，而国

〔1〕 冯维江、张宇燕：《新时代国家安全学——思想渊源、实践基础和理论逻辑》，载《世界经济与政治》2019年第4期，第4~27页。

〔2〕 梁怀新：《国家安全学学科建设路径探析——体系聚合、制度构建与内涵建设》，载《国际安全研究》2019年第6期，第30~51页。

〔3〕 刘忠、戴美玲：《大国竞争时代构建中国国家安全学的四维向度》，载《情报杂志》2021年第5期，第43~49页。

〔4〕 王林：《国家安全学学科建设中的若干争议问题研究》，载《情报杂志》2021年第8期，第10~16页。

家安全学的任务是研究国家安全的内在规律、探讨国家安全战略和国家安全观、指导和服务国家安全实践活动[1]。李文良教授认为，国家安全学交叉学科的属性，决定了其集横断学科、边缘学科和综合学科于一身的特质。学科门类应该是国家安全学未来发展的理想模式和选择[2]。刘跃进教授关于国家安全学的学科定位的观点和李文良教授一致，他也认为，国家安全学学科门类的定位是由其综合学科的性质决定的，可以将"情报学"设置为国家安全学学科门类下的一级学科[3]。

（2）国家安全学的学术史考察。

通过考察学术史可以探寻学科发展的历程，有助于及时进行学术总结，有利于学科未来的健康发展。我国国家安全学的创始人刘跃进教授系统梳理了国家安全学从空白到迅速发展的过程，选取提出"国家安全学"概念和国家安全学体系、出版国家安全学教材、设立国家安全研究机构、成立"国家安全论坛"、创办国家安全学术刊物、建设国家安全学精品教材和课程等国家安全学发展中的节点，全方位展示国家安全学的发展历程[4]。2019年，刘跃进教授又发表了《国家安全学学科建设的历程与新思考》一文，这可以看作对国家安全学学术史的接续。刘跃进教授在论文中特别强调了2018年4月9日教育部发布的《关于加强大中小学国家安全教育的实施意见》对建设国家安全学的推动作用，而且提到要构建包括国家安全学原理、国家安全管理学、国家安全法学、国家安全战略学等一级学科的国家安全学学科门类[5]。

---

〔1〕　刘跃进：《试论国家安全学的对象、任务和学科性质》，载《山西师大学报（社会科学版）》2003年第2期，第132~136页。

〔2〕　李文良：《国家安全学：研究对象、学科定位及其未来发展》，载《情报杂志》2021年第8期，第1~9，16页。

〔3〕　刘跃进：《论"国家安全学"的门类地位与"情报学"一级学科问题》，载《情报杂志》2020年第10期，第1~5页。

〔4〕　刘跃进：《国家安全学科建设的探索历程》，载《铁道警官高等专科学校学报》2010年第1期，第113~118页。

〔5〕　刘跃进：《国家安全学学科建设的历程与新思考》，载《北京教育（高教）》2019年第4期，第13~16页。

（3）国家安全学的学科体系、学术体系和话语体系研究。

这部分的研究在国家安全学研究中的占比最大，也是国家安全学研究的主体。高金虎认为，国家安全工作具有全局性、战略性、危机性、衍生性等特点；战略筹划、危机预警与危机处置、安全与反情报工作是国家安全工作的核心功能；国家安全学的学科体系包括国家安全理论、国家安全战略、国家安全政策、国家安全情报、应急管理和国家安全法学[1]。马方对加快建设国家安全学一级学科的路径进行了探讨[2]；毛欣娟论证了国家安全学学科体系构建的内在逻辑与基本面向[3]；廉睿、李汉男、金立对构建中国特色国家安全学的学科、学术、话语三大内容进行了综合阐释，提出"思想在场""技术在场"和"话语在场"三个构筑中国特色国家安全学的指标。[4]。从目前的研究成果来看，学科体系研究在学科体系、学术体系和话语体系"三大体系"研究中所占的比重最大，其他两个领域的研究相对来说比较薄弱。如果对"学科体系"的研究过于集中，可能会造成重复研究的不利影响。学科体系研究是学术体系和话语体系研究的基础，在深化学科体系研究的同时，要加大对学术体系和话语体系研究的力度。国家安全学的学术体系研究主要是探究国家安全学的学者共同体、学术组织、学术理论创新和学术研究领域等。国家安全学的话语体系主要包括国内话语体系和国际话语体系，国内话语体系关系到国家安全学和其他学科的关系，既要协作发展，又要保持学科的独立性和学术底蕴；国际话语体系关系到国家安全学的中国风格和中国气派，既要积极参与国际学术交流，善于学习和吸收国外优秀的学术成果，又要谨记，我国国家安全学的发展要坚持"独立创新为主，适度借鉴为辅"的原则，走出一条有中国特色的国家安全学发展道路。

---

〔1〕 高金虎：《论国家安全学的学科体系》，载《情报杂志》2022年第1期，第1~7页。

〔2〕 马方：《加快建设国家安全学一级学科的路径研究》，载《情报杂志》2018年第10期，第20~27页。

〔3〕 毛欣娟：《国家安全学科体系构建的内在逻辑与基本面向》，载《情报杂志》2021年第1期，第99~103页。

〔4〕 廉睿、李汉男、金立：《构建中国特色国家安全学：学科、学术与话语》，载《情报杂志》2021年第11期，第67~72页。

（4）国家安全学与具体安全领域研究。

总体国家安全观拓展了国家安全的内涵和外延，国家安全学的研究对象不但包括传统安全还涵盖内容丰富的非传统安全，而且非传统安全所占的比重会越来越大。陈东在 1999 年就开始关注国家安全学研究的新课题：信息安全[1]；刘跃进解析了国家安全学论域中的信息安全[2]，在信息时代，信息安全是国家安全的重要领域，也应该是国家安全学研究的重点领域；王菲易、黄胜强详细探讨了国家安全学中的国门安全问题[3]，国门安全的研究是一个很新的主题，体现出作者对国家安全研究领域的不断创新。可见，国家安全学与具体安全领域的研究总体来说还是比较单薄，研究领域还比较狭窄，需要拓展出更多的新的研究领域。

（5）国家安全学中的国家安全思想史研究。

国家安全思想研究是国家安全学的基础，国家安全学应该囊括思想、历史、理论和实践。要加强国家安全学中的国家安全思想研究，特别是我国古代的国家安全思想研究，从优秀的传统文化中汲取智慧。刘跃进以当代国家安全理论为视角，分析了我国古代的国家安全思想，将古代和当代的国家安全思想贯通起来[4]。魏志江、陶莎依据《辽史》为主要参考资料，梳理了辽帝国以"因俗而治"和"一国二元"体制为主要特征的国家安全思想[5]。辛文、韩鹏杰以国家安全学的理论为视角，分析了西周的国家安全思想[6]。在著作方面，军事科学院战争理论和战略研究部编著的《安邦大略——中国历代国家安全战略思想论析》是一部国家安全战略思想

---

[1] 陈东：《信息安全：国家安全学研究的新课题》，载《国家安全通讯》1999 年第 6 期，第 30~31 页。

[2] 刘跃进、白冬：《国家安全学论域中信息安全解析》，载《情报杂志》2020 年第 5 期，第 1~8，38 页。

[3] 王菲易、黄胜强：《国家安全学中的国门安全研究》，载《国际安全研究》2019 年第 6 期，第 52~72，154~155 页。

[4] 刘跃进：《当代国家安全理论视角下的中国古代国家安全思想》，载《中国人民公安大学学报（社会科学版）》2013 年第 3 期，第 121~125 页。

[5] 魏志江、陶莎：《辽帝国的国家安全思想研究》，载《国际安全研究》2019 年第 5 期，第 29~51 页。

[6] 辛文、韩鹏杰：《国家安全学理论视角下的西周国家安全思想研究》，载《国际安全研究》2020 年第 6 期，第 105~128，155~156 页。

的通史，通过文献列举和论证分析相结合的方式，阐述了从先秦到清朝的国家安全战略思想，有很高的学术价值。编者认为，中国传统国家安全战略思想的基本特点是综合性、内敛性和预防性。朝贡体系崩溃，视野的放大和观念的更新；"师夷长技以制夷"，开始注重工业和科技对国家安全的作用；以"商战"富国强兵，开始注重经贸对国家安全的作用；从重塞防轻海防趋向塞防、海防并重，上述几点是中国传统国家安全战略思想近代化的表现。考虑到我国古代和近代国家安全战略思想的特点，在当代维护国家安全的实践中，借鉴中国历代的国家安全战略思想需要把握以下几个问题：着重把握其精神实质和战略思维方法，汲取精华；既看到智慧，也看到局限；紧密联系当前实际，古为今用，推陈出新[1]。国家安全思想有连续性和继承性，决不能割裂地看待我国目前的国家安全思想和国家安全政策。以历史分析的方法研究我国古代的国家安全思想，不但可以充实我国的国家安全学研究，而且可以抵制国家安全学领域历史虚无主义的消极影响。

（6）国家安全学的二级学科研究。

国家安全学要发展壮大，必须有科学完善的二级学科充实国家安全学学科体系。一般认为，国家安全学一级学科包括国家安全学原理、国家安全管理学、国家安全法学、国家安全战略学等二级学科。当然，对国家安全学二级学科的研究要坚持动态性和开放性的态度，国家安全学的二级学科并不是静止不变的，要随着社会的发展以及国家安全形势的变化进行增补。目前，无论是官方还是学界都尚未达成一致意见，亟须加强在这个领域的研究。郭丽辉、崔磊论述了构建公安特色国家安全学的必要性以及路径[2]；冯树梁以助力预防犯罪理论研究迈上新台阶为切入点，论述了设置国家安全学的重要意义，认为可以将国家安全学和犯罪学结合起来[3]进行研究。笔者论述了国家安全法学二级学科，并具体论述了国家安全法学的

---

〔1〕 军事科学院战争理论和战略研究部编著：《安邦大略——中国历代国家安全战略思想论析》，军事科学出版社 2007 年版，第 1～9 页。

〔2〕 郭丽辉、崔磊：《构建公安特色国家安全学学科体系及教学科研工作改革初探》，载《江西警察学院学报》2020 年第 3 期，第 123～128 页。

〔3〕 冯树梁：《从弘扬传统文化到"国家安全学"的设置将助力预防犯罪理论研究迈上新台阶、作出新贡献——为庆祝党的百年诞辰而作》，载《犯罪与改造研究》2021 年第 7 期，第 2～10 页。

专业建设、人才培养和课程体系[1]。国家安全法学是国家安全和法学的交叉学科，虽然我国目前已经颁布了《国家安全法》[2]，但是国家安全法学的内涵和外延并不是纯粹的法学可以涵盖的，需要从国家安全学的视角考虑国家安全法学的学科性质、研究对象和研究任务，将国家安全法学认定为国家安全学的二级学科而不是法学的二级学科更为合适。

（7）国家安全学中外比较研究。

对于国外优秀的国家安全理论我们也可以适当合理借鉴，其也是我国国家安全学的理论渊源之一。但是对国外的国家安全学理论和国家安全理论进行借鉴前要作鉴别，充分考虑到二者不同的适用环境。王东明通过对比和分析 17 国 137 所高校的国家安全学专业，为我国国家安全学人才培养布局、学科构建与课程设置提供借鉴[3]。美国的国土安全专业和我国的国家安全学专业有很大的相似性，李锋、舒洪水通过梳理美国高校国土安全专业的课程设置，为我国的国家安全学学科建设带来启示[4]。实证对比研究法是进行中外对比研究的常用方法，当然落脚点还是要放在我国的国家安全学建设上。我们进行国家安全学的中外比较研究时，决不能完全照搬国外的国家安全学理论和实践，如果完全照搬国外特别是西方国家的做法，就会丧失主动创新的动力，丧失在国家安全学领域的国际话语权，有沦为学术"殖民地"的风险。因此，在面临中华民族伟大复兴战略全局和世界百年未有之大变局的新时代，我们要保持学术自信，建设有中国特色的国家安全学学科体系、学术体系和话语体系。

## 三、未来展望

我国的国家安全学经过了二十多年的发展，已经步入了快速发展的阶

---

〔1〕 王林：《新文科背景下的国家安全法学专业建设与人才培养研究》，载《情报杂志》2021年第 10 期，第 186~192、207 页。

〔2〕 《国家安全法》，即《中华人民共和国国家安全法》。为表述方便，本书中涉及我国法律文件，均使用简称，省去"中华人民共和国"字样，全书统一，后不赘述。

〔3〕 王东明：《国家安全学科人才培养布局及学科构建研究》，载《情报杂志》2022 年第 3期，第 95~101 页。

〔4〕 李锋、舒洪水：《美国高校国土安全专业的课程设置对我国国家安全学学科建设的启示》，载《情报杂志》2021 年第 12 期，第 51~57、71 页。

段。可以预见，以国家安全学被设定为一级学科以及有代表性的高校获批国家安全学一级学科博士学位授权点为契机，我国的国家安全学理论研究、国家安全学学科建设和国家安全人才培养都会进入常规化的发展道路。通过考察我国国家安全学的历史和发展现状，笔者认为未来还需要在以下方面予以强化和完善：

（一）加大对国家安全学的扶持力度

目前来看，无论是国家安全学研究领域的学者数量，还是研究成果的数量及质量，尚不能满足国家安全学迅速发展以及培养高质量国家安全人才的需要。国家安全学理论研究还存在研究主题重复、研究领域狭窄、研究不够深入的问题。政府和社会要加大对国家安全学的扶持力度，加大对国家安全学建设的资金投入，吸引更多优秀的学者加入到国家安全学的研究队伍中来，争取在短期内产出一批高质量的学术成果。要新增专业的国家安全学学术期刊，现有的期刊也要加大对国家安全学研究成果的支持力度；要建立层级完备的国家安全学研究会；尽快推出一批国家安全学精品教材和精品课程。目前和国家安全学相关的学位论文只有1篇，即中国人民公安大学刘楠2021年的硕士学位论文《美国国土安全硕士课程内容、特点与启示》，而且这篇硕士论文的研究重点并不是我国的国家安全学建设，主要是介绍美国的国土安全硕士课程。为了推动国家安全学的学术繁荣，高校和导师将来要适当引导学士、硕士和博士学位论文选题向国家安全学靠拢，形成研究国家安全学的学术氛围。要举办一些以"国家安全学"为主题的征文活动，同时国家社科基金等各级基金项目也要积极响应国家安全学被设立为一级学科的现实情况，设立单独的国家安全学、国家安全选题。企业等非官方机构也要积极设立以国家安全学、国家安全为研究主题的横向课题，支持国家安全学的发展。只有官方和非官方加大对国家安全学的扶持力度，才能在构建有中国特色的国家安全学学科体系、学术体系和话语体系上获得突破。

（二）加强国家安全学基础理论研究

1. 把握国家安全政策和理论的最新发展

总体国家安全观是目前我国指导国家安全工作的最根本的国家安全理论，要在动态中把握总体国家安全观，深挖总体国家安全观的理论内涵。

同时，也要加强对系统思维、大安全格局、安全发展、两个大变局等新时代国家安全思想和理论的研究。

2. 加强国家安全思想史研究

整体来看，目前学术界对国家安全思想史的研究还比较薄弱，而思想史对任何一门学科来讲都具有基础性作用。截至目前，仅有对先秦、西周、辽代等朝代国家安全思想研究的论文发表，需要补充我国古代国家安全思想的断代史和通史研究，同时也要加强近现代和当代国家安全思想研究以及外国国家安全思想史的对比研究。我国古代的优秀国家安全思想对当代维护国家安全的实践仍具有借鉴价值，例如，西汉作为秦朝后持续时间较长、政权较稳定的大一统朝代，其所创立的维护国家安全的制度和所体现出来的国家安全思想都对后世产生了巨大的影响。在意识形态安全方面，西汉统治者的统治思想从初期的黄老哲学，到中期的霸王道杂之即外儒内法，再到后期的儒生政治，意识形态的变化和西汉的国力、内外环境等因素的变化密切相关，其中既有成功的经验，也有失败的教训。在外部安全方面，匈奴一直是西汉边疆安全的最大威胁，从汉初的"奉"匈奴"和亲"到汉中后期的"赐"匈奴"和亲"，西汉的对外安全政策也是动态变化的。西汉统治者派遣使臣出使西域，意图联合乌孙、大月氏等西域各国抗击匈奴，兼顾了内部安全和外部安全，恩威并用，最终形成了"胡汉一家亲"的民族大融合局面。西汉王朝的这些国家安全思想和我们现在提倡的构建中华民族共同体以及人类命运共同体的国家安全思想是一脉相承的。西汉政府颁布、制定的法律和政策，如左官之律、附益之法、推恩令、募兵制、募民屯田戍边、重农抑商等，也都体现出优秀的政治安全、军事安全、经济安全等国家安全思想。

3. 强化国家安全哲学研究

刘跃进教授认为国家安全学是国家安全科学和国家安全哲学的统一，民主理念是当代国家安全哲学的最高原则，应该将科学与人性、系统思维与民主理念有机结合起来[1]。国家安全哲学是"形而上"的东西，国家安

---

〔1〕 刘跃进：《国家安全学是国家安全科学与国家安全哲学的统一》，载《国际关系学院学报》2010 年第 5 期，第 13~17 页。

全哲学是对国家安全学的升华。总体国家安全观也蕴含着深厚的辩证法和历史唯物主义思想，一方面，要历史地看待国家安全问题，不能犯"历史虚无主义"的错误；另一方面，要用矛盾的、联系的、发展的眼光看待总体国家安全中的要素。

（三）促进国家安全理论和国家安全实践的有机结合

国家安全学是一门实践性特别强的学科，国家安全学建设不能仅仅停留在纯粹的理论构建，还要结合国家安全实践、国家安全案例，一方面，用理论指导实践；另一方面，用实践来检验和推动理论发展，形成理论和实践良性互动的局面。十八大后，我国坚持总体国家安全观，走出了一条有中国特色的国家安全道路，也成功应对了若干起危害我国国家安全的事件，这些案例都是鲜活的国家安全学研究素材。例如，对"滴滴出行"进行网络安全审查，体现了数据安全问题；粉碎民族分裂分子分裂新疆的图谋，体现了国土安全问题；对美国发动的贸易战进行反制，体现了经济安全问题；成功处理新疆棉花事件，体现了意识形态安全问题等。通过国家安全理论和国家安全案例的有机结合，力争在学界达成"无案例不国家安全学"的学术共识。在国家安全学的研究和学习中，要将国家安全案例引进国家安全学中通过分析和研判已经发生的国家安全案例，来引导和验证国家安全学理论，而经过验证和升华的国家安全学理论反过来又能指导国家安全实践，避免纯粹的国家安全学理论建构，最终形成规范国家安全学和国家安全案例学共存、共生的良性互动局面。

# 第二章

# 国家安全学是怎么诞生的：
# 评《刘跃进国家安全文集》

　　随着国家安全学成为"显学"，国家安全学学科建设也成为我国学科建设的热点。自 2020 年国务院学位委员会和教育部决定在高等教育专业目录中设置"交叉学科"门类和"国家安全学"一级学科后，我国的国家安全学学科建设进入了理论和实践的"双快车道"。在贯彻总体国家安全观、保障国家安全和社会稳定的大背景下，构建有中国特色的国家安全学自主知识体系，是时代赋予国家安全学理论研究者的责任。要实现上述目标，就需要系统梳理国家安全学的诞生及发展历史。2020 年刘跃进教授出版的著作《刘跃进国家安全文集》（下文简称《文集》）（上下册）收录了其二十多年来研究国家安全问题的主要文章，其中关于国家安全学理论研究和学科建设的部分文章比较全面地展示了他在国家安全学诞生和发展中发挥的作用，为研究国家安全学的历史演进提供了重要史料。中南大学吴超教授认为，"能建的学科必定不是很原创的，全新学科是不可能靠建出来的"。[1]国家安全学作为"交叉学科"门类下的一级学科，是一门新的学科，其研究对象、研究任务、研究方法等和其他已有学科相比都是新的。

—

　　刘跃进教授《文集》（上册）中的第一篇文章是《为国家安全立言——

---

　　〔1〕　吴超：《学科真的能够建设吗？》，载 https://blog. sciencenet. cn/blog-532981-1125155. html，最后访问日期：2023 年 7 月 21 日。

"国家安全学"构想》（1998年）。根据《文集》的记载，该文章首发于内部刊物《首都国家安全》（1998年第2期），虽然说不上是国家安全学诞生的标志，但可以说是国家安全学的"胚胎"。这篇具有"构想"性质的文章，已经反映出刘跃进教授相关研究的前瞻性和超前性。该文颇具预言性地写道："国家安全作为一种普遍的社会现象和状态，作为一种客观的社会存在，是社会科学理论可以研究和必须研究的对象。不研究国家安全，对国家的认识将是片面的，对社会历史的研究也是有缺陷的。从这个意义上说，社会科学工作者，特别是国际关系研究人员，有必要从整体上对国家安全进行系统全面的理论研究。这种研究必然导致国家安全学产生和国家安全学科体系的出现。"[1]这种将国家安全学的诞生归因于维护国家安全和研究国家安全双重需要的观点，非常简洁地阐述了创立国家安全学的必要性。该文还明确指出，国家安全学是一门新的社会科学，国家安全和国家安全工作是国家安全学研究的客观对象，国家安全学的诞生也是社会历史发展的必然。这篇文章虽然短小，但却对国家安全学体系作了初步宏观上的规划。文章认为，国家安全学可以分为三大部分内容：第一部分是导论；第二部分是国家安全理论；第三部分是国家安全工作理论。[2]需要指出的是，这篇关于国家安全学构想的短文所列的国家安全具体内容，许多与总体国家安全观后来提到的安全领域或安全要素高度一致，其中的"国民安全"，更与总体国家安全观"以人民安全为宗旨"的思想有异曲同工之妙。

当然，这篇首次对国家安全学对象和内容作出比较详细论述的文章，也有其难以避免的历史局限性。例如，文章认为，国家安全学的研究对象是国家安全和以隐蔽战线为限的"狭义国家安全工作"，这明显反映出作者当时对国家安全学研究对象和范围认识的局限性。真正科学的国家安全学，不仅要研究隐蔽战线的国家安全工作，而且要研究更广泛的其他方面的国家安全工作，如军事、警务、外交等方面的传统安全工作，以及更广泛的各种非传统安全工作，如文化安全工作、生态安全工作、信息安全工作、

---

〔1〕 刘跃进：《为国家安全立言——"国家安全学"构想》，载刘跃进：《刘跃进国家安全文集》（上册），中国经济出版社2020年版，第2页。

〔2〕 刘跃进：《为国家安全立言——"国家安全学"构想》，载刘跃进：《刘跃进国家安全文集》（上册），中国经济出版社2020年版，第6页。

网络安全工作等。

如果说《为国家安全立言——"国家安全学"构想》（1998 年）还是对国家安全学不够成熟的初次探索，那么《试论国家安全学的对象、任务和学科性质》（2003 年）则是国家安全学由胚胎发育成即将出生的胎儿的标志，在国家安全学诞生的过程中发挥了关键性作用。这篇文章认为，国家安全学是一门新兴的学科，而且是一门综合性实用型政治科学，同时具有综合性、实用性和政治性的特点。现在，虽然国家安全学被列为"交叉学科"门类下的一级学科，但是笔者仍然认为其是综合学科，而不是一般的交叉学科。国家安全学是实用性很强的学科，这要求我们不仅要关注国家安全理论，更要关注国家安全案例，国家安全理论要为维护和塑造国家安全的实践服务。如果说《为国家安全立言——"国家安全学"构想》是国家安全学的世界观，《试论国家安全学的对象、任务和学科性质》就是国家安全学的方法论，其不仅具体阐释了国家安全学的理论体系，而且具体指出国家安全学的研究对象包括国家安全本身、影响国家安全的因素、危害国家安全的因素、国家安全保障体系及活动四个方面，指出国家安全学的基本任务是全方位、系统性地研究和探讨国家安全及其相关对象的客观状态、本质、规律，探寻合理的国家安全观和国家安全战略，服务和指导国家安全活动。显然，这种论述已经克服了《为国家安全立言——"国家安全学"构想》的局限，不再认为国家安全学的研究对象是国家安全和狭义国家安全工作，而是更广泛的"国家安全保障活动"和"国家安全保障机制"。[1]

2003 年《试论国家安全学的对象、任务和学科性质》这篇文章对国家安全学的论述，直接奠定了刘跃进教授 2004 年主编出版的我国首部《国家安全学》的编撰框架，也展示了最近几年被其称为"四面一体的国家安全体系"的雏形。此外，对于这篇文章中提到的国家安全观和国家安全战略，刘跃进教授在 2004 年出版的《国家安全学》中用了两个专章分别进行了讨论，并且提出要确立系统安全观，这对十八大以后总体国家安全观的提出

---

[1]　刘跃进：《试论国家安全学的对象、任务和学科性质》，载《山西师大学报（社会科学版）》2003 年第 2 期，第 132~136 页。

和两个国家安全战略文本的出台，提供了重要的知识服务和学理支撑。[1]

二

《文集》（上册）附录收入的《国家安危　匹夫有责——评〈国家安全学〉》（2004 年）一文标志着国家安全学的正式诞生，至此，刘跃进教授也成为名副其实的国家安全学重要领军人物。

张卫教授认为，刘跃进教授主编的《国家安全学》，"不仅是国内'国家安全学'研究方面第一本填补空白的教材性专著，更主要的是该书把悠悠万事、唯此为大的国家安全问题全面地理出了头绪，使国人可以总体上了解国家安全的真正意义"。[2]作为江苏省社会科学院情报学教授、我国国家安全学方面的专家，张卫教授在书评中还写道："刘跃进先生是北方人，但像敝同乡先贤苏州昆山的顾炎武一样，学问渊博，且以天下事为己任。顾炎武有名言：'天下兴亡，匹夫有责。'鄙人读了这本 45 万字的《国家安全学》后，不仅有一种集国家安全学问之大成的收获感，更产生一种国家安危、匹夫有责的责任感。这些感觉，源于《国家安全学》一书中的全面系统的丰富内容、与时俱进的思想观点、逻辑严密的论证话语。"[3]在给予《国家安全学》充分肯定的同时，张卫教授也毫不客气地指出其存在的问题，认为其中既包括文字方面的差错，也包括内容方面的缺失。例如，他认为，在"国家安全保障体系"一章中，应该有人民防线、民间组织等作用的内容。[4]国家安全学学科的发展完善需要时间的积累，国家安全学理论也有一个日臻完善的历史过程。虽然《国家安全学》还有一定的历史局限性和不完美的地方，但是不影响其在我国国家安全学发展进程中的里程

---

〔1〕　刘跃进主编：《国家安全学》，中国政法大学出版社 2004 年版。

〔2〕　张卫：《国家安危　匹夫有责——评〈国家安全学〉》，载《江南社会学院学报》2004年第 4 期，第 34 页。

〔3〕　张卫：《国家安危　匹夫有责——评〈国家安全学〉》，载《江南社会学院学报》2004年第 4 期，第 34 页。

〔4〕　张卫：《国家安危　匹夫有责——评〈国家安全学〉》，载《江南社会学院学报》2004年第 4 期，第 36 页。

碑地位。

国家安全思维方式是相关主体看待国家安全问题的方式、方法的理论总结，对维护国家安全的实践起到宏观的指导作用。如果没有科学、合理的思维方式作为指导，不但不能透过现象正确认识国家安全问题的本质，也不能提升维护国家安全的能力，更谈不上塑造国家安全。国家安全学的诞生除了需要厘清对象、任务和学科性质，更需要一种新的思维方式。与张卫教授赞赏《国家安全学》一书理论体系的完整性不同，刘跃进教授在对国家安全学诞生和阶段性发展进行总结时，特别强调国家安全学创建过程中非传统安全思维方式的重要作用。从书中文字表述可以看出，"非传统安全思维方式"应该是和"传统安全思维方式"相对应的思维方式。正确区分二者，不但要从词义解释上廓清"传统"和"非传统"的区别，还要厘清非传统安全思维方式产生的历史背景和时代演变。只有如此，才能够对二者的嬗变有全面且深刻的认识。

众所周知，冷战后期特别是冷战结束后，随着各种非传统安全问题的出现，传统安全思维越来越难以解释更加复杂多样的安全现实。时代呼唤既能够解释各种非传统安全问题也能够更好解释传统安全问题的新观念、新思维。在载入《文集》（上册）的《国家安全学科建设中的"非传统安全思维"》（2009年）一文中，刘跃进教授开创性地用"非传统安全思维"这一术语来概括此前其研究国家安全学的新观念、新思维。难能可贵的是，这里虽然抛弃了传统安全思维而选择了非传统安全思维，但却没有抛弃传统安全问题，而是既力图用非传统安全思维解释和解决种种非传统安全问题，也力图用非传统安全思维解释和解决各种传统安全问题。这就是说，无论是传统安全问题还是非传统安全问题，都需要纳入国家安全学理论体系之中，也都需要在国家安全学理论体系中通过非传统安全思维给予新的解释和解决。在这篇文章中，非传统安全思维是一种包容而不是排斥传统安全问题的思维方式，传统安全问题和非传统安全问题在非传统安全思维中得到了更好的解释。可见，刘跃进教授对非传统安全思维的认识，并不是激进的，也不是一维的，而是建立在实事求是基础之上的多维度思考。

同时，在《系统安全观及其三层次》（2001年）一文中，刘跃进教授首次提出的"系统安全观",是非传统安全思维的衍生,非传统安全思维就是一种系统思维。系统思维是系统科学应用到思维领域的产物,与传统的分析方法不同。在系统思维的指导下,维护和塑造国家安全,需要把握好整体性和协同意识、层次性和分类指导、结构性和功能优化、开放性和动态调整等内容。2020年12月11日,习近平总书记在中共中央政治局第二十六次集体学习时强调"坚持系统思维,构建大安全格局",由此系统思维在国家安全实际工作和理论研究中的地位得到充分肯定。系统思维是维护和塑造国家安全的指导思维,系统方法是国家安全学的基本研究方法,总体国家安全观也是一种系统安全观。

国家安全学研究对象、任务、学科性质、研究方法等内容的系统成型,标志着国家安全学的诞生。国家安全学从诞生那刻起就没有停止过发展和完善,刘跃进教授也没有停止过探索的步伐。国家安全学在经历了"从无到有"的开拓性创新后,就进入了学科体系完善"从有到精"的深度创新过程。刘跃进教授在《国家安全学科建设中的创新》(2009年)一文中写道:"任何创新都没有止境,在'国家安全学'及国家安全学科的未来发展中,在国家安全学教学和研究中,引进'民主观点',重视'实证方法',甚至运用'数学方法',都可能成为将来国家安全学科建设中的创新亮点。"[1]更重要的是,在维护国家安全中要统筹"科学"和"民主",提倡"民主的系统安全观"。这种在国家安全领域统筹科学和民主的理念有很强的新时代意义。在新时代维护国家安全,既要充分运用最新的科技,更要始终绷紧"民主"这根弦,增强人文关怀,避免走向只埋头拉车不抬头看路的纯技术主义。从现实情况来看,刘跃进教授关于"实证方法""数学方法"的"预言"或已成真。国家安全学被教育行政部门确定为"交叉学科"门类下的一级学科后,风起云涌的学科建设已经使这些方法以及更多的新方法被引入国家安全学理论研究和学科建设之中。国家安全学的复合性决定其研究方法的多样性,这也是系统方法的合理、科学之处。国务院学位委员会国家安全学学科评议组召集人范维澄教授认为,国家安全学主要以国家生存与发

---

[1] 刘跃进:《国家安全学科建设中的创新》,载刘跃进:《刘跃进国家安全文集》(上册),中国经济出版社2020年版,第21页。

展的根本性、全局性安全问题及应对为研究对象，下设 4 个二级学科：国家安全思想与理论、国家安全战略、国家安全治理、国家安全技术。可见，除了传统意义上的文科研究方法，包括"数学方法"在内的理工科研究方法也越来越多地引入国家安全学研究中。

哲学被认为是一切科学之母，国家安全学研究也有必要上升到哲学高度。刘跃进教授敏锐地察觉到这一点，着手进行"形而上"的国家安全学研究，将国家安全学研究提升到一个新的高度。他在《国家安全学是国家安全科学与国家安全哲学的统一》（2010 年）一文中认为："作为一门学科，'国家安全学'是国家安全科学与国家安全哲学的统一；作为一类学科，'国家安全学'既包括多门国家安全科学，也至少包括一门国家安全哲学，其实也是国家安全科学与国家安全哲学的统一……民主理念应当成为当代国家安全哲学的最高原则，只有把科学与人性、系统思维与民主理念有机统一到国家安全学基本原理之中，确立一种系统的民主安全观，才能使国家安全理论对国家安全实务起到积极的服务和指导作用。"

## 三

在中华民族伟大复兴战略全局和世界百年未有之大变局交融之际，我国面临的国内外安全形势更加严峻，复杂的国家安全形势需要科学、系统的国家安全理论指导维护和塑造国家安全的实践。2013 年，党的十八届三中全会作出了设立国家安全委员会的决定，习近平总书记在《关于〈中共中央关于全面深化改革若干重大问题的决定〉的说明》中指出国家安全委员会主要职责是制定和实施国家安全战略，推进国家安全法治建设等。2014 年 4 月 15 日，在第十八届中央国家安全委员会第一次会议上，习近平总书记提出了对我国国家安全工作具有重要指导作用的总体国家安全观。由此，国家安全学也迎来了学科建设的春天。

正是在国家安全学理论研究和学科建设大好时机即将到来的时刻，刘跃进教授花费多年心血撰写的《为国家安全立学——国家安全学科的探索历程及若干问题研究》于 2014 年 1 月正式出版。[1]对此,《文集》(下册)附录收入的王宏伟先生的书评对此作出了高度评价。在《刘跃进教授及其国家安全理论研究——兼评刘跃进教授的〈为国家安全立学〉》的书评最后,王宏伟先生指出:"从 2004 年的《国家安全学》到 2014 年的《为国家安全立学》,刘跃进教授在国家安全理论研究和学科建设中付出了巨大艰辛,也作出了巨大的贡献。当前,随着国际形势日趋错综复杂和我国改革开放进入深水区、攻坚期,构建具有中国特色的国家安全学势在必行。刘跃进教授以其独具慧眼的超前眼光为我们指明了前行的方向。他的学术探索必将在国家安全研究史上留下浓墨重彩的一笔。"[2]

在国家安全学理论研究和学科建设的历史上,《国家安全学》(2004 年)是中国特色国家安全学诞生的标志,《为国家安全立学——国家安全学科的探索历程及若干问题研究》(2014 年)是国家安全学理论的进一步完善和对国家安全学学科建设的进一步探讨。这两部著作,构成了中国国家安全学自主知识体系 1.0 版。此后,刘跃进教授对国家安全学理论和学科建设的探索进入了一个新阶段。

2016 年 5 月 17 日,习近平总书记在哲学社会科学工作座谈会上指出,要按照立足中国、借鉴国外,挖掘历史、把握当代,关怀人类、面向未来的思路,着力构建中国特色哲学社会科学,在指导思想、学科体系、学术体系、话语体系等方面充分体现中国特色、中国风格、中国气派。在《构建中国特色国家安全学学科体系的基本思路》(2017 年)一文中,刘跃进教授提出,建设中国特色国家安全学学科体系,必须以习近平总书记关于"构建中国特色哲学社会科学"的论述和总体国家安全观为指导,广泛吸收古今中外的一切优秀文化和优秀安全思想;必须准确把握时代精神,立足当代中国国家安全和整个世界安全形势;必须既重视传统安全问题又重视非传统安全问题,更要确立非传统安全思维方式;必须使国家安全学摆脱对军事学、国际政治学、公共安全学等学科的依附,取得独立的学科地位。

---

〔1〕 刘跃进:《为国家安全立学——国家安全学科的探索历程及若干问题研究》,吉林大学出版社 2014 年版。

〔2〕 王宏伟:《刘跃进教授及其国家安全理论研究——兼评刘跃进教授的〈为国家安全立学〉》,载《华北电力大学学报(社会科学版)》2016 年第 6 期,第 137~140 页。

教育部于 2018 年 4 月发布文件，决定在我国高校设立国家安全学一级学科。国务院学位委员会和教育部在 2020 年设置"交叉学科"门类和"国家安全学"一级学科，国家安全学最终取得了独立的学科地位。刘跃进教授的"预言"又一次成真。

　　刘跃进教授不但是一位脚踏实地的实干家，还是一位极具浪漫主义的创新者。在国家安全学成为一级学科，取得独立的学科地位后，刘跃进教授又提出了一个大胆的想法：国家安全学应该成为一个学科门类。刘跃进教授认为，将国家安全学设定为一级学科，只是出于稳妥考虑的过渡方案，国家安全学的最终归宿是学科门类。特别是在 2014 年 4 月习近平总书记提出总体国家安全观的背景下，国家安全的内容极大丰富，国家安全的范围极大扩充，国家安全学作为一级学科已经难以适应总体国家安全观的要求。在《国家安全学学科建设的历程与新思考》（2019 年）一文中，刘跃进教授的构想是设立一个包括国家安全学原理、国家安全管理学、国家安全法学、国家安全战略学、军事学、警察学、情报学、外交学、非传统安全学等一级学科在内的国家安全学学科门类。刘跃进教授关于国家安全学学科门类的构想可谓大胆、超前，虽然目前学界对此还存在争议，但是这种敢于质疑、敢于创新的精神值得我们学习。鉴于刘跃进教授以往数次成功"预言"的经历，谁又能断言这次"预言"不会成真呢？让我们拭目以待。

# 第三章

# 国家安全学学科建设中的若干争议问题

2020 年，国务院学位委员会、教育部发布通知，新设置"交叉学科"门类，作为我国第 14 个学科门类，"集成电路科学与工程"和"国家安全学"作为下设一级学科。国务院学位委员会正在研究制定交叉学科设置与管理的相关办法，探索具有中国特色的交叉学科设置与目录管理制度。[1]从 2014 年习近平总书记在第十八届中央国家安全委员会第一次会议上提出总体国家安全观以来，包括教育部门在内的社会各界都在探寻如何将本部门的工作、发展和总体国家安全观进行具体对接，真正做到"入心、入脑"，发挥总体国家安全观的指导作用，主动适应新的国内外安全环境。教育部设置"交叉学科"门类，并且下设"国家安全学"一级学科，可以看作官方对国家安全学学科建设的最直接、最明确部署，为国家安全学学科的发展指明了方向、定了调子，这也从一个侧面反映出政府在国家安全学学科构建中的主导性作用。但是国务院学位委员会和教育部的通知只是原则性的规定，在学科体系、课程设置、考核标准、学位授予、就业方向等方面并没有明确的规定，需要相关部门出台实施细则。国家安全学作为一门解决现实国家安全问题的实用型、新型学科，在课程设置、人才培养模式等关键方面要跳脱传统模式，既要继承又要创新。

---

〔1〕《与哲学、经济学、理学、工学等传统学科并肩——我国新设置"交叉学科"门类》，载 https://news.gmw.cn/2021-01/15/content_34543822.htm，最后访问日期：2023 年 9 月 15 日。

## 一、内生型、外源型还是复合型？

### （一）内生型的发展路径

从国家安全学学科的起源来看，有内生型和外源型的争议。内生型的核心观点是我国维护国家安全的实践催生了国家安全学学科，国家安全学学科的发展不断从维护国家安全的实践中汲取营养，同时国家安全学学科也要随着国家安全形势的变化不断进行调整。以美国为例，"9·11"恐怖袭击作为美国本土发生的最严重的恐怖袭击，可以说完全改变了美国的发展轨迹，也改变了世界的格局。"9·11"恐怖袭击后，美国一方面将打击恐怖主义作为自己的首要战略任务，在国外发动了多场反恐战争，以达到从外部消除对美国的恐怖威胁、保护美国国土安全的目的；另一方面，打击美国国内的左翼、右翼、种族等各种类型的恐怖主义，形成反恐国外战场和国内战场的合力。在反恐的大背景下，服务于反恐实践需要的反恐学科发展迅猛。截至目前，美国有438所高等院校设立了反恐与国土安全专业，上千所院校开设了反恐课程。[1]由于美国当时面临巨大的反恐压力，国土安全一级学科下的"恐怖主义与反恐行动"专业获得了源源不断的发展动力，体现了反恐学科发展的"内生型"特征。笔者曾经于2014年至2015年在美国的俄克拉荷马城市大学法学院以联合培养博士的身份进行恐怖主义和反恐的学习、研究，观察到美国反恐学科的发展较早，无论是学科建设、课程体系还是人才培养等方面都比较成熟，《反恐怖主义法》和《国家安全法》也是美国很多法学院的必修课程。[2]从反恐实践和反恐学科建设的关系来看，美国反恐学科的发展是内生型的，是美国国内外的反恐实践需要催生了反恐学科的产生和发展。

### （二）外源型的发展路径

我国法律的现代化被认为是外源型的发展路径，打破旧法统，和封建的法律理念和制度相切割，从最初的移植苏俄法律理念和制度，再到学习

---

〔1〕 邵安：《反恐学科结构、专业发展、核心课程研究：以美国高校为例》，载《公安教育》2020年第5期，第73页。

〔2〕 王林：《美国法学院反恐教育及其对我国法学院的启示——以俄克拉荷马城市大学法学院为例》，载《兰州教育学院学报》2014年第11期，第152~155页。

德日和英美，我国的法律发展经历了一个非内生型的路径。但是外源型发展路径的一个致命问题是和我国的国情不能完全契合，我们要构建的是中国模式的现代化。例如，在平衡实体正义和程序正义的关系上，英美法系更多是追求极致的程序正义，这不可避免会损害到实体正义以及对被害人利益的保护，而我国的法律文化就不允许抛弃实体正义而追求绝对的程序正义，而是要求保持实体正义和程序正义的均衡。同样是西方国家推崇的"无罪推定"，我国也不能完全移植过来，因为我们还不能赋予犯罪嫌疑人和被告人完全的"沉默权"，"疑罪从无"才是更适合我国国情的提法。可见，不能完全照搬西方的法律理论和法律制度来发展我国的法律现代化，而是要有所取舍，更要大胆创新。在我国法律现代化未来的发展道路上，内生型的发展路径应该是主导，从中国法治实践中汲取营养，形成中国特色，反过来再指导中国法治实践，对外国优秀法治成果的外源型借鉴应该退居次要和辅助地位，这也是一个创新型国家的必要发展路径。

（三）我国的国家安全学学科发展是复合型的

习近平总书记提出坚持"四个自信"后，我国法律界、法学界也积极响应号召，提出要建设有中国特色的法律制度体系和理论体系，建设适合中国国情的法学学科体系，要对西方的法律话语权祛魅，构建我国的法律话语权。[1]虽然国家安全学是由我国学者创立的，学界一般认为，国际关系学院的刘跃进教授是我国国家安全学的创始人，[2]而且国家安全学的创立也服务于应对日益严峻的国内外安全形势，而我国维护国家安全的实践也进一步推动了国家安全学学科的发展。但是并不能说我国国家安全学学科的发展是完全内生型的，从整体上看，我国的国家安全学学科的产生和发展是广泛吸纳古今中外优秀国家安全思想的结果，例如，治国安邦之论是我国古代国家安全思想最重要的内容；在古希腊，柏拉图的《理想国》和亚里士多德的《政治学》都深入研究了当时的国家安全问题，即城邦安全问题；"救亡图存"是我国近代国家安全思想的主线；以及西方现代国际

〔1〕 王林：《总体国家安全观视野下的法律安全与法律霸权》，载《中国刑警学院学报》2021年第1期，第10页。

〔2〕 刘跃进：《建立"国家安全学"初探》，载《国家安全通讯》1999年第1期，第31~33页。

关系理论中的国家安全研究。[1]在建设"新文科"的大背景下，除了服务于我国维护国家安全的实践，创立国家安全学学科也具有独立的意义：弥补国家安全学学科建设的空白，进一步完善社会科学学术体系。我国的国家安全学学科一方面是原生性的，即创立者是我国学者；另一方面，在内涵上包括古今中外的优秀安全思想、理论。因此，我国的国家安全学学科的创立和发展在内涵上是复合型的，兼具内生型和外源型的特征，而且在学科形式上具有原生性。总体国家安全观的提出标志着我国对国家安全问题的认识进入了一个全新的境界，我国国家安全的内涵和外延比历史上任何时候都要丰富，反映到国家安全学学科上就是国家安全学学科内容的复杂性、体系的综合性，在思维上要坚持系统思维、构建大安全格局，在研究方法上要采用整体性更强的系统性研究方法。官方目前将国家安全学学科定性为"交叉学科"门类下的一级学科，国家安全学学科包涵多种学科内容，而不是定性为一个二级学科，应该也是出于上述考虑。

我国国家安全学学科复合型的发展成果通过法律法规和规范性文件的形式固定下来，《国家安全法》对国家安全教育作出了具体规定"将国家安全教育纳入国民教育体系和公务员教育培训体系，增强全民国家安全意识"，同时对国家安全人才培养和就业也有规定"国家采取必要措施，招录、培养和管理国家安全工作专门人才和特殊人才"。针对作为国家安全重要领域的军事安全，我国的《国防法》规定"军事机关应当支持有关机关和组织开展国防教育工作"；"学校的国防教育是全民国防教育的基础。各级各类学校应当设置适当的国防教育课程，或者在有关课程中增加国防教育的内容"。《反恐怖主义法》规定"国家鼓励、支持反恐怖主义科学研究和技术创新，开发和推广使用先进的反恐怖主义技术、设备"，虽然《反恐怖主义法》没有明确提及反恐学科建设和反恐教育问题，但是反恐怖主义科学研究和技术创新离不开反恐学科的发展，而反恐学科是国家安全学学科的一个重要分支。

---

〔1〕　刘跃进：《为国家安全立学——国家安全学科的探索历程及若干问题研究》，吉林大学出版社 2014 年版，第 8~40 页。

## 二、交叉学科还是综合学科?

### (一) 交叉学科的定性

目前官方将国家安全学定性为"交叉学科"门类下的一级学科,作为在哲学、法学、经济学、教育学、工学、理学等 13 个学科门类之外新设的第 14 个学科门类。和其他 13 个学科门类不同,"交叉学科"门类一方面没有固定的、规范性的名称,另一方面,也很难被界定内涵和外延。既然国家安全学在学科门类上归属于交叉学科,那么其作为学科门类下的一级学科也具备交叉学科的性质。交叉学科是各学科结合发展的结果,交叉学科的性质可以体现在形式和内容上。在形式上,交叉学科的名称要包括基础学科的名称,一般情况下,如果交叉学科是 A 学科和 B 学科的交叉,那么交叉学科的名称是 AB 学科,例如行政刑法学就是行政学和刑法学的交叉学科;法经济学就是法学和经济学的交叉学科。在内容上,构成交叉学科的两个或者多个学科需要有交叉、结合和重合之处。以笔者大力提倡的反恐刑法学为例,反恐刑法学是刑法学和反恐学的交叉学科,二者在恐怖活动犯罪这个点上产生了交叉和重合,恐怖活动犯罪既是恐怖主义性质的行为,也是犯罪行为。虽然反恐学和刑法学单独都可以完全涵盖恐怖活动犯罪行为,但是相对来讲都比较片面、不够全面,无法勾勒出恐怖活动犯罪行为的全景图,出于充分、全面解释恐怖活动犯罪行为的目的,更好地预防和惩治恐怖活动犯罪行为,需要将反恐学和刑法学结合起来,取二者的最大公约数,构建反恐刑法学。需要特别指出的是,反恐刑法学并不是一门新的学科,在学科内容上并不能完全脱离反恐学和刑法学的内容,在法律定性和学科定位上都不能完全脱离原有学科的影响,也并没有形成一套完全独立的学科体系。[1]因此,笔者认为交叉学科并不是一门全新的学科,而只是学科之间在空间上产生了交集,在性质上更多保留了原有学科的性质,交叉学科的产生更多是出于实用性的考虑。交叉学科和原有学科之间是部分和整体的关系,只不过交叉学科是原有学科的共同部分。

---

〔1〕 王林:《反恐刑法学的法律定性与学科定位》,载《中国刑警学院学报》2019 年第 4 期,第 34~40 页。

### （二）综合学科的定性

如果说交叉学科是学科间产生了交叉和交集，交叉学科更多还保留原有学科的体系、内容和研究方法，那么综合学科就是全新的创造。和交叉学科一样，也可以从形式和内容两个方面界定综合学科。从形式上看，如果 A 学科和 B 学科经过融合和综合形成了一门新的学科，这门新的学科在名称上是 C 学科，而不再是 AB 学科。从内容上看，综合学科作为一门新的学科在内容上有质的飞跃，原有学科已经无法再涵盖它的核心内容，社会实践呼唤新的学科产生，并且依靠新的学科理论解决新的问题。和原有学科相比，新的综合学科具备新的学科内容、新的学科体系、新的学科理论和新的学科研究方法，原有学科和新的综合学科是具体和抽象、特别和一般的关系。

### （三）国家安全学综合学科的定位

从上述交叉学科和综合学科的界分来看，国家安全学学科应该是综合学科，而不是交叉学科。有学者认为"国家安全学是综合运用包括自然科学技术和人文社会科学两大领域众多学科解决国家安全问题的学科，因而是典型的综合学科"。[1]笔者是赞同上述观点的，只有将国家安全学定性为全新的综合学科，才能符合国家安全学"一级学科"的定位，也才能在逻辑上理顺国家安全学一级学科和其他一级学科的关系，并且为国家安全学特有的学科体系、理论、研究方法设定前提。

## 三、学科门类还是一级学科？

### （一）学科门类和一级学科之争

目前官方将国家安全学定性为"交叉学科"门类下的一级学科，但是对国家安全学一级学科包含哪些二级学科并没有明确的规定。目前学界对国家安全学是一级学科还是学科门类是存在争议的，有学者主张将国家安全学作为一级学科放在法学、管理学或者军事学学科门类下；[2]有学者主

---

〔1〕 刘跃进：《论"国家安全学"的门类地位与"情报学"一级学科问题》，载《情报杂志》2020 年第 10 期，第 4 页。

〔2〕 王秉、吴超、陈长坤：《关于国家安全学的若干思考——来自安全科学派的声音》，载《情报杂志》2019 年第 7 期，第 94~102 页。

张国家安全学学科建设要保持稳健的节奏，虽然学科门类是国家安全学的发展方向，但是出于务实的考虑，目前将国家安全学定位于一级学科更加稳妥；[1]还有学者主张国家安全学学科建设要有超前布局，不能被目前的现实情况所限制，要一步到位，直接将国家安全学定性为学科门类，通过此种构建促进国家安全学学科的发展。[2]

（二）学科门类是最优选择

笔者认为将国家安全学定性为学科门类是最优选择，也最利于国家安全学学科的发展。

1. 在逻辑结构上保持一致

国家安全学作为一门综合学科，有非常丰富的内涵，完全可以支撑起一个学科门类庞大的学科体系。将国家安全学定性为学科门类，一方面，可以在形式上和其他13个学科门类保持一致，目前官方所设定的规范性不够强、内涵和外延不够明确的"交叉学科"门类不利于稳定我国学科门类整体上的逻辑结构；另一方面，"集成电路科学与工程"和"国家安全学"被定性为"交叉学科"门类下的一级学科，在内容上可能会让人产生不协调之感，因为作为一个学科门类，其下属的一级学科和二级学科在性质上要有统一性和质的规定性，而"集成电路科学与工程"和"国家安全学"无论在学科理论、课程设置和研究方法等方面都没有太多交集，将其放在一个学科门类下有不合理、突兀之嫌。

2. 借鉴国外成熟经验

虽然我们要构建有中国特色的国家安全学学科体系，但是并不影响我们借鉴其他国家在广义国家安全学学科建设方面的合理做法。由于近年来美国面临着严峻的国内外恐怖主义威胁，恐怖袭击是美国国土安全的最大威胁来源，"9·11"恐怖袭击后，美国小布什政府成立了"国土安全部"，强化对美国国土安全的保护。同时，在学科建设和高等教育领域，美国国土安全高等教育和学科建设也取得了长足发展，美国教育部国家教育统计

---

[1] 杨华锋：《论国家安全学科建设与发展的若干问题》，载《情报杂志》2020年第7期，第1~3页。

[2] 刘跃进：《国家安全学学科建设的历程与新思考》，载《北京教育（高教）》2019年第4期，第13~16页。

中心颁布的《2020 年版学科专业目录》（CIP）维持了 2010 年版的"国土安全"一级学科的设置，继续将"国土安全"一级学科放置在"国土安全、执法、消防及相关防护服务"学科门类下。[1]从学科内容上分析，美国的"国土安全、执法、消防及相关防护服务"学科门类和我国的"国家安全"学科相对应，甚至我国的"国家安全"学科在内涵上更丰富，"国土安全"只是"国家安全"的一个领域。美国将"国土安全"设定为一个"一级学科"，而我国将比"国土安全"内涵要丰富、外延要宽广的"国家安全"也设定为"一级学科"，从横向对比来看，的确是不太合适的。

因此，无论从学科的逻辑结构、学科的内容体系还是其他国家的惯常做法来看，将国家安全学定性为"学科门类"都是更合适的选择。目前虽然官方将国家安全学定性为"一级学科"，但是"学科门类"应该是国家安全学学科以后发展的方向。将国家安全学定性为"学科门类"有充分的理论和现实基础，在理论基础方面，总体国家安全观和坚持系统思维、构建大安全格局理论的提出为国家安全学学科门类的构建和发展提供了坚实的理论基础，无论是总体国家安全观还是系统思维、大安全格局都提倡总体、整体、统一、系统、综合的思维，这和国家安全学"综合学科"的性质是相一致的；在现实基础方面，在总体国家安全观的指导下，我国近年来开展了各个层次、各个领域的维护国家安全的工作，而这些不同层次、不同领域维护国家安全的工作实践为国家安全学学科的构建和发展提供了丰富的素材，国家安全学学科不再是"无本之木、无源之水"。维护国家安全的理论和实践基础足以支撑国家安全学作为一个"学科门类"的学科持续性发展，以及保障其下一级学科和二级学科体系足够完备。

## 四、政府垄断还是多方参与？

国家安全学学科的构建和发展是由政府垄断，还是多方共同参与、各自发挥各自的优势，关涉的是在国家安全领域的治理理念问题。高等教育曾经被认为是由政府垄断的公共产品，因此当时我国的高等院校都是公立

---

[1]　祝哲、邵安：《美国国土安全高等教育发展的经验分析和对策建议》，载《风险灾害危机研究》2019 年第 2 期，第 92~93 页。

的，后来企业开始参与办学，无论是私立小学、中学，还是私立大学在我国已经很普遍，多方参与办学在现阶段的中国已经达成了共识。但是考虑到国家安全学学科研究内容的特殊性，在学科建设过程中是否允许多方参与，目前还是存在一定的争议的，特别是有人担心，如果允许私人和私企介入国家安全学学科建设会有泄露国家秘密等危害国家安全的可能性。笔者以为，上述担心有一定的道理，但是多方参与国家安全学学科建设是大势所趋，只要采取恰当的措施是可以有效规避危害国家安全的风险的。

（一）构建国家安全治理共同体的内在要求

党、政府、社会、公众是国家安全治理的参与主体，要实现国家安全治理的高效能需要在治理主体的有序参与、效果导向的评价机制方面形成合力。国家安全治理参与主体的不同职能决定了参与主体不同的行为模式，要杜绝不同主体行为模式的统一化。追求行为模式的绝对统一化不是辩证、科学的态度，不但会抑制国家安全治理的活力，而且会打乱国家安全治理的整体布局，造成治理主体的心理错位。例如，党在国家安全治理中要从宏观上进行把控，主要通过制定路线、方针、政策的途径领导国家安全治理；而对于社会的参与，要积极调动社会组织，特别是私营企业参与国家安全治理，发挥社会组织对党和政府国家安全治理的协同作用。通过构建国家安全治理共同体提高国家安全治理的整合力，包括参与主体的整合、部门的整合、区域的整合和资源的整合。[1]治理体系和治理能力现代化理论中的构建治理共同体的理论同样可以适用于国家安全学学科的建设，要构建国家安全学学科建设的共同体，整合各方资源使国家安全学学科建设得又快、又好，同时最大限度地规避企业等社会力量参与国家安全学学科建设可能会出现的问题。

（二）构建政府主导、行业指导、企业参与的国家安全学办学机制

1. 政府主导

国务院学位委员会、教育部设置"交叉学科"门类，将"国家安全学"作为其下设一级学科，国务院学位委员会正在研究制定交叉学科设置与管

---

〔1〕 王林：《国家安全治理体系与治理能力现代化探究》，载《〈上海法学研究〉集刊（2021年第1卷 总第49卷）——上海市法学会国家安全法治研究小组文集》2021年，第50~55页。

理的相关办法，探索具有中国特色的交叉学科设置与目录管理制度，这些都体现出政府在国家安全学学科建设中的主导作用。笔者认为，政府可以在以下方面发挥主导作用：第一，制定战略规划。2007 年，美国小布什政府先后发布了《美国国土安全专业人才发展》和《美国安全专业人才发展国家战略》两个规范性文件，在宏观上指导美国的国土安全人才培养和国土安全学科发展；除了发布安全专业人才发展战略，美国政府还制定了《美国国家安全战略》，为美国的国土安全高等教育发展提供安全战略方面的指导。我国可以借鉴美国的上述做法，制定我国的国家安全战略，同时，制定关于国家安全人才培养和国家安全学学科发展的战略规划，使我国的国家安全学学科发展和人才培养不会偏离正确的道路。教育部虽然分别在2018 年和 2020 年发布了《关于加强大中小学国家安全教育的实施意见》《大中小学国家安全教育指导纲要》，但是上述两个文件主要是指导大中小学系统、规范、科学地开展国家安全教育，目前在国家安全学学科建设和国家安全人才培养方面的规范性文件还是空白，亟须加强。第二，成立学会组织。全国性的学会组织是一门学科发展的必经阶段和成熟标志。例如，就法学学科而言，我国有"中国法学会"，它是中国共产党领导的人民团体，是法学界、法律界的全国性群众团体、学术团体和政法战线的重要组成部分，并在地方设有相应级别的法学会。国家安全学学科发展到一定程度后，也要建立各层级的国家安全学学会，为国家安全理论和实务界人士提供沟通交流的平台，服务于国家安全学学科的发展，同时在外部监督国家安全学学科建设。

2. 行业指导

国家安全学是一门实务性很强的学科，因此在国家安全学学科建设和国家安全人才培养过程中要特别注意理论和实务的结合，要为维护国家安全的机关培养合格的人才，提高国家安全理论向国家安全实务的转化率，如果高校培养出的国家安全人才不合格，或者大部分人没有进入维护国家安全的单位或者岗位工作，这不但是对国家安全人才的浪费，更无法保障国家安全学学科的持续发展。要解决上述问题，就要加强国家安全相关行业对国家安全学学科建设的指导。在总体国家安全观的指导下，很多行业都和国家安全相关联，比如公安、国安、军队、环境、能源、文化等，国家安全学学科建设获得上述行业的指导就变得异常重要。高校要加强和行业的沟通联系，加大行业在国家安全学学科建设中影响课程设置等方面决定权的比重，按照行业要求制定培养计划，避免高校培养方向和行业需要相脱节、相偏差的结果出现。

3. 企业参与

企业是社会治理共同体的一个重要组成部分，企业在国家安全学学科建设中可以发挥资金支持、技术支持、解决就业等方面的作用。高校资金不足是制约国家安全学学科发展的一个重要因素，企业资金的注入可以很好解决高校资金不足的问题。在技术支持方面，企业也是一个重要支持力量，以我国国家安全学学科中的重要组成部分反恐学科建设为例，反恐中需要大数据等先进技术的支持，特别是在反恐情报搜集中，先进的技术更是必不可少。《反恐怖主义法》规定"国家鼓励、支持反恐怖主义科学研究和技术创新，开发和推广使用先进的反恐怖主义技术、设备"，同时，我国的《国家情报法》也规定"国家情报工作机构可以按照国家有关规定，与有关个人和组织建立合作关系，委托开展相关工作"。上述规定都为企业参与国家安全学学科建设，特别是提供技术支持提供了法律依据。除了传统的公安、国安、司法等维护国家安全的专门机关，像中国移动、中国电信、中国石油、中国工商银行等国有企业，以及华为、腾讯等私营企业也是国家安全学专业毕业生就业的重要去处，企业的参与拓宽了国家安全学专业毕业生的就业渠道。

## 五、精英化还是大众化？

### （一）两种不同的办学模式

精英化和大众化是高校办学的两种不同的模式，笔者以为，是选择精英化的办学模式还是选择大众化的办学模式，主要取决于学科的特点和社会对学科专业人才的需求情况。如果是"大众化"而且社会需求量特别大的学科，可以选择大众化的办学模式，办学层次主要以本科阶段的教育为主，在本科生具备一定的学科理论和实践储备后再发展硕士和博士阶段教育，而且招生规模可以适度扩大。如果是专业性特别强而且有一定特殊性的学科，可以采取"精英化"的办学模式，严格控制招生规模，在办学层次方面，可以先发展硕士和博士阶段的教育，后续适度发展本科阶段的教育。

（二）国家安全学学科建设要走"精英化"道路

国家安全学作为以维护国家安全为宗旨的学科，在教学过程中可能还会涉及一定的国家秘密，和其他大众化的学科相比有一定的特殊性，因此国家安全学学科的建设还是要走"精英化"的道路。国家安全学学科"精英化"的道路主要体现在以下几个方面：

第一，培养高校的"精英化"。国家安全学学科目前还不能遍地开花，不宜在太多高校开设国家安全学专业并且招生，要选择一些在前期有国家安全学专业相关基础和积淀的高校开设国家安全学专业，比如，国际关系学院在国际关系和国家安全学基础理论、西北政法大学在反恐方面有前期积累和学科优势。

第二，招生规模的"精英化"。要严格控制国家安全学专业的招生规模，可以适当考虑"定制式"的人才培养模式，依据就业单位的需要制定招生计划，避免人才浪费。

第三，办学层次的"精英化"。在国家安全学人才培养的实现路径方面，有学者主张需要更加重视从研究生到本科生的推进过程，区别于传统学科人才培养路径；[1]有学者主张进行学术型人才、应用型人才、国际型人才等有针对性的精英式培养。[2]笔者以为，"倒三角"是适合国家安全学学科人才培养的模式，博士和硕士层次的培养应该在数量上占主要部分，而本科层次的培养在数量上应该占次要部分，甚至可以考虑在发展的前期暂时不招收本科生，而是集中培养博士和硕士层次的人才。以西北政法大学为例，西北政法大学在 2016 年《反恐怖主义法》施行后就成立了我国首个反恐怖主义法学院，开始招收反恐怖主义法学专业的本科生，而它在 2012 年就开始招收和培养"服务西北地区稳定发展与国家安全"法学专业

---

〔1〕 查建国、夏立：《推动国家安全学学科建设》，载《中国社会科学报》2021 年 2 月 26 日。

〔2〕 郭锐：《推进国家安全学学科内涵式发展》，载《中国社会科学报》2020 年 10 月 27 日。

博士研究生，反恐是其中的一个培养专业方向，后来又开始培养反恐怖主义法学方向的硕士研究生。可见，西北政法大学反恐怖主义法学专业的发展就是走了一条"精英化"的发展道路，从博士到硕士最后是本科。2019年，为了贯彻总体国家安全观、服务国家战略需求，西北政法大学在反恐怖主义法学院的基础上又成立了国家安全学院，开始培养国家安全人才，其人才培养模式也是复制反恐人才的"精英化"培养模式。

## 六、大而全还是小而精？

### （一）"小而精"是现阶段的理性选择

新时代国家安全内涵的丰富性决定了国家安全学学科体系的复杂性，这也给各高校科学、合理设置国家安全学专业带来了挑战。"大而全"和"小而精"是国家安全学专业发展的两个不同路径，"大而全"追求高校在设置国家安全学专业时尽可能将国家安全的各领域以不同专业的形式呈现出来，尽可能开设国家安全学下属的不同专业，比如不但开设反恐、公共安全学、网络安全学专业，还开设应急管理、国家安全法学、国家安全战略等专业，尽量做到"大而全"；"小而精"的理念是高校根据自身的学科优势选择国家安全学学科中的某个分支来建设，做大做强，避免"大而全"模式可能流于泛泛而谈，无法深入发展的弊端。

笔者以为国家安全学学科建设适合"小而精"的模式，"小而精"也是现阶段国家安全学学科建设的理性选择。首先，符合学科的发展规律。国家安全学学科建设是不可能一蹴而就的，学科建设一般都要经历顶层设计、政策引导、试点先行、有序展开的过程，[1]这不但是学科的发展规律，也是事物的普遍发展规律，我国在科技、立法等领域的实践都印证了上述程序的合理性和有效性。其次，符合现阶段我国国家安全学学科发展的现状。高校是国家安全学学科建设的主要承担者，现阶段我国的高校都只是在国家安全学学科的某个领域"片面"发展，还不具备建设"大而全"国家安全学学科的学术实力。我国现阶段在国家安全学学科建设中有前期学术积

---

〔1〕 李文良：《国家安全：问题、逻辑及其学科建设》，载《国际安全研究》2020年第4期，第3页。

累和人才培养历史的高校，无论是北京大学、南京大学、清华大学等综合性大学，还是华东理工大学、国际关系学院、中国人民公安大学、西北政法大学、西南政法大学等专业类高校，都是在国家安全学的某个或者某些领域开展研究。

设立国家安全学学科的高校特别是专业类院校要依据自己的学术积累和学科优势重点发展一个学科方向，完善这个学科方向的学科体系、课程体系，将学科方向向纵深发展，而有条件的综合类高校可以在将某个学科专业发展成熟后，逐渐扩大国家安全学学科的专业范围。比如，北京师范大学在 2021 年 4 月 13 日成立了国家安全与应急管理学院，该学院成立后又率先设立"国家安全学"一级学科，以国家安全与应急管理为核心培养交叉领域人才，[1]可见，北京师范大学的国家安全学学科主要是聚焦于应急管理，在应急管理领域做到"小而精"。

（二）优化"小而精"的发展模式

国家安全学学科"小而精"的发展模式有导致国家安全人才知识面狭窄之嫌，无法很好适应总体国家安全观对国家安全工作提出的新要求。为了解决上述问题，考虑到国家安全学学科内容的复杂性，有学者主张可以采取联合学位授予制度，特别是社会科学单位和自然科学单位联合培养国家安全人才。[2]还有学者主张探索联合培养国家安全学专业学生的模式，特别是高校和企业、高校和行业间的联合培养，考虑到国家安全学学科的实用性特色，可以为国家安全人才培养配备理论型和实务型双导师。[3]笔者赞同上述学者提出的联合培养制度的构想，联合培养制度包括两个方面的内容：一是高校间的联合培养，联合授予学位，可以共享各高校的教育资源；二是高校和企业、高校和行业间的联合培养，能弥补高校培养国家安全人才在实务方面的短板，使国家安全人才"理实兼备"。国家安全人才

---

〔1〕 《北京师范大学成立国家安全与应急管理学院将设立"国家安全学"一级学科》，载 ht-tp://www.xinhuanet.com/politics/2021-04/14/c_1127330086.htm，最后访问日期：2023 年 10 月 16 日。

〔2〕 郭一霖、靳高风：《国家安全学：学科建设现状与发展路径》，载《江汉论坛》2020 年第 9 期，第 60 页。

〔3〕 陈嘉鑫：《国家安全学学科建设问题检视与发展进路》，载《中国刑警学院学报》2021 年第 1 期，第 20 页。

的联合培养模式一方面可以保持一定时期内国家安全学建设的"小而精"模式，另一方面可以优化"小而精"的模式，最大限度拓展国家安全人才的知识广度，使国家安全人才"既博又专"，不但顺应国家"新文科"建设的时代潮流，也满足新时期解决复杂国家安全问题的需要。

可以预见，在总体国家安全观和大安全格局的引领下，我国的国家安全学学科将会获得长足的发展，在学科建设、课程体系、研究团队、人才培养等方面逐步完善。需要注意的是，国家安全学学科的建设不能脱离我国的国家安全情势和维护总体国家安全的实践需要，一方面，国家安全学学科建设在理论上要来源于维护国家安全的实践；另一方面，国家安全学学科建设不能落后于我国维护国家安全的实践，要发挥学科建设对实践的指导和促进作用，国家安全学学科建设要有先进性、超前性和前瞻性，要能在宏观上正确引领维护国家安全的实践。同时，要找准国家安全学学科在我国学科体系中的定位，避免在内容和形式上产生不协调以及和其他学科的冲突。

# 第四章

# 国家安全学学科建设中的八大问题再探索

　　国家安全学目前已经成为我国第 14 个学科门类"交叉学科"下的一级学科，有些高校和研究机构已经开始培养国家安全学的硕士和博士研究生，而且国家安全学的学科体系、学术体系和话语体系建设也取得了一定的成就。由于国家安全学是一门新兴的学科，可供借鉴的学科建设经验并不充足。因此，和其他成熟的学科相比，国家安全学学科建设还任重道远。特别是在学科范围、学科体系、研究方法、学科基本概念、学科地位、学科关系、学科群落、建设路径、逻辑起点、学科来源等问题上，学界还存在争议。为深入贯彻落实党的二十大精神，配合《研究生教育学科专业目录（2022 年）》实施，国务院学位委员会第八届学科评议组、全国专业学位研究生教育指导委员会在《授予博士硕士学位和培养研究生的学科专业简介》《学位授予和人才培养一级学科简介》《一级学科博士、硕士学位基本要求》《专业学位类别（领域）博士、硕士学位基本要求》基础上，根据经济社会发展变化和知识体系更新演化，编修了《研究生教育学科专业简介及其学位基本要求（试行版）》，其中就包括《国家安全学一级学科简介及其学位基本要求》。由国家安全学学科评议组编写的《国家安全学一级学科简介及其学位基本要求》详细介绍了国家安全学一级学科的学科概况、学科内涵、学科范围、研究方法、培养目标、相关学科以及取得硕士和博士学位的基本要求等。《国家安全学一级学科简介及其学位基本要求》可以说是出台得非常及时，不仅及时梳理和阐明了国家安全学发展中的一些非常重要的问题，而且在某种程度上也起到了定分止争的作用，但是理论上的争议并不会完全消失。

从学科发展的理性角度来看，国家安全学在学科建设过程中存在争议是客观存在的，也是不可避免的，这就需要实践的持续推进和理论的不断构建来完善学科建设，为学科建设中的争议问题提供大多数可以接受的解决方案。笔者通过阅读国家安全学学科建设相关的文献，以及观察我国的国家安全学教育实践，从中提取八个存在较大争议的问题进行尝试性论述。对此笔者并不试图给出自己的观点和明确的解决方案，更多是给读者展示关于某个问题的争议情况，并且尝试性地给出解决思路。为后续的观点碰撞、交融提供一个文献综述和观点总结，可能更符合人文社会科学发展的规律，这也是笔者写作本书的初衷。

## 一、国家安全学的逻辑起点：历史与逻辑的统一

逻辑起点是新兴学科建设的重要组成部分，是凝聚本学科学术共识的思想之基。一门学科的逻辑起点应该从该学科的历史发展过程中去寻找。[1]需要将学科的逻辑起点和学科来源区分开来，逻辑起点是起源。有学者认为，政治安全和军事安全二元结构是国家安全学的逻辑起点，起到重要的基础支撑作用。[2]这一观点就混淆了国家安全学的逻辑起点和国家安全学的学科来源。国家安全学的逻辑起点就是国家安全学的起源，国家安全学作为一门新兴学科，探寻其逻辑起点对学科发展意义非凡，具有追根溯源的作用。有学者尝试探寻国家安全学的逻辑起点，认为虽然国家安全是国家安全学天经地义的研究对象，但是如果单纯以国家安全作为本学科研究的逻辑起点，则难免会造成学科研究始自对象的变动不居，不利于学科的长远发展。[3]还有学者认为，国家安全学的逻辑起点是内生安全需要和外源学理借鉴的结合。我国维护国家安全的实践催生了国家安全学学科，但同时也必须借鉴外部相关经验，进而完成独立自主的理论建构，并随着国家安

---

〔1〕刘华：《自我的体证与诠释：先秦儒家人性心理学思想研究》，山东教育出版社 2012 年版，第 3 页。

〔2〕秦立强：《国家安全学研究前沿若干思考》，载《公安教育》2022 年第 4 期，第 49 页。

〔3〕梁怀新：《国家安全学学科建设路径探析——体系聚合、制度构建与内涵建设》，载《国际安全研究》2019 年第 6 期，第 42 页。

全形势的变化不断进行迭代、调整与完善。[1]刘跃进教授认为，上述说法不符合事实，事实是，国家安全学起源于国际关系学院在20世纪90年代的国家安全学专业建设，这也是国家安全学的逻辑起点。

中南大学吴超教授认为，"能建的学科必定不是很原创的，全新学科是不可能靠建出来的"。[2]新学科首先要依靠创新理论而产生，例如将两个或多个学科融合形成新学科，或聚焦新的问题，或设立新的观察角度，或采用新的方法，都有可能诞生新的学科。国家安全学作为"交叉学科"门类下的一级学科，是一门新的学科，国家安全学的研究对象、研究任务、研究方法等和其他已有学科相比也是新的，因而国家安全学不是靠建设出来的，而是先诞生后建设的。新的学科诞生后，才会有建设的问题。

国家安全学的诞生需要理论的创新，国家安全学的诞生有标志性的事件。一般认为，2004年刘跃进教授主编的我国首部国家安全学教材《国家安全学》的出版是国家安全学诞生的标志。《国家安全学》用两个专章讨论了国家安全观和国家安全战略，并且提出要确立系统安全观，这对十八大后总体国家安全观的提出和两个国家安全战略文本的出台，提供了重要的知识服务和学理支撑。[3]《国家安全学》教材的出版并不是一蹴而就的，也经历了一个知识积累发展的过程。早在20世纪80年代，国际关系学院马列教研部中国革命史教研室的老师们就设计了"国家安全概论"教学大纲，还开设了《国家安全概论》课程。20世纪90年代初，国际关系学院在教学改革和专业调整中，进一步开设了多门国家安全类课程，其中一门就是"国家安全学基础"。20世纪90年代中期，国际关系学院不仅设立了一些国家安全专业，而且为了专业教学的需要，开始编写专业教学需要的各类国家安全教材，这些教材还都是内部印行的。在这些前期积累的基础上，刘跃进教授于2001年牵头申报北京市高等教育精品教材建设立项，并获得批准和经费支持，刘跃进教授担任主编的《国家安全学》就是该项目的成

---

〔1〕　唐士其、于铁军、祁昊天：《立足中国，面向世界：建立具有中国特色的国家安全学学科体系》，载《国家安全研究》2022年第1期，第81~93页。

〔2〕　吴超：《学科真的能够建设吗？》，载 https://blog.sciencenet.cn/blog-532981-1125155.html，最后访问日期：2023年10月16日。

〔3〕　刘跃进主编：《国家安全学》，中国政法大学出版社2004年版，第136页。

果。[1]国家安全学诞生后，我国就开始了国家安全学学科的建设。无论是设立国家安全学一级学科，还是高校成立国家安全学院，开始培养国家安全学专业人才，都是国家安全学学科建设的重要举措。新学科不能完全依靠行政创建，而是需要一个理论积累过程、从量变达到质变的观点，要求我们遵循学科产生、发展的规律，不能单纯依靠盲目投入、纯粹追求规模和速度的"野蛮"方式，要给新学科充足的成长空间，给高校和学者充分的自由发展和试错机会。另外，也不能放任国家安全学学科自然发展，要塑造国家安全学学科，在充分尊重学科发展规律的基础上，尽可能发挥政府、高校、社会、学者的主观能动性，共同促进国家安全学学科的发展、完善。

## 二、国家安全学的学科来源：多学科来源的学科属性

国家安全学既是一门新的一级学科，也是一门交叉学科。和一般的交叉学科不同，国家安全学在微观上具有交叉性，在宏观上具有综合性，是交叉性和综合性的复合体。国家安全学的交叉性决定了其学科来源是多元的，国家安全学的学科范围要吸纳其他相关学科的内容，经过整合形成新的交叉学科。《国家安全学一级学科简介及其学位基本要求》设定国家安全学一级学科包括国家安全思想与理论、国家安全战略、国家安全治理和国家安全技术四个方向，就充分说明了国家安全学的交叉学科性质，这既是一个社会发展产生的客观需要，也是学科发展的趋势。受制于知识的局限性，国家安全学的学科来源以前往往被限定于不同的单一学科。以目前的视角来看，这种认识是不全面的，也不是实事求是的。朱奕宝认为安全学是国家安全学的"母体学科"，国家安全学将来可以作为"安全学"的分支学科建立和发展起来。[2]蔡培元、张才凤则把国家安全学认定为"保卫学"的分支学科。[3]夏保成、刘凤仙认为，国家安全学的母体就是国际战略

---

〔1〕 刘跃进：《独一无二的精品课"国家安全学"——国际关系学院精品课程建设回顾》，载 https://duirap40. uir. cn/info/1141/4821. htm，最后访问日期：2023 年 10 月 20 日。

〔2〕 朱奕宝：《安全科学与预防事故》，载《中国科技信息》1994 年第 12 期，第 9~11 页。

〔3〕 蔡培元、张才凤：《人类的安全需要与保卫学的理论研究》，载《中国高教研究》1998 年第 1 期，第 85~87 页。

学。[1]金钿等学者认为，国家安全学从军事学中分离出来，成为国家安全谋划和决策的理论支撑。[2]长期从事"公安学"研究的专家认为，"国家安全学"下属于"公共安全学"。徐云先建议图书馆在对图书进行分类时，将国家安全学并入公安学。[3]张宇燕在 2024 年 1 月 5 日中国人民大学国际关系学院国家安全学系举办的题为"对国家安全学理论建构的几点思考"的讲座中指出，"国家安全学的理论构建要立足总体国家安全观重大战略思想，综合已有国家安全学理论研究成果，利用经济学、国际关系特别是国际政治经济学理论资源，构建一个一般性的理论框架，以探索提出新时代国家安全学的分析纲要"。

事实上，国家安全学并不是从上述某一门学科或某一方面的社会需要中产生的，而是从多个不同学科分化出不同内容后，根据不同方面的社会需要，经过综合研究后形成的一门能够满足社会相关方面的不同需要、并独立于其多个母体学科的综合性社会科学。[4]国家安全学并不是仅仅源于政治学，也不仅仅源于国际关系理论，而且还源于情报学、警察学、法学、公安学、军事学等，国家安全学是多学科来源，这也符合国家安全学综合学科的性质。国家安全学虽然是多学科来源，但是并不是这些学科的简单耦合，而是多学科提炼、整合、融合、升华的结果。不能因为国家安全学具有多学科来源性，就否定或者减弱国家安全学的独立性和创新性。学科独立性的主要衡量标准是研究对象的独立性，而国家安全学主要研究国家生存与发展的根本性、全局性安全问题，这是独立于以往任何学科的特殊性。

### 三、国家安全学的学科建设路径：多主体和多阶段性的融合

国家安全学自诞生后就面临着学科建设的问题，要实现最优的建设效果就要选择最优的建设路径，二者是目的和手段的关系。有学者以时间为

---

[1]　夏保成、刘凤仙：《国家安全论》（第 2 版），长春出版社 2008 年版，第 67 页。

[2]　金钿主编：《国家安全论》，中国友谊出版公司 2002 年版，第 89 页。

[3]　徐云先：《文献内容新概念标引列举》，载《楚雄师范学院学报》2004 年第 3 期，第 117~120 页。

[4]　匡四：《"国家安全学"的学科来源》，载《国际关系学院学报》2009 年第 4 期，第 38 页。

维度纵向考察国家安全学学科建设的路径，并提出"三桅帆船"模型进行形象说明。将国家安全学的学科建设路径大致划分为前学科化阶段的学科知识体系蓄积、学科化战略形成阶段的国家战略牵引以及学科化实施阶段的夯实制度基础三个阶段，其推动主体分别为学术界、中央政府层面以及教育行政部门。[1]从目前的国家安全学学科建设的实践来看，我国国家安全学的学科建设路径呈现出多主体性和多阶段性，每个阶段的主要实施主体也呈现出差异性，最终形成国家安全学学科建设的合力。还有学者从体系维度横向考察国家安全学的学科建设路径，从体系聚合、制度构建、内涵建设三个方面进行论述。在体系聚合层面，主要探讨国家安全学的核心理论以及分支学科构建；在制度构建层面，主要论述学科制度精神以及制度结构；在内涵建设方面，主要关注学科的逻辑起点、学科文化以及学科定位三个问题。[2]

国家安全学的学科建设路径既可以从纵向维度也可以从横向维度进行考察，理想的状态应该是糅合纵向和横向两个维度，将横向阶段的内容填充到纵向阶段的框架内。国家安全学学科建设具有多阶段性，前学科化阶段和学科化战略形成阶段更多是具有国家安全学史的考察意义，故应该将重点放在学科化实施阶段，夯实国家安全学的制度基础。要重点关注国家安全学学科建设的多主体性，构建政府主导、行业指导、企业参与的国家安全学学科建设模式，建构"小而精"的精英化办学机制。[3]

## 四、国家安全学的研究对象："泛化"还是"窄化"之争

从国家安全学的名称表述来看，国家安全学的研究对象就是国家安全。国家安全学学科评议组编写的《国家安全学一级学科简介及其学位基本要求》指出，国家安全学是系统研究国家长治久安和可持续发展规律，提高

---

〔1〕 梁怀新：《学科制度视阈下国家安全学学科建设路径探析》，载《国家安全论坛》2022年第3期，第8~10页。

〔2〕 梁怀新：《国家安全学学科建设路径探析——体系聚合、制度构建与内涵建设》，载《国际安全研究》2019年第6期，第30~51页。

〔3〕 王林：《国家安全学学科建设中的若干争议问题研究》，载《情报杂志》2021年第8期，第14~16页。

国家安全治理体系和治理能力现代化水平的交叉学科。国家安全学所研究的国家安全，是指国家政权、主权、统一和领土完整、人民福祉、经济社会可持续发展和国家其他重大利益相对处于没有危险和不受内外威胁的状态，以及保障持续安全状态的能力。上述对国家安全的定义是我国《国家安全法》对国家安全的定义，体现了依法维护国家安全的要求。国家安全的内涵是国家利益，维护国家安全就是要维护国家的重大和核心利益。在界定国家安全的问题上，要避免"过度泛化"和"不当限缩"两种错误的倾向。[1]关于国家安全范围的泛化，学界主要有两种不同且对立的观点：拨乱反正论和过度扩张论。拨乱反正论认为，目前的国家安全概念和国家安全范围是对以往国家安全概念不科学和国家安全范围过于狭窄的拨乱反正，具有时代的合理性，国家安全范围的泛化是一个伪命题，没有必要进行预防和纠正。不是现在把国家安全泛化了、扩大了，而是过去把国家安全简化了、缩小了。要力促从传统国家安全观向非传统的总体国家安全观的转变，突破以往对国家安全的"简化""异化"和"误解"，回归到国家安全的总体性和人民性上。[2]在拨乱反正论者看来，所谓的国家安全范围泛化其实就是以发展的观点看待国家安全问题，是国家安全领域的辩证法。过度扩张论认为，和过往的国家安全范围相比，当前的国家安全范围已经脱离了国家安全概念的涵摄范围，从语义解释的角度来看，国家安全范围的扩张已经不再是合理的扩大解释，而是变成了脱离国家安全本体的类推解释。[3]在过度扩张论者看来，国家安全泛化不是国家安全范围的合理扩张，而是国家安全范围的过度扩张，他们并不反对国家安全范围的合理扩张，而是反对国家安全范围的过度扩张。

从《国家安全法》和《国家安全学一级学科简介及其学位基本要求》对国家安全的定义来看，国家安全范围的泛化包括横向和纵向两个层次。

---

〔1〕　王林：《我国新时代的国家安全战略：理论品格、实践展开和体系建构》，载《河南警察学院学报》2024年第1期，第17页。

〔2〕　刘跃进：《国家安全的简化、异化、误解与回归》，载 https://www.cssn.cn/gjaqx/202208/t20220831_5482870.shtml，最后访问日期：2024年2月10日。

〔3〕　杨华锋：《国家安全治理中的人民性：基于"情境—意识—行动"沙漏模型的阐释》，载《行政论坛》2020年第6期，第15页。

横向的泛化是指国家安全领域的泛化，历史地考察国家安全领域，可以发现其经历了从政治、军事等传统安全领域向网络、数据等非传统安全领域动态发展、传统安全和非传统安全和谐共存的过程。但这是否意味着任何领域都可以被纳入国家安全的范畴？目前官方文件列举出涉及国家安全的重点领域有二十多个。由于统计角度和方法的不同，理论界对具体的数目并没有达成共识，可以说是争论不休。我们是否有必要一定要搞清楚具体的数目，这也是笔者提出的疑问。其实，概括加列举的方式应该是更经济的方式。纵向的泛化主要是指层次上的泛化，国家、集体和个人是三个不同的层次，国家安全应该限定在国家层面，集体和个人层面应该对应的是集体安全和个人安全，如果将集体和个人层面的安全也认定为国家安全就是对国家安全范围的纵向的泛化。刘跃进教授认为："在总体国家安全观下，国家安全是国家的总体安全，是国家的全要素安全，是国家所有国民、所有领域、所有方面、所有层级安全的总和。国家安全是每一个具体个人的安全。"[1]但是从上述法律定义来看，刘跃进教授关于"国家安全是每一个具体个人的安全"的观点可能会引起争议，会引起这种观点是否有国家安全范围纵向泛化之嫌的争论。对国家安全范围的界定是否能背离我国的国情和传统的思想观念，毕竟"国家、集体和个人"是我国传统的组织层级划分，"国家利益、集体利益和个体利益"也是被大众广泛接受的利益层级分类。如果认为"国家安全是每一个具体个人的安全"，是否模糊了"国家"和"个体"的概念边界，"集体"和"个体"的概念是否就被边缘化甚至失去了存在的意义，这在我国的语境下又是否行得通。不可否认，集体安全、个体安全和国家安全有密切的联系，集体安全和个体安全得不到保障，可能会引发国家安全问题，维护国家安全也需要集体和个体的参与。但是，说集体安全特别是具体个人的安全就是国家安全，这是否有将复杂问题简单化的嫌疑呢？上述问题需要我们认真思考，力争寻找一个合情合理的解决方案，这个解决方案不但要照顾到概念之间的逻辑性和文化的传承，还要兼顾到维护和塑造国家安全的现实需要。

---

〔1〕 刘跃进：《每个国民的安全都是国家安全不可分割的组成部分》，载 https://cssn.cn/gjaqx/202305/t20230522_ 5639574. shtml，最后访问日期：2024 年 2 月 10 日。

国家安全的定义是存在争议的，给国家安全下一个被各方都能接受的定义难度也很大。目前《国家安全法》给出了国家安全在法律层面比较明确的定义，当然，法律定义并不是学术标准，而是学术研究和批判的对象。认识国家安全，不但要关注其法律定义，还要关注其政策定义和学术定义。只有如此，才能对国家安全有一个全面的认识。[1]从教义学的角度分析，在依法维护国家安全的大背景下，国家安全的法律定义是维护国家安全实践的基本依据，也为理论界的学术研究提供了视角。合理界定国家安全要引入类型思维，国家要素的关联限定性要求和国家利益的层次限定性要求，是将一个安全领域纳入国家安全范畴的核心决定因素。解决国家安全不合理扩张的问题，要避免随意打破概念体系的相对稳定性，要保持概念间的合理边界。[2]

笔者以为，可以引入"大安全"和"大安全学"的概念，来解决国家安全学研究对象"泛化"与"窄化"的争论。2020年12月11日，习近平总书记在中共中央政治局第二十六次集体学习时强调，"坚持系统思维，构建大安全格局"；党的二十大报告在国家安全部分论述"提高公共安全治理水平"时也提出，"建立大安全大应急框架"。"大安全"概念是和总体国家安全观中的"总体"相呼应的，"大安全"的范围不但包括传统的国家安全，还包括公共安全、社会安全等，安全生产、防灾减灾救灾等安全领域在"大安全"中也能找到自己的体系定位。如果说"大安全"是安全领域的概念，"大安全学"就是和"大安全"相对应的学科概念。"大安全"理念的提出是总体国家安全观发展完善过程中的关键节点之一，国家安全学学科建设接受总体国家安全观的理论指导，"大安全学"概念的提出就具备了理论基础和实践基础。

## 五、国家安全学的研究方法：系统思维的考察

从传统学科的视角来看，独特的研究方法是学科独立的重要条件，一

〔1〕 刘跃进：《国家安全学理论中概念及其定义的几个问题》，载《中共中央党校（国家行政学院）学报》2023年第4期，第39页。
〔2〕 王林：《国家安全学学科体系构建再思考——兼论国家安全类型思维》，载《中国刑警学院学报》2023年第6期，第5页。

个独立的学科可以借鉴其他学科的研究方法，但是它要有自己独特的研究方法。例如，地下材料和史籍记载相结合的"二重证据法"就是历史学研究所特有的研究方法。由于国家安全学是交叉学科，在研究方法的认定上也有自己的独特性，因而其很难创立一个不受其他学科影响的、全新的研究方法。近年来，探讨国家安全学的研究方法也是学界的一个热点，学者们对此也是众说纷纭。考虑到国家安全学在时间和空间维度的广泛性，以及综合学科的性质，刘跃进教授提倡古今中外归纳概括研究法，这是一种特别的比较研究方法。考虑到国家安全学交叉学科的性质，刘跃进教授还主张借鉴其他学科有关联性的、较成熟的研究方法服务国家安全学学科建设，例如哲学方法、逻辑方法、系统方法、实证方法等。[1]笔者以为，刘跃进教授提倡的古今中外归纳概括研究法虽然精准抓住了国家安全学的复杂性和综合性特征，但是"古今中外归纳概括"这样的表述过于繁琐、不够简练，在概念的规范性上也有一定程度的欠缺。独特的研究方法并不是一门独立学科的充要条件，一方面，学科间都存在普遍联系，不存在完全独立的学科，因此，研究方法不可能、也没有必要是完全独立的；另一方面，国家安全学本身就是交叉学科，更没有必要追求完全独立的研究方法。和研究方法相比，研究对象更能决定一门学科的性质。考虑到总体国家安全观主要体现的是一种系统思想，以及构建"大安全"格局的指导思想也是系统思维，国家安全学研究的主导方法应该是系统方法。系统科学中的系统方法内涵极其丰富，包括整体性和协同意识、层次性和分类指导、结构性和功能性、开放性和动态性，完全可以担负起国家安全学学科建设的重任。[2]系统方法就是一种系统思维方法，系统思维坚持联系和发展的观点，强调从整体上把握事物发展的全过程，着眼于事物整体与部分、部分与部分、整体与环境之间的相互联系、相互作用和相互制约，要求多侧面、多角度、多层次、多变量地考察事物，全面地认识事物，有效地把握事物，从而优化处理问题的方式方法，达到提高系统整体功能的目的。我们可以

---

〔1〕 刘跃进：《国家安全学科建设中的创新》，载《江苏警官学院学报》2009 年第 6 期，第 40~41 页。

〔2〕 王林：《我国国家安全学"三大体系"建设再思考》，载《情报杂志》2022 年第 10 期，第 65 页。

将系统思维的基本特征归纳为整体性、层次性、结构性和动态性。[1]

《国家安全学一级学科简介及其学位基本要求》在谈到国家安全学的研究方法时，指出"国家安全学以总体国家安全观为指导，综合运用辩证唯物主义和历史唯物主义，在借鉴其他学科研究方法的基础上，逐步发展形成适应国家安全学学科特点的研究方法，主要（但不限于）有：分析方法、技术方法、多学科方法、综合方法"。可见，国家安全学研究方法的设定也是总体国家安全观指导的结果。总体国家安全观的系统性决定了国家安全学最核心的研究方法是系统方法，通过对系统方法进行细分，可以发现其在内容和形式上兼顾了科学研究的准确性和规范性，囊括上述分析方法、技术方法、多学科方法和综合方法等。从国家安全学话语体系的构建来看，系统方法的设定也有利于国家安全学和其他学科间交流平台的搭建。

## 六、国家安全学的学科群落：探寻兼顾学科特征和实践需要的最优解

国家安全学一级学科应该包括哪些二级学科，这是一个学科范围问题，也可以称之为学科体系问题，没有二级学科支撑的国家安全学一级学科是无源之水、无本之木。国家安全学的研究对象不但包括具体领域的国家安全问题，还包括预防或化解这些问题而伴生的问题。有学者称前者为衍生性国家安全问题，后者为工具性国家安全问题。[2]国家安全学重点研究国家安全思想与理论、国家安全战略、国家安全治理、国家安全技术，以及涉及国家安全的具体领域问题。国家安全学的研究重点决定了国家安全学二级学科的设定，《国家安全学一级学科简介及其学位基本要求》在学科范围部分，将国家安全学的二级学科设定为国家安全思想与理论、国家安全战略、国家安全治理和国家安全技术，而具体领域的国家安全问题又被融入上述四个二级学科中。以政治安全为例，其包括政治安全思想，政治安全战略、政治安全治理以及用技术手段维护政治安全等。从本体论来看，

---

〔1〕　王林：《系统思维指导下的大安全格局内涵及实现路径研究》，载《铁道警察学院学报》2022 年第 3 期，第 23 页。

〔2〕　李文良：《国家安全学基础理论框架构建研究》，载《国际安全研究》2022 年第 5 期，第 6 页。

国家安全学二级学科涉及的范围非常广泛，囊括了国家安全学研究各领域的问题。当然，上述学科范围的设定只是官方的意见，而且还是试行版，说明还有调整的可能性。笔者对上述二级学科的划分持保留意见，认为国家安全学一级学科的二级学科应该是国家安全法学、国家安全管理学、国家安全战略学、国家安全科学与技术。上述设定是和国家安全学的学位授予相对应的，是一个兼顾了理论和现实的方案，有利于将国家安全学的学科范围控制在一个合理的范围内，既不至于过于窄化，也不至于过于泛化。[1]

国家安全学学科范围的设定并不是随意为之，而是有一定的事实和理论依据的。如果说事实依据是各领域维护国家安全的实践，那么首要的理论依据就是总体国家安全观。科学界定国家安全学的学科范围需要以总体国家安全观为核心理论指导，国家安全学学科建设是在总体国家安全观指导下的理论逻辑构建与学术研究探索。总体国家安全观是一个内涵极其丰富的理论体系，由于其一直处于动态发展的过程，截至目前，总体国家安全观已经涵盖了政治安全、军事安全、国土安全、经济安全、金融安全、文化安全、社会安全、科技安全、网络安全、粮食安全、生态安全、资源安全、核安全、海外利益安全、生物安全、太空安全、深海安全、极地安全、人工智能安全、数据安全等20个重点国家安全领域，为国家安全学研究打下了有效应对衍生性国家安全问题的基础。除了具体的国家安全领域，总体国家安全观还有延伸出来的"五大要素""五对关系""十个坚持"等丰富内涵，涵盖了法学、管理学、军事学、工学等学科门类的内容。科学界定国家安全学的学科范围需要以总体国家安全观为核心理论指导，由于总体国家安全观是一个"大而不散"的理论体系，总体性、整体性和系统性是其核心特征，这就决定了国家安全学的学科范围也要有总体性、整体性和系统性。《研究生教育学科专业目录（2022年）》规定，国家安全学一级学科可授予法学、工学、管理学和军事学学位，这种学位授予上的类型化，是对国家安全学学科范围的限定，旨在明确国家安全学的学科范围，

---

[1] 王林：《国家安全学学科体系构建再思考——兼论国家安全类型思维》，载《中国刑警学院学报》2023年第6期，第5页。

将二级学科和学位授予一一对应，在实践中更具可操作性。以《国家安全学一级学科简介及其学位基本要求》设定的"国家安全治理"为例，"治理"本身是一个内涵极其丰富的概念，可以涵盖法治、管理、教育等内容，国家安全治理涉及的是法学、管理学、教育学等学科门类。如果一个高校开设了国家安全治理二级学科，其毕业生有可能会被授予法学和管理学不同的学位，而且接受国家安全教育的毕业生则要面临没有合适学位授予的境地，这不可避免会产生一定的混乱。而产生混乱的根源就是二级学科设置和学位授予没有严格对应，二级学科的学科范围大于学位授予的范围。可能将国家安全学设定为学科门类是最优的解决方案，但是目前时机和条件都还不成熟，只能在既有的框架内进行解释和安排。[1]

## 七、国家安全教育：合理区分国家安全通识教育、培训教育和专业教育

我国的《国家安全法》对国家安全教育有规范性的要求，指出"国家加强国家安全新闻宣传和舆论引导，通过多种形式开展国家安全宣传教育活动，将国家安全教育纳入国民教育体系和公务员教育培训体系，增强全民国家安全意识"。这说明开展和接受国家安全教育是法定的义务和权利。党的二十大报告也强调了国家安全教育的重要性，指出"全面加强国家安全教育，提高各级领导干部统筹发展和安全能力，增强全民国家安全意识和素养，筑牢国家安全人民防线"。可见，国家安全教育关乎"关键少数"融合安全发展的统筹能力，关系到党对国家安全工作的领导，也关系到在广大民众中普及国家安全知识，自觉和危害国家安全的言论和行为作斗争，树立维护国家安全的意识，对打赢一场维护国家安全人民战争至关重要。为了贯彻落实党的二十大关于加强国家安全教育的精神，第二十届中央国家安全委员会第一次会议审议通过了《关于全面加强国家安全教育的意见》，这是中央国家安全领导机构审议通过的第一个专门性的国家安全教育文件，具有里程碑意义。从上述法律规定、会议精神和政策性文件来看，国家安全教育包括国家安全通识教育、国家安全培训教育和国家安全专业

---

[1] 王林：《国家安全学学科建设中的若干争议问题研究》，载《情报杂志》2021年第8期，第13页。

教育，分别对应的教育对象是广大民众、公务员和高校中的国家安全学专业学生，构成了立体全面的国家安全教育体系。

要正确对待国家安全教育普遍性和特殊性的关系，合理区分国家安全通识教育、国家安全培训教育和国家安全专业教育，只有如此才能发挥国家安全教育的最大效能。虽然维护国家安全是国家安全教育的最终目的，但是不同类型的国家安全教育承担的任务是不同的，教育内容是不同的，开展国家安全教育的方式也是不同的。开展国家安全通识教育要采取群众喜闻乐见的形式，没有必要盲目追求理论深度，要做到浅显易懂，便于广大人民群众接受。国家安全培训教育的主要对象是公务员，公务员是公务的决策者和执行者，公务员特别是国家安全部门专业人员正确深入了解、掌握、领会国家安全知识、政策和精神能产生更广泛的影响和更深远的意义。开展针对公务员的国家安全培训教育要将重点放在提升公务员维护国家安全的履职能力上，使其深入领会以新安全格局保障新发展格局的理论创新，在促进经济社会发展中始终紧绷维护和塑造国家安全这根弦。开展针对公务员的国家安全培训教育也要关注到公务员群体工作的特殊性，在提升其国家安全理论水平的同时，也要突出实战实用鲜明导向。国家安全专业教育是国家安全教育的一部分，国家安全教育体系包括国家安全专业教育即国家安全学历教育和国家安全非学历教育，国家安全非学历教育是国家安全通识教育的一部分。我国目前已经有一批高校具备了培养国家安全学博士和硕士研究生的资格，而且已经开始招生培养，这种国家安全教育就是国家安全专业教育，有些高校的非国家安全学专业也开始开设"国家安全教育""国家安全概论"等课程，这些应归属于国家安全通识教育。开展国家安全专业教育一方面要遵循高等教育规律，另一方面也要关注到国家安全学交叉学科、综合学科的性质，注重对学生综合能力的培养。在传授理论知识的同时，也要培养学生解决国家安全实际问题的能力。教材建设是国家安全教育的重要环节，编写国家安全学教材要注意因材施教、区别对待，内容要有所侧重，不能搞一刀切。

## 八、"大安全学"概念的提倡：解决争议的有效方案

上述关于国家安全"泛化"还是"窄化"的争议是客观存在的，这也

是我们无法回避的问题。笔者以为，提倡"大安全学"概念，是一个解决争议的有效方案。学科是对客观现实的反映和提炼，国家安全学也不例外。"大安全学"的前提是"大安全"格局，"大安全"格局不但是新时代国家安全领域的客观现实，也是党和国家的国家安全政策，可见"大安全学"的提倡具备了双重背书。在客观现实方面，我国新时代国家安全的内涵和外延比历史上任何时候都要丰富、时空领域比历史上任何时候都要宽广、内外因素比历史上任何时候都要复杂。在总体国家安全观的指导下，我国目前的国家安全不但具有多领域性，还具有多层次性。国家安全涵盖政治安全、科技安全、网络安全、人工智能安全等众多传统安全和非传统安全领域，而且国家安全在层次上也包括国家层面、集体层面和个体层面。党的二十大报告在"推进国家安全体系和能力现代化，坚决维护国家安全和社会稳定"部分，不但论述了健全国家安全体系和增强维护国家安全能力，还论述了提高公共安全治理水平和完善社会治理体系。同时在具体内容上，在"提高公共安全治理水"平部分，论述了大安全大应急、安全生产、食品药品安全监管、防灾减灾救灾、突发公共卫生事件等传统公共安全的内容；在"完善社会治理体系"部分，论述了新时代"枫桥经验"、信访工作、网格化管理、基层治理、城乡社区治理、扫黑除恶常态化、群防群治、见义勇为、社会治理共同体等和社会安全相关的内容。上述内容有很强的导向性，在党和国家的政策层面，国家安全的范围是比较宽广的，完全符合"大安全"格局的内涵。早在 2020 年 12 月 11 日，中共中央政治局就切实做好国家安全工作举行第二十六次集体学习，习近平总书记在会上提出要"坚持系统思维，构建大安全格局"。"大安全"格局的提出是总体国家安全观发展和完善过程中的一个重要节点，也是对新时代复杂安全形势的及时回应，党的二十大报告中关于国家安全的系统论述，可以看作对"大安全"格局的具体阐释。

"大安全学"是"大安全"格局在学科上的投射，国家安全学应该是"大安全学"。即便依托国家性"质"的规定性和重大国家利益"量"的限定性，用类型思维可以合理限缩国家安全的范围，也只是以《国家安全法》中的国家安全的法律定义为标准，还是无法从根本上解决争议。要科学界定国家安全，需要坚持系统思维，将国家安全看作一个复杂的系统。鉴于国家安全是一个具有多维度、多层次性的复杂社会现象，要避免将复杂问题简单化，要用多维思维来透视国家安全问题，要透过现象认识国家安全的本质。对国家安全的阐释，可以从法律定义、政策定义、学者定义、个人定义等角度展开，构筑一个立体性的国家安全定义体系。法律定义是指《国家安全法》中的国家安全定义，考虑到法律的稳定性，法律定义相对来说还是比较保守的。法律定义采取了列举加概括的形式，无论是列举主权、政权等构成国家的基本要素，还是"国家其他重大利益"的兜底性规定，都预示着法律定义中的国家安全基本上就是传统安全的范围。国家安全政策定义的核心就是总体国家安全观，总体国家安全观的总体性以及它的内容和范围决定了政策定义所划定的国家安全范围要比法律定义所划定的国家安全范围宽广得多。法律定义和政策定义是国家安全法和国家安全政策的关系，二者也是一个对立统一的矛盾体，实际上国家安全政策定义已经突破了国家安全法律定义的限制，成为新时代维护国家安全的根本指导思想。学者对国家安全的定义以及民众对国家安全的理解都具有很强的个人色彩，所不同的是，学者的定义专业性更强、影响力也可能更大，而普通民众对国家安全的理解更加朴素。需要注意的是，由于群众路线是维护国家安全要坚持的根本路线，我们可以通过国家安全教育丰富民众的国家安全知识、培养民众的国家安全意识，但是法律定义、政策定义和学者定义都不能从根本上背离民众的认识和利益。

将新时代的国家安全学定位为"大安全学"还要区分国家安全和国家的安全，从层次上来看，国家的安全是国家层面的安全，和国家的安全相对应的是集体的安全、个体的安全，"国家的"是安全"质"的规定性。而国家安全中的"国家"可以看作安全的维护和保障者，国家不但有义务维护国家层面的安全，还有义务维护集体层面和个体层面的安全。因此，这里的国家安全是广义的安全，是国家的安全、集体的安全和个体的安全的复合体，"大安全学"所研究的国家安全就是在这个情境下展开的。从这个意义上讲，刘跃进教授所持的"国家安全是国家所有国民、所有领域、所有方面、所有层级安全的总和"的观点，是和"大安全"格局、"大安全学"相契合的。将国家安全学定性为"大安全学"是对国家安全认识不断深化的结果，也是国家安全学与时俱进的发展和自身的调整，要加强"大安全学"学科体系、学术体系和话语体系的建设力度。"大安全"是对新时代国家安全内涵、外延深刻调整的理论总结和理论确认，"大安全学"是理顺国家安全学学科内部逻辑关系的有效路径。

## 九、结语

建构国家安全学是新时代维护和塑造国家安全的需要，我们要建构的国家安全学应该是有中国特色、中国风格、中国气派的国家安全学。有中国特色的国家安全学学科体系要有中国自主知识体系，可以合理借鉴国外国家安全学学科建设的成功经验，但是核心的知识体系必须是自主构建的，而不能是盲目地照搬照抄。国家安全学学科的自主知识体系一方面来源于维护和塑造我国国家安全的实践，另一方面也要服务于维护和塑造我国国家安全的实践。由于国家安全学兼顾交叉学科和综合学科的双重属性，国家安全学学科建设的思维应该是发散的、丰富的、多维的，对此不但要处理好相互交叉学科间的关系以及国家安全学和相邻学科的关系，也要关注到国家安全学独立新学科的性质。要用独立新学科的高标准要求国家安全学学科建设，走出一条有中国特色的交叉学科建构之路。上文列举的八大问题是国家安全学学科建设中的基本的、也是存在争议的问题，当然这八大问题并不能穷尽国家安全学学科建设的所有问题。除了上述八大问题，还有其他方面的问题需要我们关注，而且在国家安全学学科发展的过程中，也会出现新的情况。这些新的问题也需要我们继续研究，只有如此才能进一步完善国家安全学学科体系，使国家安全学成为一门立得住的成熟学科。

# 第五章

# 大安全格局和大安全学的共融共生

2024 年是总体国家安全观提出的十周年。出于应对国内外安全形势深刻变化的考量，以及对中华民族伟大复兴战略全局和世界百年未有之大变局交融的战略思考，2014 年 4 月 15 日，习近平总书记在第十八届中央国家安全委员会第一次会议上提出了总体国家安全观。总体国家安全观的提出在我国维护和塑造国家安全的历史上具有里程碑的意义，使维护和塑造国家安全的实践有了系统、综合、科学的理论指导，也更加凸显了国家安全在党和国家事业中的重要地位。总体国家安全观是新时代维护和塑造国家安全的"指明灯"和"指挥棒"，也是新时代维护和塑造国家安全要坚持贯彻的根本指导思想。总体国家安全观不但有深厚的理论根基，还具备鲜明的实践特色，体现了中国智慧和中国担当。总体国家安全观从提出那一刻起就没有停止过理论发展和实践创新的步伐，这也是总体国家安全观永葆青春的法宝。十周年是一个回顾，也是重新出发的起点。通过总结经验和前瞻性思考，要继续深入挖掘总体国家安全观蕴含的国家安全思想理论精髓，提升和维护、塑造国家安全实践的契合度，继续最大限度发挥总体国家安全观的理论和实践价值。

维护和塑造国家安全不但需要总体国家安全观进行理论指导，还需要学科支撑和智力支持。维护和塑造国家安全最终还是要落实到人，一方面要提升全民的国家安全意识；另一方面要培养专业的国家安全人才，上述目标的实现都离不开国家安全学学科建设。国家安全学已经被国务院学位委员会和教育部设定为"交叉学科"门类下的一级学科，国内很多高校、研究机构已经成立了国家安全学院、国家安全研究中心等，而且开始进行硕士和博士阶段的国家安全高级人才培养。更为可喜的是，有一部分毕业生已经走上了工作岗位，在维护国家安全的专门机关、企事业单位、高校、科研机构等从事和国家安全相关的实践、理论工作。整体来看，经过数十年的理论积累和实践推动，我国的国家安全学学科建设已经走上了正规发展的快车道，而且也取得了一定的成就。从学科发展的逻辑前提来看，我国国家安全学产生的逻辑前提是国家安全问题[1]，特别是我国的国家安全问题。解决国家安全问题，尤其是重大国家安全问题，维护国家利益，特别是国家重大利益的需求催生了国家安全学学科。从这个角度来看，我国的国家安全学是内生型的，也是本土化的，而不是外源型的，虽然存在对国外先进国家安全理论以及国家安全学学科建设经验的借鉴，但是并没有经历完全从国外进行理论移植的过程。客观来看，我国国家安全学的诞生具有一定的"偶然性"，其"偶然"诞生于20世纪90年代国际关系学院以国家安全专业教育为目标的教育教学改革。国家安全学的发展壮大还具有"必然性"，国家安全学后来被作为一级学科列入高等教育专业目录，主要是归因于新时代日益严峻复杂的国家安全形势，我国的国家安全学成长壮大于维护国家安全的实践。因此可以说，我国的国家安全学兼具"偶然性"和"必然性"。国家安全学主要研究国家生存与发展的根本性、全局性安全问题，是贯彻总体国家安全观的综合性、交叉性核心支撑学科。虽然政治安全问题、军事安全问题、文化安全问题等国家安全问题是国家安全学最核心的研究对象，但是国家安全学还要研究影响国家安全的问题、危害国家安全的问题和保障国家安全的问题，有学者将之称为四面一体的国家安全体系[2]。虽然我国的国家安全学是内生型的，但是国家安全问题并不是源生的，而是衍生的，不能混淆国家安全问题和国家安全学。具体的领域问题演变为国家安全问题需要突破一个临界值，而这个临界值就是某个行为威胁或者危害到了国家利益，特别是国家重大利益，国家安全问题是从

---

〔1〕 李文良：《国家安全学基础理论框架构建研究》，载《国际安全研究》2022 年第 5 期，第 7 页。

〔2〕 刘跃进、王啸：《国家安全学理论体系演绎》，载《山西师大学报（社会科学版）》2023 年第 2 期，第 83 页。

具体的领域衍生出来的，没有具体的领域就没有国家安全问题[1]。国家安全问题的衍生性决定了国家安全学学科的交叉性，这也体现了总体国家安全观和国家安全学学科的内在联系。

建设国家安全学学科，需要以总体国家安全观为指导，二者之间存在内在的共融共生的关系。总体国家安全观为国家安全学提供源源不断的素材和营养，国家安全学的研究成果也会不断挖掘和丰富总体国家安全观的理论内涵，使总体国家安全观对维护和塑造国家安全的指导达到最优的极限阈值，从而提升总体国家安全观的理论韧性。由于总体国家安全观是一个动态发展的理论，其对国家安全学学科建设的指导也是动态变化的，总体国家安全观的不断完善会带动国家安全学学科不断完善。因此，探索总体国家安全观不断发展完善的历史演进，就有很强的现实意义，可以为完善国家安全学学科建设提供依据和指引[2]。

从总体国家安全观提出那一天起，习近平总书记对总体国家安全观的思考就从未停止过，并依据我国新时期国家安全形势的新发展、新情况，及时对贯彻总体国家安全观提出了新的要求。总体国家安全观的历史演进符合事物发展的内在规律，是发展的、进步的，也是非线性的。在总体国家安全观发展完善的过程中，有一些关键性的事件，我们可以称之为"关键节点"。除了在2014年4月15日召开的第十八届中央国家安全委员会第一次会议上，习近平总书记创造性地提出总体国家安全观，还有以下关键节点：2020年12月11日，习近平总书记在中共中央政治局第二十六次集体学习时就贯彻总体国家安全观提出了10点要求，即"十个坚持"，"十个坚持"是国家安全世界观和方法论的融合；党的二十大报告指出，要推进国家安全体系和能力现代化，坚决维护国家安全和社会稳定，党的二十大开启了新时代国家安全思想发展的新境界；2023年5月30日，习近平总书记主持召开第二十届中央国家安全委员会第一次会议，对国家安全问题进

---

〔1〕 李文良：《国家安全问题：不是源生的而是衍生的》，载《国家安全论坛》2022年第1期，第31~38页。

〔2〕 于涛、商一杰：《总体国家安全观视角下国家安全学科的建设理路》，载《内蒙古社会科学》2023年第3期，第44~48页。

行了专门的研究和部署，提供了维护和塑造国家安全的解决方案。可见，总体国家安全观的演进历史就是总体国家安全观不断完善和丰富的历史，是和维护、塑造国家安全的实践不断互动的历史，也是从一般到特殊、再从特殊到一般不断螺旋上升的否定之否定的历史。在总体国家安全观的演进过程中，总体国家安全观不仅成为一个系统的理论，也成为一个包容、开放、动态发展的理论。总体国家安全观的理论内涵会随着维护和塑造国家安全的实践不断丰富，也会被维护和塑造国家安全取得的伟大成就不断证明它的正确性和科学性。

## 一、宏观指导：大安全格局和大安全学概念的提倡

中共中央政治局在 2020 年 12 月 11 日举行了第二十六次集体学习，本次集体学习的主题是切实做好国家安全工作。习近平总书记在主持学习时强调，做好新时代国家安全工作，要坚持系统思维，构建大安全格局[1]。总体国家安全观是一种系统安全观，强调看待和处理国家安全问题要坚持联系的、矛盾的、发展的观点。在坚持系统思维的前提下，构建大安全格局是维护和塑造国家安全的追求目标。大安全格局是兼顾传统安全和非传统安全的格局，扩充了安全的广度；大安全格局是兼顾浅层次安全和深层次安全的格局，深化了安全的深度；大安全格局是兼顾质和量的格局，强化了安全的复合度。广度、深度和复合度的加强，使我国的国家安全体系和能力呈现出前所未有的生命力，有效应对了各式各样的国家安全威胁和挑战，我国新时代的国家安全在总体国家安全观的指导下得到了前所未有的加强。维护和塑造国家安全需要科学的国家安全理论，需要全面掌握国家安全专门知识的人才，也需要提升全民的国家安全意识，而这些都离不开国家安全教育和国家安全学学科建设。自从国家安全学被设置为"交叉学科"门类下的一级学科后，我国的国家安全学建设就迈入了快车道，无论是学科建设还是人才培养都取得了令人瞩目的成绩。但是，总体国家安全观的提出在扩充国家安全领域的同时，也引起了一些理论上的争议。例

---

〔1〕《习近平主持中央政治局第二十六次集体学习并讲话》，https://www.gov.cn/xinwen/2020-12/12/content_ 5569074.htm，最后访问日期：2024 年 3 月 6 日。

如，如何合理界定国家安全的内容和范围，国家安全是否有"泛化"的风险，国家安全的概念如何做到逻辑上的自洽等。笔者以为，在构建大安全格局的背景下，国家安全理论以及国家安全学学科建设也要做出相应的回应和改变，"大安全"概念之提倡以及"大安全学"之构建就是笔者提出的解决方案。

（一）"大安全"概念之提倡

客观地评价，总体国家安全观对国家安全内容和范围的扩充虽然顺应了历史潮流，也更好维护了国家安全，但是由于概念内涵的相对固定性和延续性，概念内涵在短时间内大的改变，不可避免会破坏不同概念之间的边界，造成一定程度上的理论混乱。在这种情况下，就要对相关理论进行调试和创造，以便适应总体国家安全观对维护国家安全实践的指导作用，"大安全"概念的提出就是对国家安全理论的创造性调试。

1. 合理性之证成：概念逻辑的自洽性

一个概念的内容和范围都不是绝对确定的，国家安全也不例外，也存在解释的空间。因此，需要从多维度理解国家安全，要避免概念解释的单维思想，而传统意义上的国家安全学对国家安全的理解有简单化、模糊化之嫌。对此我们可以从法律层面、政策层面、学理层面、民众层面等理解国家安全，最大限度展现国家安全的立体性和复杂性[1]。"国家安全是指国家政权、主权、统一和领土完整、人民福祉、经济社会可持续发展和国家其他重大利益相对处于没有危险和不受内外威胁的状态，以及保障持续安全状态的能力"，这是立法者对国家安全的规范性解释。从教义的角度看，国家安全的内容被"国家重大利益"限缩。整体来看，法律层面对国家安全概念的规定还是比较克制的，没有过度扩张国家安全的范围，这和法律的稳妥性、保守性有一定的关系。国家安全政策层面的阐释主要是党和国家通过重要会议、文件等实施的，政策层面的阐释和法律层面的阐释有相通之处，也有不一致的地方。灵活性是政策层面阐释的最大特点，依据国家安全形势的变化，对国家安全内容和范围的阐释可以相应地扩大或

---

[1] 刘跃进：《国家安全学理论中概念及其定义的几个问题》，载《中共中央党校（国家行政学院）学报》2023年第4期，第39页。

缩小。例如，总体国家安全观就扩充了国家安全的内容和范围，在"五大要素""五对关系"的加持下，新时代国家安全的内容和范围比历史上任何时候都要丰富。生态安全、文化安全等非传统安全领域，以及人工智能安全、数据安全、深海安全、极地安全等新型安全领域，都成为总体国家安全的一部分。除了总体国家安全观，我国也制定了《国家安全战略纲要》和《国家安全战略（2021—2025 年）》两部整体性的国家安全战略，这也是政策层面阐释国家安全的体现。学理层面是理论界对国家安全问题的理解和阐释，学理层面阐释的最大特点是个人色彩比较浓。由于学术背景和生活经历不同，每个学者对国家安全问题的理解是存在差异的，目前也没有形成所谓的"通说"。由于学术具有不同于法律、政策的独特性，在国家安全问题的阐释上，我们要尊重学术的百花齐放、百家争鸣。在安全研究领域享有盛誉的"哥本哈根学派"提出了"新安全论"，指出安全具有主体间性，不但要研究安全化，还要研究非安全化和去安全化[1]。民众对国家安全也有朴素的认知，而且民众层面的认知和其他三个层面的认知相比，可能更加重要、更加具有基础性。群众路线是维护国家安全要贯彻的基本原则，要一切依靠群众，一切为了群众。为了使民众对国家安全的认识和法律层面、政策层面保持一致，加强对民众的国家安全教育就至关重要，这也是我国将每年的 4 月 15 日设定为"全民国家安全教育日"的初衷。

　　法律层面、政策层面、学理层面和民众层面对国家安全的认知有相通之处，但是也不可避免有不一致甚至冲突的地方，而冲突的根源就是对国家安全的认知有偏差[2]。国家安全有自己的概念边界，在传统的认知中，国家安全是国家的安全，而不是集体和个体的安全，国家安全、集体安全和个体安全是有内在联系的独立概念。主权、政权、领土和居民是构成国家的四个基本要素，这四个基本要素也赋予了国家安全质的规定性。在总体国家安全观视野下，社会安全、生物安全、网络安全等非传统安全领域很难说具有完全的国家性，它们应该是国家安全、集体安全和个体安全的

---

〔1〕　［英］巴瑞·布赞、［丹麦］奥利·维夫、［丹麦］迪·怀尔德：《新安全论》，朱宁译，浙江人民出版社 2003 年版，第 1~59 页。

〔2〕　刘跃进：《国家安全学理论中概念及其定义的几个问题》，载《中共中央党校（国家行政学院）学报》2023 年第 4 期，第 37~39 页。

复合体。如果将它们认定为国家安全，并且将其纳入国家安全学的研究范畴，就容易混淆国家安全、集体安全和个体安全这三个概念〔1〕。出于概念逻辑的自洽性考虑，可以用"大安全"的概念涵盖国家安全、集体安全和个体安全，使之成为安全共同体，真正实现构建大安全格局。

2. 必要性之证成：为国家安全"泛化"提供解决方案

国家安全"泛化"是近年来学界非常关注的问题，也是很有争议的问题。争议的焦点是存不存在"泛化"现象？如果存在"泛化"，"泛化"的表现有哪些？"泛化"产生的根源又是什么？有学者认为，国家安全泛化是一个伪命题，在总体国家安全观背景下，国家安全内容和范围的扩张是对以前国家安全"窄化"的修正，是正常国家安全内容和范围的回归，如果称之为国家安全泛化，是对真正意义上国家安全泛化的误解〔2〕。有学者认为，国家安全泛化是一个客观存在的现象，主要是因为没有精准把握国家安全的核心内涵，人为扩大了国家安全的涵盖范围。国家安全泛化有一定的危害性，不但会加大社会治理的成本，还有可能禁锢社会的活力，甚至有侵害民众合法权益的风险。因此，针对国家安全泛化问题，要采取积极、精准的治理措施〔3〕。笔者以为，国家安全泛化是客观存在的现象，也是我们无法回避的、需要解决的紧迫问题。扩张国家安全的内容和范围是百年未有之大变局给我国国家安全形势带来影响的结果，也是党和国家在国家安全问题上的重大路线方针政策，总体国家安全观的提出是其标志性事件。国家安全泛化是一种过度国家安全化，国家安全泛化主要表现为理念的泛化、主体的泛化、手段的泛化等。国家安全泛化是一种国家安全领域的功利主义和实用主义，治理国家安全泛化在目前的语境下，还是要贯彻国家安全类型思维，从质的规定性和量的满足性上界定国家安全的内容和范围，

〔1〕 季志业：《"国家安全学"概念刍议》，载《国家安全研究》2022年第1期，第94～100页。

〔2〕 刘跃进：《国家安全的简化、异化、误解与回归》，载https://www.cssn.cn/gjaqx/202208/t20220831_5482870.shtml，最后访问日期：2024年3月6日。

〔3〕 张杨：《国家安全泛化陷阱与精准治理研究》，载《陕西行政学院学报》2022年第4期，第67～74页。

使国家安全的内容和范围保持在一个合理的限度内[1]。

国家安全类型思维是治理国家安全泛化的一种解决方案，这种解决方案运用的前提还是限缩国家安全的范围。党的二十大报告设"推进国家安全体系和能力现代化，坚决维护国家安全和社会稳定"专章论述国家安全问题，其内容包括健全国家安全体系、增强维护国家安全能力、提高公共安全治理水平和完善社会治理体系四个部分。除了国家安全体系和国家安全能力是直接和国家安全有关的概念，公共安全、社会治理和国家安全是间接相关的概念。在总体国家安全观扩张国家安全内容和范围的背景下，还是存在逻辑上不能自洽的问题，毕竟将公共安全和社会安全解释为国家安全还是存在一定的逻辑障碍。如果从政策层面进行强行认定，不可避免会给理论研究带来一定的混乱，只有做到政策层面和理论层面的双赢，才是一个完美的解决方案[2]。

"大安全"概念的提出可以完美解决上述逻辑上的问题，无论是国家安全还是公共安全、社会安全都是安全的范畴。使用"大安全"概念不但可以避免国家安全泛化在理论上的争议，还可以将各种安全因素、安全领域统合起来，形成安全治理共同体。

(二)"大安全学"之构建

"大安全学"是"大安全"概念在学科上的映射，在"大安全"概念的合理性和必要性得到充分论证的前提下，构建"大安全学"就有了理论上的支撑。构建有中国特色的、自主知识体系的学科体系、学术体系和话语体系是新时代给学术界提出的要求，大安全学也不例外[3]。

1. 大安全学的学科体系：学科大交叉性

国家安全学是"交叉学科"门类下的一级学科，这就决定了国家安全学的学科交叉性。要用系统的眼光看待大安全学的学科体系建设问题，将

---

〔1〕　王林：《国家安全学学科体系构建再思考——兼论国家安全类型思维》，载《中国刑警学院学报》2023年第6期，第5~12页。

〔2〕　王林：《新时代国家安全思想发展的新境界——基于二十大报告中国家安全部分的文本解读》，载《江苏警官学院学报》2023年第5期，第5~11页。

〔3〕　余潇枫、章雅荻：《广义安全论视域下国家安全学"再定位"》，载《国际安全研究》2022年第4期，第3页。

大安全学的学科体系看作一个综合性的体系，而且这个体系要充分体现出"大"的特征。国务院学位委员会和教育部印发的《研究生教育学科专业目录（2022年）》对国家安全学一级学科的学位授予作出了明确的规定。考虑到国家安全学一级学科交叉学科的性质，以及不同培养单位的学科优势、培养方向的不同，可以分别授予国家安全学专业的毕业生法学、工学、管理学和军事学学位，这就充分体现出大安全学在学科体系上的"大"。国务院学位委员会国家安全学学科评议组召集人范维澄教授认为，国家安全学主要以国家生存与发展的根本性、全局性安全问题及应对为研究对象，下设4个二级学科：国家安全思想与理论、国家安全战略、国家安全治理、国家安全技术[1]。由此观之，无论是官方的态度还是学者的观点，都表明国家安全学是大安全学，大安全学是国家安全学的发展方向。

党的二十大报告指出，要"建立大安全大应急框架"，"推进安全生产风险专项整治"，"提高防灾减灾救灾和重大突发公共事件处置保障能力，加强国家区域应急力量建设"。可见，党的二十大报告提出了"大安全"的概念，而且特别列举了安全生产、防灾减灾救灾等安全领域。上述安全领域都是大安全的范畴，也是大安全学的研究对象[2]。"security"和"safety"是中文中的"安全"相对应的英文翻译，二者的内涵和外延是不同的。security强调的是有人为因素介入的高政治烈度的建构的安全，例如政治安全、经济安全等；safety强调的是没有人为因素介入的、处于自然状态的低政治烈度的非建构的安全，例如自然灾害等。如果说传统国家安全学的研究对象是有人为因素介入的security，那么像自然灾害这种没有人为因素介入的safety则不是传统国家安全学研究的对象。但是上述将security和safety完全割裂的做法是存在问题的，一方面，现在的很多安全都是复合安全，既有自然的因素也有人为的因素，例如，安全生产和防灾减灾救灾就是兼具security和safety因素的安全问题；另一方面，即使是纯粹的safety安全问题，在没有人为因素介入的情况下，也会对其他security安全问题产生消极影响，例

---

〔1〕《跨学科、综合性强、理工文管等学科交叉融合——国家安全学，这门新兴学科怎样"学"》，载 https://www.cssn.cn/gjaqx/202304/t20230428_5625598.shtml，最后访问日期：2024年3月6日。

〔2〕高金虎：《论国家安全学的学科体系》，载《情报杂志》2022年第1期，第1~7页。

如，一场完全没有人为因素介入的大洪水在对民众的身体健康和财产权益造成危害的时候，也会对经济安全甚至是政治安全造成影响。在大安全大应急的框架下，要用系统的眼光看待二者的关系，不但要注意到二者的对立性，还要看到二者的统一性，特别是要关注二者在一定条件下的转化性。要加强对各安全教领域间转化条件、转化环境、转化结果预测等方面的研究，夯实大安全格局的理论基础。在现有国家安全的概念范式下，很难统筹security 和 safety，只有提倡大安全的概念，构建大安全学，才能解决上述困境。可见，大安全学是一个大交叉的学科体系，是文科和理科的交叉，是国家、集体和个体的交叉，也是 security 和 safety 的交叉。因此，大安全学的研究方法也要体现其复杂性、系统性和综合性。大安全学的研究方法应该是多样性的，也应该是跨学科的、文理结合的，不仅包括定性分析和定量分析相结合的方法、调查研究和理论研究相结合的方法，也包括静态分析和动态分析相结合的方法以及主观指标和客观指标相结合的方法[1]。

2. 大安全学的学术体系：学术大共同体

大安全学的大学科体系决定了大安全学学术体系的目标是构建学术大共同体，这个学术大共同体包括学者大共同体和研究成果大共同体。传统意义上的国家安全学学者共同体一般认为涵盖国际关系、国家安全法、国家安全管理、国家安全战略等领域的学者，然而学者共同体的构成仍无法满足总体国家安全观的要求，有扩充的内在需求。大安全学的学者大共同体不但要包括上述领域的学者，还要将安全生产、防灾减灾救灾、应急管理、突发公共事件处置等领域的学者纳入其中[2]。近年来发生的一系列危害公共安全的事件，例如河南安阳"11·21"火灾事故、"7·20"特大暴雨灾害等，都昭示着加强安全生产、防灾减灾救灾、应急管理、突发公共事件处置等方面研究的紧迫性和重要性。由于学者是大共同体，大安全学的研究成果也应该是大共同体，对大安全的研究要从多角度、多视角展开。目前学界对大安全的研究还是比较分散和零碎的，学者的关注重点也仅仅

---

〔1〕　王秉：《国家安全学核心概念体系》，载《情报杂志》2023 年第 8 期，第 43 页。

〔2〕　肖晞：《中国国家安全学的自主知识体系探索》，载《世界经济与政治》2022 年第 7 期，第 135~145 页。

聚焦在某一个安全领域，缺乏对大安全的系统性研究。大安全虽然由不同的安全领域构成，各个安全领域之间又有各自概念内涵形成的理论边界，但是不可否认的是，不同安全领域之间有内在的联系，这就需要从整体上加强对大安全的研究。对不同安全领域的细分化研究，并不能代替对大安全的整体性、宏观性研究，要提炼出大安全中的一些共通性的内容，以便加强对不同领域维护安全实践的指导。第二十届中央国家安全委员会第一次会议审议通过的《加快建设国家安全风险监测预警体系的意见》将国家安全风险监测预警体系建设提升到了关系国家安全体系和能力现代化的高度。这里的国家安全风险监测预警体系也应该是大安全框架下的风险监测预警体系，虽然目前理论界有很多关于具体领域风险监测预警体系建设的论著，相关部门和地方也有建设具体领域国家安全风险监测预警体系的成功实践，但是这些都不能替代大安全维度的风险监测预警体系建设。除了研究成果的缺失，目前也缺乏以大安全为刊发对象的专业刊物，这种状况不利于学科凝聚力和学者大共同体的形成。笔者建议，相关机构可以创立以"大安全研究"命名的学术刊物，为大安全研究开辟一个有鲜明学科属性的阵地。

3. 大安全学的话语体系：话语大格局

国家安全话语研究的基本任务是研究如何用话语来建构、维系、增强、消解、转化并利用安全问题来影响人们对安全的感知以及所采取的应对行为[1]。大安全学的话语体系建设也要遵循上述要求，形成大安全学的话语大格局。要准确认识大安全学和国家安全学的关系，大安全学是对国家安全学的修正和发展，狭义的国家安全学是大安全学的一部分，而广义的国家安全学就是大安全学。大安全学并不是对国家安全学的无限制扩展，而是借助不同的视角使国家安全学更加合理，在逻辑上更加自洽，避免国家安全概念陷入无尽的争议中，这也是在坚持总体国家安全观的前提下最好的解决方案。厘定大安全学的内涵是建设大安全学话语体系的前提，只有

---

[1] 潘艳艳：《基于国家安全学的国家安全话语研究》，载《外国语文》2023 年第 1 期，第 102 页。

如此，大安全学才能形成自己的概念边界、理论基础和学术领地〔1〕。

大安全学的话语权建立离不开各安全领域的支持，各安全领域要有大局意识和全盘把控意识。要充分认识到各安全领域之间的联系以及各安全领域和大安全格局的联系，只有形成维护大安全的合力，才能使各安全领域更加安全。用孤立的、割裂的眼光看待问题，不但会阻碍大安全合力的形成，而且有可能形成安全孤岛，最终损害各安全领域的安全。各安全领域和大安全的关系决定着大安全格局的主导地位，这也是"坚持系统思维，构建大安全格局"提法具有科学合理性的原因。大安全格局的话语权决定了大安全学在学科体系中的话语权，构建大安全学有其合理性和必要性。

"大安全"格局的提倡和"大安全学"的构建是安全的一体之两翼，分别对应着国家安全理念和国家安全学学科。维护大安全的实践衍生出了大安全学，同时也为大安全理论的发展提供了鲜活的素材，而大安全学也为大安全格局的形成提供了学科支撑和智力支持。笔者提出大安全学概念也是一个大胆的理论构想，可能带有一定的浪漫主义色彩，还需要进一步做好理论上的论证工作。大安全学未来的研究重点应该是大安全学的研究范式，只有在科学研究范式的指导下，才能清晰界定大安全学的学科边界，进而采用扎实的研究方法，最终建立有中国特色的大安全学话语体系。

## 二、微观指导：科学界定学科范围和充实完善研究方法

国家安全学在应然上是大安全学，大安全格局指导下的大安全学构建是总体国家安全观在宏观上对国家安全学学科建设的指导，除了宏观理念上的指导，国家安全学学科建设也需要总体国家安全观在学科范围、研究方法等微观层面的指导。只有在宏观层面和微观层面都得到总体国家安全观的指导，我国的国家安全学学科才能够日臻完善。由于总体国家安全观是我国自主知识体系国家安全理论的集中体现，只有坚持总体国家安全观的指导，才能够构建起中国自主知识体系的国家安全学学科体系。在新时

---

〔1〕　王林：《我国国家安全学"三大体系"建设再思考》，载《情报杂志》2022 年第 10 期，第 63~68 页。

代，建立我国自主的知识体系，已经是党和国家、普通民众达成的共识。虽然国家安全学是具备交叉学科和综合学科性质的复合型学科，但是国家安全学是内生型的，它的逻辑前提是我国亟待解决的国家安全问题以及维护和塑造国家安全的实践，我国的国家安全学是为了使我国变得更加安全而存在的。因此，国家安全学的实践自主性就决定了其理论上的自主性，这和其他外源型的学科是不同的。我国国家安全学的诞生和发展不但是"自上而下"的，也是"自下而上"的，国家安全问题和维护国家安全的实践催生了国家安全学的诞生，总体国家安全观、设立国家安全学一级学科、中央国家安全委员会等党和国家的理论、政策、制度、机构等也加速了国家安全学的诞生和成熟。

可以大胆地预测，国家安全学会成为我国学科自主知识体系构建的突破口。当然，我们建设拥有自主知识体系的国家安全学并不是要关起门来搞建设，而是要保持一种开放的心态，吸收古今中外一切优秀的国家思想和理论为我所用，同时要做好相关思想、理论的创造性转化和创新性发展。可以吸收我国古代王朝的优秀国家安全思想，例如，西汉王朝随着国力以及内外安全形势的变化，适时调整自己的治理理念，从"休养生息的无为而治"到"有为而治的霸王之道"，再到"纯任德教的俗儒意识形态"，体现出西汉王朝国家安全思想的动态性[1]。还可以吸收我国古代典籍中的国家安全思想，例如，作为我国先秦时代的一部重要典籍，《尚书》中就蕴含着丰富的国家安全思想，例如重民思想、居安思危思想、德治和法治交融思想、统筹自身安全和共同安全思想等[2]。归纳总结我国古代王朝和历史典籍中的国家安全思想，不但有利于完善国家安全学的学科建设，而且还可以克服国家安全领域的历史虚无主义，改变一味向西方寻求理论支撑的简单思维方式，有助于构建我国自主的国家安全学知识体系。除了吸收我国古代的国家安全思想养分，还可以吸收西方的国家安全思想和理论，特别是马克思主义的国家安全思想，真正做到贯通"马中西"。例如，虽然马

---

[1] 王林：《西汉王朝国家安全思想研究》，载《河南警察学院学报》2023年第2期，第23~34页。

[2] 王林：《〈尚书〉中的国家安全思想初探》，载《国家安全研究》2023年第6期，第49~65页。

克思主义经典著作中有关国家安全的论述比较少，但是马克思主义国家理论中的人民主权观、国家利益观等都有助于促进我国的国家安全理论完善和国家安全学学科建设[1]。

我国的国家安全学虽然已被官方明确了学科定位，但是在研究对象、学科范围、研究方法、研究范式等方面还存在争议。由于国家安全学是一门新兴的学科，学科理论发展还很不完备和成熟，特别是学科专属的基础理论体系还没有形成，需要随着国家安全实践的发展继续完善。国家安全学还是一门交叉学科，交叉学科的产生是历史发展的必然，由于世界变得越来越复杂，单独的学科知识已经无法应对日益复杂的问题，时代呼唤学科的交叉和知识的融合。国家安全问题的复杂性决定了不可能单独依靠任何单一的学科知识来维护国家的安全，需要文理工学科知识协同来解决国家安全问题。国家安全学的交叉学科性质也是一把双刃剑，一方面可以提升解决国家安全问题的效能和效率，另一方面也会给学科建设带来一些不利影响，国家安全学很难形成自己专属的基础理论场域，而在传统的学科建设中，专属的基础理论场域是形成一门新的学科的关键。国家安全学是第 14 个学科门类"交叉学科"下的一级学科，和前面已经比较成熟的 13 个学科门类有自己相对独立的基础理论场域相比，国家安全学显得不是那么"纯粹"。笔者以为，要解决上述问题，一方面要加大对国家安全学基础理论的研究力度，从相关学科中萃取出专属于国家安全学的基础理论；另一方面要调整传统的学科划分标准，与时俱进，承认交叉学科的独特性和新的学科划分标准的合理性。

为深入贯彻落实党的二十大精神，配合《研究生教育学科专业目录（2022 年）》实施，国务院学位委员会第八届学科评议组、全国专业学位研究生教育指导委员会在《授予博士硕士学位和培养研究生的学科专业简介》《学位授予和人才培养一级学科简介》《一级学科博士、硕士学位基本要求》《专业学位类别（领域）博士、硕士学位基本要求》基础上，根据经济社会发展变化和知识体系更新演化，编修了《研究生教育学科专业简介及其学

---

[1] 余丽、王高阳：《马克思主义国家理论指导中国国家安全学理论建设研究》，载《国家安全论坛》2023 年第 6 期，第 3~19 页。

位基本要求（试行版）》，其中就包括《国家安全学一级学科简介及其学位基本要求》。由国家安全学学科评议组编写的《国家安全学一级学科简介及其学位基本要求》详细介绍了国家安全学一级学科的学科概况、学科内涵、学科范围、研究方法、培养目标、相关学科以及取得硕士和博士学位的基本要求等。《国家安全学一级学科简介及其学位基本要求》可以说是出台得非常及时，不仅及时梳理和阐明了国家安全学发展中的一些非常重要的问题，而且在某种程度上也起到了定分止争的作用，这也体现出总体国家安全观在微观层面对国家安全学学科建设的指导。

（一）总体国家安全观的复合性：科学界定国家安全学学科范围

国家安全学一级学科应该包括哪些二级学科，这是一个学科范围问题，也可以称之为学科体系问题，没有二级学科支撑的国家安全学一级学科是无源之水、无本之木。国家安全学的研究对象不但包括具体领域的国家安全问题，还包括预防或化解这些问题而伴生的问题。有学者称前者为衍生性国家安全问题，后者为工具性国家安全问题[1]。国家安全学重点研究国家安全思想与理论、国家安全战略、国家安全治理、国家安全技术，以及涉及国家安全的具体领域问题。国家安全学的研究重点决定了国家安全学二级学科的设定，《国家安全学一级学科简介及其学位基本要求》在学科范围部分，将国家安全学的二级学科设定为国家安全思想与理论、国家安全战略、国家安全治理和国家安全技术，而具体领域的国家安全问题又被融入上述四个二级学科中。以政治安全为例，其包括政治安全思想、政治安全战略、政治安全治理以及用技术手段维护政治安全等。从本体论来看，国家安全学二级学科涉及的范围非常广泛，囊括了国家安全学研究各领域的问题。当然，上述学科范围的设定只是官方的意见，而且还是试行版，说明还有调整的可能性。笔者对上述二级学科的划分持保留意见。笔者认为国家安全学一级学科的二级学科应该是国家安全法学、国家安全管理学、国家安全战略学、国家安全科学与技术。上述设定是和国家安全学的学位授予相对应的，是一个兼顾了理论和现实的方案，有利于将国家安

---

[1] 李文良：《国家安全学基础理论框架构建研究》，载《国际安全研究》2022 年第 5 期，第 6 页。

全学的学科范围控制在一个合理的范围内，既不至于过于窄化，也不至于过于泛化[1]。

　　国家安全学学科范围的设定并不是随意为之，而是有一定的事实和理论依据的。如果说事实依据是各领域维护国家安全的实践，那么首要的理论依据就是总体国家安全观，总体国家安全观的复合性决定了其能科学界定国家安全学的学科范围。总体国家安全观是一个内涵极其丰富的理论体系，由于其一直处于动态发展的过程，截至目前，总体国家安全观已经涵盖了政治安全、军事安全、国土安全等20个重点国家安全领域，为国家安全学研究打下了有效应对衍生性国家安全问题的基础。除了具体的国家安全领域，总体国家安全观还有延伸出来的"五大要素""五对关系""十个坚持"等丰富内涵，涵盖了法学、管理学、军事学、工学等学科门类的内容。科学界定国家安全学的学科范围需要以总体国家安全观为核心理论指导，由于总体国家安全观是一个"大而不散"的理论体系，总体性、整体性和系统性是其核心特征，这就决定了国家安全学的学科范围也要有总体性、整体性和系统性。《研究生教育学科专业目录（2022年）》规定，国家安全学一级学科可授予法学、工学、管理学和军事学学位，这种学位授予上的类型化，是对国家安全学学科范围的限定，旨在明确国家安全学的学科范围，将二级学科和学位授予一一对应，在实践中更具可操作性。以《国家安全学一级学科简介及其学位基本要求》设定的"国家安全治理"为例，"治理"本身是一个内涵极其丰富的概念，可以涵盖法治、管理、教育等内容，国家安全治理涉及的是法学、管理学、教育学等学科门类。如果一个高校开设了国家安全治理二级学科，其毕业生有可能会被授予法学和管理学不同的学位，而且接受国家安全教育的毕业生则要面临没有合适学位授予的境地，这不可避免会产生一定的混乱。而产生混乱的根源就是二级学科设置和学位授予没有严格对应，二级学科的学科范围大于学位授予的范围。可能将国家安全学设定为学科门类是最优的解决方案，但是目前时机和条件都还不成熟，只能在既有的框架内进行解释和

---

　　[1]　王林：《国家安全学学科体系构建再思考——兼论国家安全类型思维》，载《中国刑警学院学报》2023年第6期，第5页。

安排[1]。

(二) 总体国家安全观的系统性：充实完善国家安全学研究方法

从传统学科的视角来看，独特的研究方法是学科独立的重要条件，一门独立的学科可以借鉴其他学科的研究方法，但是它要有自己独特的研究方法。例如，地下材料和史籍记载相结合的"二重证据法"就是历史学研究所特有的研究方法。由于国家安全学是交叉学科，在研究方法的认定上也有自己的独特性，因而其很难创立一个不受其他学科影响的、全新的研究方法。近年来，探讨国家安全学的研究方法也是学界的一个热点，学者们对此也是众说纷纭。考虑到国家安全学在时间和空间维度的广泛性，以及综合学科的性质，刘跃进教授提倡古今中外归纳概括研究法，这是一种特别的比较研究方法。考虑到国家安全学交叉学科的性质，刘跃进教授还主张借鉴其他学科有关联性的、较成熟的研究方法服务国家安全学学科建设，例如哲学方法、逻辑方法、系统方法、实证方法等[2]。笔者以为，刘跃进教授提倡的古今中外归纳概括研究法虽然精准抓住了国家安全学的复杂性和综合性特征，但是"古今中外归纳概括"这样的表述过于繁琐、不够简练，在概念的规范性上也有一定程度的欠缺。独特的研究方法并不是一个独立学科的充要条件，一方面，学科间都存在普遍联系，不存在完全独立的学科，因此，研究方法不可能、也没有必要是完全独立的；另一方面，国家安全学本身就是交叉学科，更没有必要追求完全独立的研究方法。和研究方法相比，研究对象更能决定一门学科的性质。考虑到总体国家安全观主要体现的是一种系统思想，以及构建"大安全"格局的指导思想也是系统思维，国家安全学研究的主导方法应该是系统方法。系统科学中的系统方法内涵极其丰富，包括整体性和协同意识、层次性和分类指导、结构性和功能性、开放性和动态性，完全可以担负起国家安全学学科建设的重任[3]。系

---

〔1〕 王林：《国家安全学学科建设中的若干争议问题研究》，载《情报杂志》2021年第8期，第13页。

〔2〕 刘跃进：《国家安全学科建设中的创新》，载《江苏警官学院学报》2009年第6期，第40~41页。

〔3〕 王林：《我国国家安全学"三大体系"建设再思考》，载《情报杂志》2022年第10期，第65页。

统方法就是一种系统思维方法，系统思维坚持联系和发展的观点，强调从整体上把握事物发展的全过程，着眼于事物整体与部分、部分与部分、整体与环境之间的相互联系、相互作用和相互制约，要求多侧面、多角度、多层次、多变量地考察事物，全面地认识事物，有效地把握事物，从而优化处理问题的方式方法，达到提高系统整体功能的目的。我们可以将系统思维的基本特征归纳为整体性、层次性、结构性和动态性[1]。

《国家安全学一级学科简介及其学位基本要求》在谈到国家安全学的研究方法时，指出"国家安全学以总体国家安全观为指导，综合运用辩证唯物主义和历史唯物主义，在借鉴其他学科研究方法的基础上，逐步发展形成适应国家安全学学科特点的研究方法，主要（但不限于）有：分析方法、技术方法、多学科方法、综合方法"。可见，国家安全学研究方法的设定也是总体国家安全观指导的结果。总体国家安全观的系统性决定了国家安全学最核心的研究方法是系统方法，通过对系统方法进行细分，可以发现其在内容和形式上兼顾了科学研究的准确性和规范性，囊括上述分析方法、技术方法、多学科方法和综合方法等。从国家安全学话语体系的构建来看，系统方法的设定也有利于国家安全学和其他学科间交流平台的搭建。

总体国家安全观对我国国家安全学学科建设的指导是全方位的，既有宏观理念的指导，也有微观技术的指导。只有坚持总体国家安全观的全面指导，我国的国家安全学学科建设才能行稳致远，才能及时从实践中汲取营养，也才能更好地反哺维护和塑造国家安全的实践。总体国家安全观是我国维护和塑造国家安全工作的根本指导思想，也是习近平新时代中国特色社会主义思想在国家安全领域的集中体现。总体国家安全观是一个动态发展的理论体系，其对我国国家安全学学科建设的指导也不是一成不变的，国家安全学也会随着总体国家安全观理论体系的不断丰富而不断充实提高。在未来的研究中，还要不断深挖总体国家安全观蕴含的思想精髓厚植我国国家安全学的理论基础。

---

〔1〕　王林：《系统思维指导下的大安全格局内涵及实现路径研究》，载《铁道警察学院学报》2022年第3期，第23页。

# 第六章

# 国家安全学学科体系再思考：
# 兼论国家安全类型思维

　　早在 1998 年，学者刘跃进就在《为国家安全立言——"国家安全学"构想》一文中构想了一个初步的国家安全学理论体系[1]。五年后，他在《试论国家安全学的对象、任务和学科性质》中提出了一个更加完善的国家安全学理论体系[2]。2004 年 5 月中国政法大学出版社出版的《国家安全学》，是我国第一部国家安全学教材和著作。在此前后，虽然有个别学者呼吁建立国家安全学和国家安全学学科体系，但整个学界、政界及教育界几乎没有太多回应。直到十八大后，随着国家安全委员会的设立、总体国家安全观的提出、新《国家安全法》的颁布实施、国家安全战略文本的推出，教育部才在 2018 年发布的《关于加强大中小学国家安全教育的实施意见》中首次提出要"设立国家安全学一级学科"。2020 年 12 月，国务院学位委员会、教育部下发通知，正式作出在"交叉学科"门类下设置"国家安全学"一级学科的决定。2021 年 12 月，国务院学位委员会下发《关于同意增列国家安全学一级学科学位授权点的通知》，设立了首批国家安全学一级博士和硕士学位授权点，开启了我国国家安全学高层次专业人才培养的征程，有利于国家安全学学位教育的可持续发展。目前我国的国家安全学学位教育主要是博士和硕士阶段的教育，这主要是考虑到国家安全学"小而精"的要求，设置本科阶段的国家安全学学位教育的条件还不成熟。我国的国

---

　　[1]　刘跃进：《刘跃进国家安全文集》（上册），中国经济出版社 2020 年版，第 2~6 页。

　　[2]　刘跃进：《试论国家安全学的对象、任务和学科性质》，载《山西师大学报（社会科学版）》2003 年第 2 期，第 132~136 页。

家安全学学科经过几年的快速发展，无论在院校设置、学科建设、课程建设、人才培养、社会影响等方面，都取得了显著的成绩。我们对取得的成绩是需要给予肯定的，但是也应认识到还存在一些影响国家安全学学科发展的障碍，例如，国家安全学毕业生的就业问题；还有一些基础理论问题没有厘清，如国家安全学的学科体系问题。如果不能纾解上述困境和搞清楚国家安全学一级学科的构成，就不能保障国家安全学学科健康持续发展。考虑到问题的复杂性，笔者在此只选取国家安全学学位教育的设置阶段和国家安全学的学科体系这两个问题谈谈自己的看法。

## 一、硕士研究生教育应该是国家安全学学位教育的起始阶段

笔者以为，我国的国家安全学学位教育也应该从硕士阶段开始，主要有以下两个方面的考虑：

（一）充分、高质量就业考虑

国家安全学还是一门新兴学科，不但学科建设还不够完善，而且社会知名度和认可度也不够高。国家安全学被社会接纳需要一个过程，从被社会接纳到产生就业机会再到毕业生充分、高质量就业，这个过程中存在很多不确定性，需要社会各界的协同努力。毕业生的充分、高质量就业是衡量社会认可度的重要指标，也是检验学科健康可持续发展的终极标准。如果一门学科培养的学生毕业即失业或者就业质量不高，一门学科就失去了存在的社会基础。充分、高质量就业包括数量和质量两个维度：在数量上意味着毕业生都实现了就业；在质量上意味着就业方向和专业方向一致或相近，如果国家安全学专业毕业生的就业方向全部或者大部分和国家安全领域无关，就说明专业设置和社会需求是脱节的。从应然的角度分析，国家安全学专业毕业生的就业方向应该是广义上的国家安全领域，这也是总体国家安全观对其就业的要求。广义上的国家安全领域不但包括传统的政治安全部门，还包括网络、数据、人工智能等新兴的国家安全领域。因此，国家安全学专业毕业生的就业方向不仅可以是政府部门和事业单位，还可以是企业单位，包括国有企业、民营企业、合资企业等，上述单位都有维护国家安全的需求。

当前，国内部分高校已经设立了国家安全学院或者计划设立国家安全学院，按照这个发展趋势，几年后，我国的国家安全学专业毕业生将会出现爆发式增长，就业问题将成为一个很严峻的问题。国家安全只和传统的政治安全部门有关，这是对国家安全的狭隘的固有认识，这种认识导致的结果就是国家安全学专业毕业生的就业方向非常狭窄，不可避免会导致不能充分、高质量就业。社会观念的改变以及就业岗位的创造都需要一个过程，出于更加稳妥的考虑，不设置本科阶段的国家安全学学位教育，将国家安全学学位教育的起点定在硕士阶段，应该是当前比较现实也是比较合理的选择。将国家安全学学位教育的起点定在硕士阶段，意味着培养的毕业生在数量上相对较少，在质量上层次更高，可以为国家安全学专业毕业生的充分、高质量就业提供一个缓冲期和缓冲带。

（二）综合学科的性质决定

国家安全学是"交叉学科"门类下的一级学科，从概念上推导，国家安全学就具有交叉学科的性质。笔者以为，国家安全学具有交叉学科的形和综合学科的神，具有交叉和综合的双重性质。从整体上看，国家安全学是一门综合学科；而从它的二级学科来看，国家安全学又是交叉学科，例如，国家安全法学、国家安全战略学等就是交叉学科，国家安全学是交叉学科集合而成的综合学科。国家安全学综合学科的性质决定了国家安全学会涉及法学、历史、国际关系、管理、军事、技术、工程等知识，国家安全学的学习应该是在这些知识基础上的拔高和深化。没有这些基础知识做铺垫，国家安全学的学习就是无源之水、无本之木。传统的本科教育是分学科的基础教育，本科阶段教育的任务是让学生掌握本学科的基础知识，为以后接受更加专业深入的研究生阶段教育打好基础。没有本科阶段对基础知识的牢固掌握，研究生阶段的教育就无法顺利开展。国家安全学的学习需要其他学科的专业知识，而且这是一个必要条件，如果说国家安全学是一个骨架，那么就需要其他相关学科的知识作为血肉填充这个骨架，只有如此才能构建一个鲜活的、有生命力的有机体。同时，骨架和血肉之间以及血肉之间也需要联系的纽带，这就引出国家安全学的研究方法——系统思维。系统思维是这个有机体的灵魂。国家安全学的综合学科性质决定了国家安全学学位教育只能从硕士阶段开始，涵盖硕士阶段和博士阶段。

2018 年 4 月，教育部发布《关于加强大中小学国家安全教育的实施意见》，按照这一意见的要求，国家安全教育要覆盖国民教育各学段，融入教育教学活动各层面，贯穿人才培养全过程，实现国家安全教育进学校、进教材、进头脑，提升学生国家安全意识。同时，按照《国家安全法》的规定，要将国家安全教育纳入国民教育体系和公务员教育培训体系，增强全民国家安全意识。将这部分内容作为国家安全保障的教育保障部分列入《国家安全法》具有重要意义，开展国家安全教育成为各级政府教育主管部门和各类各级学校的法定义务。按照责任原则，相关单位和部门如果不履行或者不认真履行相关法定义务，是要被追究法律责任的。国家安全教育包括国家安全专业教育和国家安全通识教育，二者共同构建了全民国家安全教育，但在教育内容、教育形式、教育层次、教育结果等方面存在差别。虽然国家安全学学位教育的起步阶段是硕士研究生，但是也不影响本科阶段的其他专业开设国家安全相关课程。西北政法大学于 2019 年成立了国家安全学院，目前《国家安全教育》课程是该校全体本科生的通识必修课，而《总体国家安全观与国家安全形势教育》课程是该校全体硕士研究生的必修课，西北政法大学的上述做法是将国家安全教育纳入国民教育体系的成功实践。

## 二、以学位授予为导向的国家安全学学科体系构建

国家安全学的一级学科定位目前已经得到了官方的认可，但是对于国家安全学一级学科应该下设哪些二级学科，目前还存在争议。我国国家安全学的创始人刘跃进教授认为，国家安全学的分支学科有国家安全学理论、国家安全管理学、国家安全法学、国家安全战略学、国家安全教育学等[1]。高金虎教授认为，国家安全学的学科体系应包括国家安全理论、国家安全战略、国家安全政策、国家安全情报、国家安全法学、应急管理等[2]。笔者曾经将国家安全学一级学科的二级学科划分为国家安全学专门学科、国

---

〔1〕 刘跃进：《刘跃进国家安全文集》（下册），中国经济出版社 2020 年版，第 265 页。

〔2〕 高金虎：《论国家安全学的学科体系》，载《情报杂志》2022 年第 1 期，第 1 页。

家安全学交叉学科和国家安全学元学科[1]。王秉教授进一步扩大国家安全的外延，提出了普通安全学的概念，将安全生产、事故防控和防灾减灾等纳入国家安全的范畴，旨在获取适用于各个分支领域安全学的共性安全规律，并促进 safety 和 security 两个概念和学科领域的统一和融合[2]。

和法学等成熟学科相比，我国国家安全学的学科体系还处于比较混乱的状态。每个学者都可以依据自己对国家安全学的理解，对国家安全学的学科体系进行构建，这显示出比较强的个性化特征和一定程度的随意性。由于缺乏客观的依据和参照标准，理论界对国家安全学的学科体系一直无法达成共识，这不但影响了国家安全学的发展完善，而且不利于和其他学科建立区隔和联系，更不利于提升国家安全学的话语权。笔者以为，国家安全学的学科体系构建要坚持类型思维，要确定一个被各方认可的参照物和标准，只有如此，才能定分止争，完善国家安全学的学科体系，从而进一步完善国家安全学的学术体系和话语体系，最终构建出有中国特色的国家安全学。有中国特色的国家安全学需具备两个基本特点：一是尊重国家安全学发展的基本规律，这是建设国家安全学的前提；二是要有中国特色，要考虑到中国的特殊国情，以解决中国问题为导向，也即要兼顾到普遍性和特殊性。

要将我国的国家安全学体系类型化，标准的选取至关重要。考虑到我国国家安全学学位教育的主体是公办高校，官方的政策和文件对国家安全学学科的发展有举足轻重的作用。由于我国的国家安全学学位教育的起步阶段是硕士研究生教育，国家安全学二级学科的设置可以以相关的文件作为标准。国务院学位委员会和教育部印发的《研究生教育学科专业目录（2022 年）》（以下简称《目录》）对国家安全学一级学科的学位授予作出了明确的规定。考虑到国家安全学一级学科交叉学科的性质，以及不同培养单位的学科优势、培养方向的不同，可以分别授予国家安全学专业的毕

---

[1]　王林：《我国国家安全学"三大体系"建设再思考》，载《情报杂志》2022 年第 10 期，第 64~65 页。

[2]　王秉：《普通安全学：面向大安全寻找普适性安全规律》，载《广州大学学报（社会科学版）》2023 年第 4 期，第 131~138 页。

业生法学、工学、管理学和军事学学位。上述规定是截至目前官方对国家安全学一级学科发展的又一个重要安排，对理论界的理论研究特别是针对国家安全学学科体系的研究，具有权威的指导性。

《目录》是国家进行学位授权审核与学科专业管理、学位授予单位开展学位授予与人才培养工作的基本依据，适用于硕士博士学位授予、招生培养，学科专业建设和教育统计、就业指导服务等工作。从官方对《目录》的核心功能定位来看，《目录》就是国家安全学学建设和人才培养的直接依据，理论界一定要给予其高度重视。国务院学位委员会国家安全学学科评议组召集人范维澄教授认为，国家安全学主要以国家生存与发展的根本性、全局性安全问题及应对为研究对象，下设 4 个二级学科：国家安全思想与理论、国家安全战略、国家安全治理、国家安全技术。笔者对范维澄教授的观点是基本认同的，同时，笔者认为，国家安全学二级学科的设置应该紧贴国家安全学的学位授予，以学位授予为导向，这样才能更好地做到前后一致。在全面依法治国的大背景下，维护和塑造国家安全也要依法进行，国家安全学的二级学科，应该有国家安全法学的一席之地。"治理"和"管理"相比，外延过于宽泛，考虑到学科的独特性和专业性，国家安全管理更为合适。因此，参照官方对国家安全学学科性质的设定，可以在国家安全学一级学科下设立以下四个二级学科：国家安全法学、国家安全管理学、国家安全战略学、国家安全科学与技术，并分别授予法学、管理学、军事学和工学学位。国家安全学一级学科下的二级学科在数量上不宜太多，最好是每个学科门类对应一个二级学科。鉴于国家安全学学位教育是研究生教育，在国家安全学专业招生时，可以在每个二级学科下设置若干不同的研究方向，这样就可以将原则性和灵活性很好地结合起来。

（一）国家安全法学

国家安全法学是国家安全学和法学的交叉学科，国家安全法学的研究对象是国家安全法律体系，可以从立法、执法、司法、守法、法律监督等维度展开研究。国家安全法学是依法维护国家安全的产物，也是其他二级学科的保障学科。这是因为，国家安全管理、制定和实施国家安全战略以及研发和应用国家安全技术都要依法进行，也需要法律保障其顺利进行。

《国家安全法》是国家安全法律体系中的"基本法"，其不但给出了国家安全的定义，还列举了维护国家安全工作应该遵守的原则，以及不同主体的职责和义务。我国目前已经基本构建起以《国家安全法》为核心，以《生物安全法》《数据安全法》《网络安全法》《反恐怖主义法》《反外国制裁法》等具体国家安全领域立法为主体，以《刑法》《刑事诉讼法》《治安管理处罚法》《阻断外国法律与措施不当域外适用办法》等法律法规为补充的国家安全法律体系。出于进一步完善国家安全法律体系的考虑，下一步应该在以下两个方面努力：一是要弥补立法空白，总体国家安全观是一个包容的、动态发展的理论，总体国家安全中的具体国家安全领域也是随着社会的发展不断变化和扩充的，例如，近年来就出现了人工智能等新的国家安全领域，立法机关要及时弥补这些领域的立法空白；二是要制定配套的实施细则。具体国家安全领域的立法是比较原则性的规定，面对复杂多变的国家安全现实，其应对起来显得有些针对性不强，法律实施的效果也会大打折扣。制定配套的实施细则是一种比较常用且效果较好的做法，例如，为了规范数据出境问题，依据《数据安全法》，国家互联网信息办公室在2022 年出台了《数据出境安全评估办法》；为了进一步推动地方的反恐和防恐工作，新疆、上海、浙江、福建等地出台了《反恐怖主义法》的实施办法。上述是先出台法律，然后依据法律再出台实施细则的例子，还有一些领域是先出台层次较低的部门规章，经过试点和总结经验后，再出台层次更高的法律，例如在反外国制裁领域，商务部的《阻断外国法律与措施不当域外适用办法》就是先于《反外国制裁法》出台和生效的。

徒法不足以自行，除了关注国家安全法律体系的完善，国家安全法学还要研究执法、司法和守法。国家安全法律法规要获得预设的效果，就需要执法机关依法行政，认真履行职责；司法机关依法处理国家安全领域的违法犯罪行为；提升全民的国家安全意识，营造全民遵守国家安全法律法规的良好氛围。随着国家安全问题的国际化，维护国家安全领域的国际合作成为一个重要的议题，虽然我们反对国家安全领域的"长臂管辖"，但是我们不反对遵守国际条约合约和互惠原则前提下的司法协助等国际合作。例如，出于国际交往的需要，正当的国内法的域外适用是可以被接受的，我国《刑法》中的属人管辖、保护管辖和普遍管辖就是典型的例子。因此，除了传统的国家安全法律问题，我们还要关注涉外国家安全法律问题。

作为国家安全学一级学科下的二级学科，国家安全法学在研究生教育阶段可以设置各具体领域国家安全法、国家安全立法、国家安全执法、国家安全司法、涉外国家安全法等研究方向。

国家安全法学应该归入法学一级学科还是国家安全学一级学科，仍是存在争议的。将其归入法学一级学科的主要理由是：《国家安全法》是一部全国适用的法律，也是维护国家安全领域的基本法。和《刑法》《民法典》一样，这些二级学科都有实实在在的法律作为研究对象，因此国家安全法学"法"的性质更浓一些，应该将其归入法学一级学科的范畴。而将国家安全法学归入国家安全学一级学科的理由主要是：虽然《国家安全法》是维护国家安全领域的基本法，但是除了《国家安全法》，还有数量庞大的其他安全领域的法律法规，而且这些法律法规只是手段和工具，最终目的还是维护国家安全，因此国家安全法学"安全"的性质更浓，应该将其归入国家安全学一级学科范畴。上述两种观点从不同的角度出发，都有一定的合理性，也从一个侧面反映出国家安全法学性质的复杂性。笔者以为，鉴于国家安全法学交叉学科的性质，国家安全法学在法学和国家安全学的学科归属上是存在竞合的。考察国家安全法学的根本性质，从实然上来看，它是存在"法"和"安全"的双重性质的，这是不能更改的基本事实。但是国家安全法学学科也有构建的性质，它的学科归属还要从应然角度来思考，这是一个进行综合考虑后的选择结果。由于法学一级学科的二级学科体系基本上已经固定和成熟，将国家安全法学纳入其中有一定的难度。而且从发展和完善国家安全学一级学科的现实紧迫性角度考虑，将国家安全法学纳入国家安全学范畴更具有现实性和合理性。

（二）国家安全管理学

国家安全管理学是国家安全学和管理学的交叉学科，其毕业生会被授予管理学学位。我国国内研究国家安全管理学较早、而且成果最突出的是国际关系学院的李文良教授。李文良教授早在2014年就出版了专著《国家安全管理学》，我国国家安全学的创始人刘跃进教授在其为《国家安全管理学》所作的序中，称《国家安全管理学》的出版是国家安全学学科建设的里程碑，笔者对刘跃进教授的评价深表认同。李文良教授在《国家安全管理学》中将"国家安全管理"定义为"国家安全组织及其工作人员为了使国家拥有安全状态和能力而依法对国家安全事务进行管理的活动和过程"，而国家安全管理学就是主要研究国家安全管理现象及其规律的学科。国家安全管理学主要研究以下内容：国家安全管理原则和责任；国家安全职能；国家安全组织；国家安全人力资源；国家安全环境；国家安全领导；国家安全激励；国家安全沟通。国家安全管理学的任务是构建国家安全管理理论体系，为确保国家安全提供理论支撑；提升国家安全管理水平；培养国家安全管理人才[1]。笔者对李文良教授对国家安全管理学研究对象、研究内容、研究任务等的归纳是赞同的，我们现在可以做的是顺应时代的发展对其进行补充和完善。国家安全管理学二级学科可以下设各具体国家安全领域管理、公共安全管理、国家安全风险监测预警、国家安全应急管理、国家安全领导体制等研究方向。

（三）国家安全战略学

国家安全战略学是国家安全学和战略学的交叉学科，考虑到战略学是军事学门类下的一级学科，应授予国家安全战略学专业的毕业生军事学学位。战略是一个领域的宏观性规划，具有一定的前瞻性，战略的作用是对未来进行全局性把控。国家安全战略是战略在维护国家安全领域的体现，国家安全战略学是主要研究国家安全战略现象及其规律的学科。国家安全战略的制定和国家安全战略的实施是国家安全战略学的两个主要研究对象。

我国国家安全战略学的构建有其法律基础、政治基础、文本基础和实践基础，可谓基础比较牢固。在法律基础方面，《国家安全法》规定"国家制定并不断完善国家安全战略"，可见，制定和完善国家安全战略已经成为法定义务。在政治基础方面，2013 年成立的中央国家安全委员会的职责之一就是"制定和指导实施国家安全战略"，中央国家安全委员会的成立使我国的国家安全战略具备了坚强的领导核心力量。党的二十大报告在论述健全国家安全体系时，也特别提到要完善国家安全战略体系。2023 年 5 月 30

---

〔1〕 李文良：《国家安全管理学》，吉林大学出版社 2014 年版，第 1~11 页。

日召开的第二十届中央国家安全委员会第一次会议也提出，要坚持并不断发展总体国家安全观，推动战略体系不断完善。鉴于此，国家安全战略学的构建已经获得了充足的政治背书。在文本基础方面，我国在 2015 年出台了《国家安全战略纲要》，2021 年出台了《国家安全战略（2021—2025年）》，这两个国家安全战略使我国的国家安全战略学研究有的放矢，避免了纯粹理论推演的局面出现。从这两个战略的名称就可以看出，《国家安全战略纲要》更加宏观，而《国家安全战略（2021—2025 年）》则更具有阶段性和具体性，可以将《国家安全战略（2021—2025 年）》看作《国家安全战略纲要》的进一步细化。在实践基础方面，制定国家安全战略的根本目的是指导维护国家安全的实践，化解和消除危害国家安全的危机和不利影响。成功解决香港黑暴、新疆地区的民族分裂活动、外国在高科技领域对我国"卡脖子"等危害国家安全的事件，是国家安全战略指导维护国家安全的成功实践，也为国家安全战略学研究提供了鲜活的素材[1]。这也从一个侧面说明了国家安全案例在国家安全理论研究中的重要性，不能脱离国家安全案例进行纯粹的国家安全理论构建，二者应该是共存共生的关系[2]。

国家安全战略是一个比较宏观和整体的概念，可以对其作进一步细化处理。国家安全战略学可以下设粮食战略、能源战略、科技战略等具体国家安全领域战略，国家安全保障，国家安全情报，以及起到动员作用的国家安全教育研究方向等。

（四）国家安全科学与技术

国家安全科学与技术即国家安全科技，是国家安全学与工学的交叉学科，对其毕业生要授予工学学位。2018 年，教育部提出要大力推进新工科、新医科、新农科、新文科建设，这是新时期对学科建设的创新，和传统的学科建设相比，新工科、新医科、新农科、新文科建设的核心点就是"新"，即新理念、新思维、新体系、新目标[3]。如果说国家安全法学是

---

[1]　王林：《构建国家安全战略学研究》，载《情报杂志》2023 年第 7 期，第 55~59 页。
[2]　王林：《构建国家安全案例学研究》，载《情报杂志》2023 年第 5 期，第 49~53 页。
[3]　王林：《新文科背景下的国家安全法学专业建设与人才培养研究》，载《情报杂志》2021年第 10 期，第 187 页。

新文科，那么国家安全科学与技术就是新工科。国家安全学和工学的交叉是"新理念"的体现；兼具文科思维和工科思维的系统思维是"新思维"的体现；重新构建既不同于传统国家安全学也不同于传统工学的学科体系是国家安全科学与技术在"新体系"方面的体现；将国家安全与科学技术结合起来，用科学技术手段解决国家安全问题，是"新目标"的体现。

依据总体国家安全观，科技安全是总体国家安全的保障。维护国家安全，应当坚持预防为主的原则，预防需要借助人力、物力和技术实现。党的二十大报告在谈到健全国家安全体系时，特别强调要完善国家安全风险监测预警体系，而国家安全风险监测预警体系的完善离不开国家安全科学与技术。2023 年 5 月 30 日召开的第二十届中央国家安全委员会第一次会议更进一步强调要推进科技赋能，利用科技赋能进一步塑造于我有利的国家安全环境。《国家安全法》在国家安全保障部分也规定"鼓励国家安全领域科技创新，发挥科技在维护国家安全中的作用"，科学技术在维护国家安全中的定位被法定化。

我们要对技术决定论和社会建构论进行批判继承，要用辩证思维分析科学技术与国家安全的关系。科学技术是一把双刃剑，既要看到科学技术在维护国家安全中的重要作用，也要看到科学技术可能给国家安全带来的破坏甚至是灾难性后果。科学技术的发展如果脱离了正确的方向，不但会产生科技伦理问题，还会在国家安全领域产生核扩散与核威慑、外层空间和网络空间军事化、生化恐怖主义等一系列新型国家安全威胁。要想消除科学技术在国家安全领域的消极作用，就要有效引导或规范特定科学技术的发展轨道，以及参与国际社会共同管理科学技术风险的各类合作机制[1]。

国家安全科学与技术二级学科的内涵非常丰富，包含但是不限于以下领域：核技术与国家安全、生化武器与国家安全、空间技术与太空安全、网电技术与网络空间安全、人工智能与国家安全、环境科学与国家安全、生物技术与国家安全、计算机科学技术与国家安全等，相关招生单位在国家安全科学与技术二级学科下设置了上述研究方向。

---

〔1〕 杜雁芸、刘杨钺主编：《科学技术与国家安全》，社会科学文献出版社 2016 年版，第 8～9 页。

需要特别说明的是，上述四个二级学科是对国家安全学一级学科的概括性划分，其中有一定建构的成分，而且学科之间也不是完全界限分明，而是相对区分，学科间不可避免会出现一定的交叉和竞合。如果出现了交叉和竞合，应该按照矛盾的主要方面决定事物性质的哲学原理，确定学科的归属。例如，国家安全风险监测预警就存在管理和科学技术的交叉、竞合，考虑到对国家安全风险的监测预警主要还是依靠制度、组织、体系等，科学技术只是起到辅助作用的手段，将国家安全风险监测预警研究方向归入国家安全管理学更为合理。还要找到国家安全法学、国家安全管理学、国家安全战略学、国家安全科学与技术这四个二级学科的最大公因数，作为国家安全学一级学科的通识课和基础课，每个二级学科都要开设这门课程。笔者以为，国家安全学的最大公因数应该是两门课程：国家安全基础理论；国家安全思想和历史。国家安全基础理论是国家安全学研究的基础，适用于各个国家安全领域；国家安全思想和历史通过考察古今中外的国家安全历史、归纳总结其中蕴含的国家安全思想，以史为鉴，能避免陷入历史虚无主义的误区。

### 三、国家安全的类型化

#### （一）用类型思维界定国家安全范围

虽然《国家安全法》给出了国家安全的定义，但是理论界对国家安全的范围问题还是聚讼不已。国家安全的范围扩张太大，会有泛化国家安全之嫌，不可避免会侵蚀其他概念的领地，破坏概念体系的相对稳定性。中南大学的王秉教授提出的普通安全学概念之所以会引起不小的争议，就是因为上述原因。而且从目前的情况来看，由于研究的出发点和研究的方法不同，学者们一时难以提出有力的论据来说服异议者。长期将精力消耗在这种无解的争论上，势必会造成国家安全学界的内耗，不利于国家安全学的进一步发展。国家安全的范围是学界争论的焦点，对国家安全概念的不同理解是产生争论的最直接原因。根据《国家安全法》对国家安全的定义，国家安全的核心是"重大利益"，但是何为重大利益却是抽象和模糊的。每个学者都可以按照自己的理解，通过自己的思维模式，将自己认为应该纳入国家安全范围的领域解释为重大利益，因此，依据概念确定国家安全的范围有一定的主观性和随意性。这是概念思维在认定国家安全范围问题上的局限性，为了给问题的解决提供一个更加客观的标准，应该引入类型思维。

"类"是指事物的种类，"型"是指事物的构造。类型思维是指将具有相同结构或者形状的事物归为同一种类，由此形成类型的概念。类型思维的核心是类比和等置，类比侧重外观形态的比较，而等置则侧重本质特征的权衡。类型思维并不是要完全取代概念思维，而是要尽可能地弥补概念思维的不足[1]。笔者以为，在认定国家安全范围问题上贯彻类型思维，前提是要找到国家安全的"类"。国家安全的"类"应该是国家利益，界定国家利益是合理界定国家安全范围的核心。要界定国家利益就要正确理解"国家"这个概念，按照现代国家理论和国际法原理，居民、领土、政权、主权是构成国家的四个基本要素。缺少任何一个要素，都不能将一个实体称为国家。最原始的国家利益就是和居民、领土、政权、主权直接关联的利益，其所对应的国民安全、领土安全、政权安全和主权安全也是最传统的国家安全领域。当然，随着时代的发展，国家利益的范围不断扩大，相对应的国家安全的范围也不断扩大。在这种情况下更要坚持类型思维，只不过需要调整适用间接关联性原则，如果一个领域的安全和国民安全、领土安全、政权安全和主权安全有间接联系，而且达到了影响和危害国家利益的程度，那么这个领域也应该被纳入国家安全的范围。综上，将一个领域纳入国家安全的范围有两个决定要素：一是和国民安全、领土安全、政权安全和主权安全中的一个或多个有直接和间接的联系，这是"国家"的限定性要求，也是广度的考察；二是其重要性要达到触及国家利益的程度，这是利益层次的限定性要求，也是深度的考察。可见，国家安全类型化是认定国家安全的二阶层理论，这两个阶层并不是耦合的，而是在认定次序上有先后之分。国家安全的类型化包括"国家"和"安全"两个部分，第一阶层是对国家性的认定，被认定的对象要具有国家性，和构成国家的要

---

[1] 陈兴良：《刑法教义学中的类型思维》，载《中国法律评论》2022年第4期，第88~90页。

素有直接或间接的实质联系，如果不存在联系，则会阻断国家性的认定，也就不能进入下一步的认定程序。因此，对国家性的认定是质的认定。第二阶层是对国家利益的认定，在具备国家性的前提下，就要进行国家利益的考察。国家利益的考察是量的考察，个人利益、集体利益、国家利益是量的累积产生质变的结果，只有危害或影响了国家利益的才是国家安全问题。因此，对国家安全的认定是质的规定性和量的累积性相统一的结果。综上所述，安全生产、事故防控和防灾减灾等"普通"安全领域是有进入国家安全领域的可能性的，只不过还要看是否符合上述条件，不能一概而论，要具体问题具体分析。

（二）超越国家安全的泛化

国家安全的泛化这个概念的提出本身就是一个很有争议的话题，不能脱离具体的情景进行对错判断。国家安全泛化和国家安全扩张是一个问题在不同情绪支配下的不同表述、不同侧面，国家安全泛化被反对者理解为国家安全的不合理扩张，而支持者并不赞成国家安全泛化的提法，认为当前的国家安全的扩张是合理的，是国家安全概念符合时代发展的自我调整。总体国家安全观对传统安全领域的扩充，被看作国家安全扩张的理论基础，也是国家安全泛化问题产生的"导火线"。依据总体国家安全观，生态安全、生物安全、网络安全等非传统安全进入了国家安全的领域，国家安全的外延在短期内迅速膨胀。国家安全领域的扩张会给人们的传统观念造成冲击，给人们带来国家安全成了一个无所不包的口袋的印象。其实，总体国家安全观并不是所谓国家安全泛化的"原罪"，总体国家安全观的科学性毋庸置疑，要正确认识总体国家安全观在维护国家安全中的政策指导性作用，要全面地、联系地、发展地看待总体国家安全观。总体国家安全观既是世界观，也是方法论，要全面理解它的深刻内涵和理论意蕴。在总体国家安全观指导下合理界定国家安全的外延，要注意各个具体安全领域保护利益的层次性。

在我国语境下，利益分为国家利益、集体利益和个人利益，分别对应的是国家安全、集体安全和个人安全。因此，总体国家安全观所列举的众多安全领域并不都理所当然是国家安全的外延，还要看其是否达到了国家利益的层次。以经济安全为例，经济安全所关乎的利益也是分三个层次的，只有达到了国家利益的层次的才是国家安全问题。如果只是和集体利益和个人利益有关，经济安全就只是集体安全和个人安全，也就不能用维护国家安全的理念和手段进行维护。考虑到利益概念体系的相对稳定性和区隔性，不能将影响个人和集体经济利益的行为升格认定为国家安全行为。因此，总体国家安全观中的具体安全领域具有多重性，而且具有竞合关系，决定因素是看利益层次是否从量变达到了质变。

## 四、结语

国家安全学学科体系完善的关键是二级学科的设定。考虑到学科内容的复杂性以及形式的交叉性，很难找到一个既在内容上自洽又让各方满意的解决方案，我们能做的只是提出一个兼顾各方需求、相对平衡的方案。包括笔者在内的很多国家安全学研究者，在国家安全学学科体系构建问题上的学术观点，都有一个不断更新、完善的过程。我们要历史地看待这个问题，不能一味地否认原有观点的历史价值，而是要将其看作学术思想不断成熟的必经阶段。笔者提出的四个二级学科的方案，一方面，在内容上基本可以达到逻辑的自洽；另一方面，以官方的文件为依据，尽量避免纯理论界的自说自话，实施的可能性更大。国家安全的类型化是笔者运用类型思维合理界定国家安全的大胆尝试，最直接的目的就是解决理论界关于国家安全范围的争议，认清国家安全泛化问题的本质，提出具有可操作性的客观标准，促进国家安全学学科体系更加完善。同时，国家安全学学科体系的构建和国家安全类型思维也存在内在联系，国家安全学学科体系的构建需要类型思维的助力，主要体现在二级学科下设研究方向的选定方面。

# 第七章

# 国家安全学与国家安全泛化

　　简单来讲，"泛化"就是指将具体、特殊的事物一般化、普遍化，泛化有类推之嫌，会冲击和破坏概念的稳定性，打破概念间应有的边界，使概念的内容和范围都处于变动不居的状态。因此，要重视泛化问题，既要看到随着时代的发展，概念的内容和范围适度变化的合理性和正当性；也要看到泛化概念造成的危害。要辩证地看待泛化问题，就要透过现象认识本质，不但要认识到泛化现象产生的深层次社会原因，还要找对有针对性的预防和应对之策。国家安全泛化是泛化现象在国家安全领域的投射，国家安全泛化限缩了国家安全的内涵，相应地不当扩大了国家安全的范围，使国家安全这个具体和特殊的概念被一般安全化和普遍化，混淆了国家安全和一般安全的界限。

## 一、相关文献综述

　　以"国家安全泛化"为主题词，在"中国知网"进行检索，截至2023年9月26日，共找到22篇文献。再对这22篇文献进行人工复检和辨别，真正和"国家安全泛化"主题有实质联系的只有9篇，而且，这9篇文献中只有5篇是期刊文献，其他4篇是报纸文献。从全部文献数量来看，"国家安全泛化"研究并没有引起学界的充分重视，而从文献的分布载体来看，学界对"国家安全泛化"问题的理论研究有待提高。

　　通过对这9篇文献进行研读，笔者将其分为两大类：外部层面的国家安全泛化研究和内部层面的国家安全泛化研究。外部层面的国家安全泛化研究主要关注我国的外部安全问题，预防和化解外部势力以国家安全为借口，损害我国的国家利益。在此种语境下，国家安全泛化成了霸权主义和强权政治的代名词，以美国为首的反华势力泛化国家安全，将国家安全政治化，在贸易、对外投资、高科技等领域打压中国，妄图阻碍中华民族伟大复兴。相关文献有 8 篇，主要涉及以下内容：用总体国家安全观应对和化解外部的国家安全泛化挑战和威胁[1]；国际经济治理中的国家安全泛化问题，主要是不合理的国家安全审查等，我国需要充实包括《反外国制裁法》等反制国家安全泛化的"工具箱"[2]；在知识产权领域，美国通过泛化国家安全概念，意图达到限制我国的知识产权在美国交易和发展的目的，充分体现了知识产权领域的霸权主义[3]；当代，各国对外层空间权益竞争加剧，随着大国在外层空间部署军事力量和"天军"这一全新军种的出现，也引发了国家安全泛化的问题[4]；在经济领域，以国家安全为借口，实施经济霸权主义，以及我国的应对之策[5]；技术出口管制领域存在的泛化国家安全问题[6]；以美国为首的西方国家泛化国家安全，破坏了全球贸易秩序[7]。可见，外部层面的国家安全泛化研究主要是以应对经贸、科技、知识产权等领域的霸权主义为立论依据的。和内部层面的国家安全泛化研究相关的文献只有 1 篇，《国家安全泛化陷阱与精准治理研究》这篇期刊论文主要论述了国家安全泛化的陷阱效应以及精准治理国家安全泛化的对策。但从整体来看，上述论文并没有归纳出国家安全泛化在实践中的表现，界定国家

---

〔1〕 沈伟：《以总体国家安全观应对国家安全泛化挑战》，载《中国社会科学报》2023 年 1 月 13 日。

〔2〕 彭阳：《国际经济治理中的国家安全泛化：法理剖析与中国应对》，载《国际法研究》2022 年第 5 期，第 87~107 页。

〔3〕 潘雪娇：《国际知识产权制度中安全例外问题分析——兼评美国泛化国家安全概念的非法性》，载《电子知识产权》2022 年第 6 期，第 39~48 页。

〔4〕 鲍心蕊、蒋圣力：《外层空间军事化活动的国际法规制探析——以"国家安全泛化"问题的应对为视角》，载《〈上海法学研究〉集刊 2022 年第 6 卷——上海市法学会国家安全法律研究会文集》2022 年，第 71~76 页。

〔5〕 杨云霞：《当代霸权国家经济安全泛化及中国的应对》，载《马克思主义研究》2021 年第 3 期，第 138~147 页。

〔6〕 秦夏：《技术出口管制不应泛化"国家安全"》，载《中国贸易报》2018 年 11 月 27 日。

〔7〕 许凯：《国家安全泛化搅乱全球贸易》，载《国际金融报》2018 年 6 月 11 日。

安全的标准实用性有欠缺，而且也没有从总体国家安全观角度对国家安全泛化进行深层次的辩证分析〔1〕。本书是从内部层面论述国家安全泛化问题，笔者期望在汲取前人研究成果的基础上，对国家安全泛化问题进行更深入、更系统的辩证分析，而且希望提出"国家安全化"之外的一个不同的视角。笔者以为，考虑到内容有实质性不同，可以将外部层面的国家安全泛化称为"泛化国家安全"，而将内部层面的国家安全泛化称为"国家安全泛化"，以示区别。

## 二、国家安全泛化的表现

笔者以为，国家安全泛化在实践中一般表现为理念的泛化、范围的泛化、主体的泛化、手段的泛化等。理念、范围、主体、手段是物质和意识的集合，是主观和客观的结合，可以相对比较全面地描摹出国家安全泛化的图景。

（一）理念的泛化：国家安全万能论

国家安全理念的泛化其实就是过度国家安全议程化的思维，将"国家安全议程化"认定为解决问题的灵丹妙药，简单地认为只要将问题认定为国家安全问题，将其纳入国家安全的范畴，这些问题就会迎刃而解。可见，国家安全理念的泛化其实就是一种国家安全万能论，这是一种脱离实际的懒惰思想，是对历史唯物主义的背离。国家安全理念的泛化只是国家安全泛化的外在表现之一，但是国家安全理念的泛化处于国家安全泛化的最前端，国家安全泛化的其他外在表现都会因它而起。例如，国家安全万能论会引起范围、主体、手段等的泛化，而国家安全外延的过度扩张是国家安全理念泛化的最直接体现。

国家安全理念的泛化即国家安全万能论有其危害性，它会使复杂问题人为简单化，现实问题理想化。采用僵化的模式化的方式解决社会问题，并不能从根源上解决问题，也不能有效化解社会矛盾，这和我们追求的国家治理体系和治理能力现代化的理念是相悖的。德国著名刑法学家李斯特

---

〔1〕 张杨：《国家安全泛化陷阱与精准治理研究》，载《陕西行政学院学报》2022 年第 4 期，第 67~74 页。

曾经说过，"最好的刑事政策是社会政策"，这是对社会矛盾化解刑法化危险性的告诫。如果刑法的触手过度伸入社会的各个角落，在立法领域贯彻预防性的立法政策和积极主义刑法观，过度依赖刑法来解决社会矛盾和维护社会稳定，刑法的工具性属性就会被无限放大。同样的道理，社会问题的解决和社会稳定的维护也不能过度依靠国家安全化，还是要回归社会问题本身，综合施策才能标本兼治。社会僵化是社会问题国家安全化的消极后果，用维护国家安全的手段解决一般的社会矛盾不可避免地会使问题的严重性升级，而一个充满活力和韧性的社会应该是我们追求的目标。2023年6月14日，德国发布了其历史上的首部《德国国家安全战略》，其中设定的战略目标是追求强健性、韧性和可持续性的国家安全。韧性是《德国国家安全战略》追求的重要目标，我国的国家安全战略虽然没有关于韧性的明确表述，但是韧性也应该是其内在的要求，我们要追求的安全应该是有韧性的安全，而不是僵化的安全。

（二）范围的泛化：国家安全的范围不当扩张

关于国家安全范围的泛化，学界主要有两种不同且对立的观点：拨乱反正论和过度扩张论。拨乱反正论认为，目前的国家安全概念和国家安全范围是对以往国家安全概念不科学和国家安全范围过于狭窄的拨乱反正，具有时代的合理性，国家安全范围的泛化是一个伪命题，没有必要进行预防和纠正。不是现在把国家安全泛化了、扩大了，而是过去把国家安全简化了、缩小了。要力促从传统国家安全观向非传统的总体国家安全观转变，突破以往对国家安全的"简化""异化"和"误解"，回归到国家安全的总体性和人民性上。[1]在拨乱反正论者看来，所谓的国家安全范围泛化其实就是以发展的观点看待国家安全问题，是国家安全领域的辩证法。过度扩张论认为，和过往的国家安全范围相比，当前的国家安全范围已经脱离了国家安全概念的涵摄范围，从语义解释的角度来看，国家安全范围的扩张已经不再是合理的扩大解释，而是变成了脱离国家安全本体的类推解释。[2]

---

〔1〕 刘跃进：《国家安全的简化、异化、误解与回归》，载 https://www.cssn.cn/gjaqx/202208/t20220831_5482870.shtml，最后访问日期：2024年4月25日。

〔2〕 杨华锋：《国家安全治理中的人民性：基于"情境—意识—行动"沙漏模型的阐释》，载《行政论坛》2020年第6期，第15页。

在过度扩张论者看来，国家安全泛化不是国家安全范围的合理扩张，而是国家安全范围的过度扩张，他们并不反对国家安全范围的合理扩张，而是反对国家安全范围的过度扩张。

国家安全范围的泛化包括横向和纵向两个层次，横向的泛化是指国家安全领域的泛化，历史地考察国家安全领域，可以发现其经历了从政治、军事等传统安全领域向网络、数据等非传统安全领域动态发展、传统安全和非传统安全和谐共存的过程。但这是否意味着任何领域都可以被纳入国家安全的范畴？目前官方文件列举出涉及国家安全的重点领域有二十多个。[1]纵向的泛化主要是指层次上的泛化，国家、集体和个人是三个不同的层次，国家安全应该限定在国家层面，集体和个人层面应该对应的是集体安全和个人安全，如果将集体和个人层面的安全也认定为国家安全就是对国家安全范围的纵向的泛化。我国国家安全学的创始人刘跃进教授认为："在总体国家安全观下，国家安全是国家的总体安全，是国家的全要素安全，是国家所有国民、所有领域、所有方面、所有层级安全的总和。国家安全是每一个具体个人的安全。"[2]笔者对刘跃进教授"国家安全是国家的总体安全"的理念是认同的，这里的"总体性"就是"国家性"的体现，也是和"集体性""个人性"相对的概念。但是对"国家安全是每一个具体个人的安全"的观点持保留意见，笔者以为，这种观点有国家安全范围纵向泛化之嫌。对国家安全范围的界定不能背离我国的国情和传统的思想观念，"国家、集体和个人"是我国传统的组织层级划分，"国家利益、集体利益和个体利益"也是被大众广泛接受的利益层级分类。如果认为"国家安全是每一个具体个人的安全"，就模糊了"国家"和"个体"的概念边界，"集体"和"个体"的概念就被边缘化甚至失去了存在的意义，这在我国的语境下是行不通的。不可否认，集体安全、个体安全和国家安全有密切的联系，集体安全和个体安全得不到保障，可能会引发国家安全问题，

---

〔1〕　笔者注：由于统计角度和方法的不同，理论界对具体的数目并没有达成共识，可以说是争论不休。我们是否有必要一定要搞清楚具体的数目，这也是笔者提出的疑问。其实，概括加列举的方式应该是更经济的方式。

〔2〕　刘跃进：《每个国民的安全都是国家安全不可分割的组成部分》，载 https://cssn.cn/gjaqx/202305/t20230522_ 5639574. shtml，最后访问日期：2024 年 4 月 25 日。

维护国家安全也需要集体和个体的参与。但是，不能说集体安全和个体安全就是国家安全，这是将复杂问题简单化了。

（三）主体的泛化：精英模式和全民模式

"专门工作与群众路线相结合"是《国家安全法》规定的维护国家安全的基本原则之一，强调了"专门工作"和"群众路线"在维护国家安全中的共存共生性。如果说将维护国家安全的机关仅仅认定为国家安全机关、公安机关、军事机关等专门机关，我们可以称这种维护国家安全的模式为精英模式。对精英模式要辩证看待，维护国家安全的专门机关有专业的力量、专业的技术和专业的设备，这是精英模式的优势；但是精英模式也有其不可避免的劣势，考虑到维护国家安全工作的复杂性，专门机关无法触及维护国家安全的每一个角落，特别是在线索发现等预防阶段，更需要广大群众的参与。专门工作和群众路线相结合是科学合理的国家安全工作指导方针，群众路线可以很好地弥补精英模式的弊端，做到维护国家安全工作各领域、全过程覆盖。笔者以为，专门工作与群众路线相结合的提法值得商榷，有进一步修正的余地。专门工作和群众路线在维护国家安全中应该有主次先后之分，专门机关在维护国家安全中应该占据主导地位，而广大群众应该发挥参与和辅助作用，笔者将这种维护国家安全的机制归纳为"专业主导，专群结合"的机制[1]。鉴于精英模式有各种各样的弊端，全民模式被学者提了出来。可见，全民模式是对精英模式的批判继承，但是，全民模式忽略了"专业主导"这个核心，有泛化维护国家安全主体之嫌。

全民模式的最大弊端是没有用辩证法中矛盾的观点看待问题，没有区分矛盾的主要方面和次要方面，未能分辨专门机关和普通群众在维护国家安全中的分工和定位。矛盾的主要方面决定事物的性质，因此，全民模式无法正确把握我国维护国家安全机制的核心性质。恐怖主义是我国国家安全的重大威胁，防恐和反恐也是维护国家安全的重要组成部分。在防恐反恐领域也有精英模式和全民模式之争，在我国反恐形势比较严峻的时期，

---

〔1〕 王林、张金平：《"专业主导"的"专群结合"反恐怖机制研究》，载《新疆警察学院学报》2017 年第 2 期，第 11~16 页。

理论界和实务界都提出了"全民反恐"的理念。[1]笔者对"全民反恐"的提法是持批判态度的，"全民反恐"的提法也泛化了反恐的主体，不但无法突出专业反恐力量的主导作用，也会不当弱化专业反恐力量的责任，加重了普通民众的反恐负担。[2]

（四）手段的泛化：手段力度的升级

传统的国家安全领域主要是军事、反间谍等领域，1993年的《国家安全法》主要规制的就是间谍行为，它是《反间谍法》的前身。在总体国家安全观提出以前，国家安全主要是刑事领域的问题，具体涉及《刑法》分则第一章中的危害国家安全犯罪行为。我国《刑法》分则对类罪大致是按照危害国家利益、集体利益和个体利益排列的，而且其社会危害性总体上是逐渐降低的。如果说犯罪的社会危害性是可以比较的，危害国家安全犯罪在我国的犯罪体系中就是处于第一位次的，这也说明危害国家安全犯罪是社会危害性比较大的犯罪，相关部门需要采取更加严厉的手段应对危害国家安全犯罪。另外，《刑法》和《刑事诉讼法》都从实体和程序上针对危害国家安全犯罪进行了特别的规定，例如一审管辖级别的规定、律师会见的规定、监视居住的规定、技术侦查的规定等。可见，我国针对危害国家安全犯罪采取的手段是特别的，力度也是更强的。制定刑法、用刑事手段维护国家安全是世界各国的通行做法，但是危害国家安全罪在各国刑法中的分类及编排体例却存在差异。在我国《刑法》中，危害国家安全罪是一个类罪名，而不是具体的罪名。在德国，《德国刑法典》分则中并没有"危害国家安全罪"这一类罪名，但其在立法上将这类行为区分为危害国家存在、安全与宪法原则等三种形式的犯罪行为，并将危害国家存在与发展的最根本利益的犯罪确立为23个具体罪名，并在《德国刑法典》分则第一章的"危害和平、叛乱、危害民主法治国家的犯罪"与第二章"叛国罪和外

---

[1]　郭永良：《论我国反恐模式的转型——从精英模式到参与模式》，载《法学家》2016年第2期，第146~161，180页。

[2]　王林：《关于"全民反恐"战略提法的几点思考》，载《北京警察学院学报》2017年第3期，第24~29页。

患罪”中分别进行了规定，因而实际为三个类罪名。[1]总体国家安全观下的非传统安全理论中，危害国家安全犯罪不仅仅包括刑法中概括在“危害国家安全罪”之下的 12 个罪名，一些危害公共安全的行为也应该被规定为危害国家安全犯罪。例如，恐怖主义犯罪虽然在刑法中的归类不在危害国家安全罪之中，但确实是危害国家安全的犯罪行为，故而现在来看，刑法对危害国家安全罪的归类存在有待完善的地方，改进的方向是不再对各种犯罪分类，而是一个一个罪名分列。总体国家安全观不可避免会对刑法维护国家安全的机制产生影响，理论界需要加大对总体国家安全观视野下刑法维护国家安全机制创新的研究力度。

此外，对于破坏隐蔽战线和危害国家安全犯罪，所采取的手段也不再局限于刑事手段。但是国家安全具有一定的特殊性，无论是《国家安全法》还是《反恐怖主义法》《数据安全法》等都规定了维护相应领域安全的特别手段。例如，《反恐怖主义法》针对涉恐、涉极端罪犯改造难度大的特点，规定了安置教育制度；为了保障数据安全，《数据安全法》规定了数据安全审查制度，对影响或者可能影响国家安全的数据处理活动进行国家安全审查；《国家安全法》规定了在特殊情况下维护国家安全的特别措施[2]；对于获取情报信息，《反恐怖主义法》也进行了特别规定[3]。当然，上述关于维护国家安全手段的法律规定都是规范性的规定，其学理上的合理性还是存在争议的，也有进一步探讨的空间。毕竟，法律规定不是学术研究的标准，不能以法律来说明学术的对错：学术追求真相，法律规范行为。学术研究包括法学研究是以批判性眼光审视法律，而不是肯定法律。肯定法

---

〔1〕 阮方民：《中德危害国家安全犯罪比较研究》，载《浙江大学学报（人文社会科学版）》2005 年第 2 期，第 21 页。

〔2〕《国家安全法》第 65 条规定：国家决定进入紧急状态、战争状态或者实施国防动员后，履行国家安全危机管控职责的有关机关依照法律规定或者全国人民代表大会常务委员会规定，有权采取限制公民和组织权利、增加公民和组织义务的特别措施。

〔3〕《反恐怖主义法》第 45 条第 1 款规定：公安机关、国家安全机关、军事机关在其职责范围内，因反恐怖主义情报信息工作的需要，根据国家有关规定，经过严格的批准手续，可以采取技术侦察措施。

律并以其为标准的是法律行为或法律实践，而不是学术研究。[1]在国家安全领域，合理地区分法律标准和学术标准还是很有必要的。

国家安全手段的泛化可能是现实的存在，也可能是紧迫的危险性。手段的泛化主要表现为以下两点：一是突破法律的规定，违法使用维护国家安全的手段。在国家安全的合理范畴内，为了维护国家安全，可以使用法律规定的特别手段，这也是依法维护国家安全和全面依法治国的要求和体现。但是在实践操作中，法律的规定有时候会被突破，会出现违法使用特别手段的情形。例如，采取技术侦察措施时，没有经过严格的批准手续；采取限制公民和组织权利、增加公民和组织义务的特别措施时，超出了比例原则的限制。《国家安全法》规定，维护国家安全工作，应当尊重和保障人权。如果违法使用维护国家安全的特别手段，就会侵害人权，这和依法维护国家安全的原则是相背离的。二是不当扩大维护国家安全特别手段的适用范围。由于国家安全外延的不当扩大，维护国家安全的特别手段就有可能会适用于非国家安全领域，手段力度的不当提升会打破原有的和谐和平衡，侵害合法的权益，使社会过度国家安全化，最终会抑制社会的活力。例如，将技术侦察手段适用于普通的刑事犯罪，会侵害犯罪嫌疑人、被告人的合法权益；将国家安全审查制度适用于一般场合下的数据安全，会阻碍数据流动和数字经济发展等。[2]

## 三、国家安全泛化的成因

国家安全在理念、外延、主体、手段等领域的泛化是客观存在的，也是可以预防和治理的。国家安全泛化可能在短期内可以保障国家安全和维护社会稳定，但是从长远来看，国家安全泛化对国家安全和社会稳定都有很大的危害性。为了从根本上预防和治理国家安全泛化问题，我们有必要搞清楚国家安全泛化的成因。

---

〔1〕　刘跃进：《国家安全学理论中概念及其定义的几个问题》，载《中共中央党校（国家行政学院）学报》2023年第4期，第39页。

〔2〕　何傲翾：《数据全球化与数据主权的对抗态势和中国应对——基于数据安全视角的分析》，载《北京航空航天大学学报（社会科学版）》2021年第3期，第24页。

（一）无法精准理解总体国家安全观的功能定位

国家安全泛化论的支持者为自己观点找的一个重要支撑就是总体国家安全观，他们认为，总体国家安全观的核心内容就是扩张国家安全的范围，将以往的一些非国家安全领域纳入国家安全领域，总体国家安全观是一个兼容并蓄的理论体系。不可否认，和以往的国家安全理论相比，总体国家安全观更具有先进性和科学性，总体国家安全观的产生是回应国内外安全形势变化的结果。"五大要素""五对关系""十个坚持"等是总体国家安全观的核心内容，从总体国家安全观的名称就可以看出，总体国家安全观是一个综合的、系统的、全面的理论体系，统筹传统安全和非传统安全是其重要的特征。非传统安全的出现极大扩张了国家安全的领域，由于总体国家安全观描摹的国家安全领域是包容开放的，随着时代的发展，其明确提出的国家安全领域在数量上会不断增多，这可能会造成总体国家安全观就是全面国家安全化理论的误解。[1]总体国家安全观也提出了统筹发展和安全理念，这也可能给人所有问题都可以简单划分为发展和安全问题的印象，间接扩张了国家安全的范围。上述观点会给国家安全泛化提供错误的理论支撑，也会加剧国家安全泛化的程度。

笔者以为，国家安全泛化论的支持者之所以将总体国家安全观拿出来作为国家安全泛化的背书，主要是因为没有准确理解总体国家安全观的功能定位。总体国家安全观更多是一个世界观性质的理论，为维护国家安全工作提供宏观的理论指导，不能苛刻地赋予总体国家安全观太多微观的指导任务，具体国家安全问题的解决还是要依靠相应的职能部门和具体的法律法规。总体国家安全观的提出更多是为了塑造一种理念，一种全面分析国家安全问题的理念；也是为了引起全社会对国家安全问题的重视，在工作和生活中始终绷紧国家安全这根弦，最大限度维护和塑造国家安全。这才应是总体国家安全观的功能定位，而不是无限度地扩张国家安全领域，也不是用解决国家安全问题的特别手段解决非国家安全问题，更不是进行全面的国家安全化。如果赋予总体国家安全观太多不合理的负担，这本身

---

〔1〕 韩立群：《对总体国家安全观中"总体"和"领域"辩证关系的思考》，载《国家安全研究》2023年第3期，第5~23页。

就是对提出总体国家安全观初衷的背离。

（二）缺乏对国家安全的辩证认识

国家安全的定义是存在争议的，给国家安全下一个被各方都能接受的定义难度也很大。目前《国家安全法》给出了国家安全在法律层面比较明确的定义[1]，当然，法律定义并不是学术标准，而是学术研究和批判的对象。认识国家安全，不但要关注其法律定义，还要关注其政策定义和学术定义。只有如此，才能对国家安全有一个全面的认识。从教义学的角度分析，在依法维护国家安全的大背景下，国家安全的法律定义是维护国家安全实践的基本依据，也为理论界的学术研究提供了视角。从这个定义看，需要从三个方面把握国家安全：

首先，国家安全是状态和能力的复合体，也是客观和主观的结合。因此，维护国家安全不但要追求安全的状态，还要提升维护国家安全的能力，推进国家安全体系和能力现代化，保障国家安全和社会稳定。

其次，对国家安全作出实质性的限定，对预防和治理国家安全泛化意义重大。定义通过列举加概括的方式对国家利益作出了限定，明确国家安全的客体是国家利益，危害国家安全就是危害了国家利益。定义列举了政权、主权、统一和领土完整、人民福祉、经济社会可持续发展这五个具体的国家利益，也是五个具体的国家安全领域，这五个具体的国家利益具有"判例"性质，对其他国家利益或者国家安全领域的延伸都要比照这五个利益或领域进行。国家安全也是动态发展的，定义在列举具体的国家利益后，又进行了"国家其他重大利益"的概括规定，国家其他重大利益和前述列举的五个国家利益要具有同质性，只有具有同质性，才能被纳入国家安全的范围，才能用维护国家安全的手段加以维护。定义中"国家其他重大利益"的表述有一定的歧义，特别是"重大"一词，需要进一步厘清。可以将"重大"理解为对国家利益的整体描述，与集体利益和个体利益相比，国家利益都是重大的。还可以将"重大"认定为对国家利益的分层次描述，

---

[1]《国家安全法》第2条规定：国家安全是指国家政权、主权、统一和领土完整、人民福祉、经济社会可持续发展和国家其他重大利益相对处于没有危险和不受内外威胁的状态，以及保障持续安全状态的能力。

并进一步将国家利益分为重大国家利益和一般国家利益，国家安全定义中所指的应该是重大国家利益，而一般国家利益不应该被列入国家安全的范围。从文义解释和目的解释等出发，笔者以为，"重大"应该是对国家利益的整体描述，国家利益在性质上都是重大的，这也突出了国家利益、集体利益和个体利益的差别。

最后，我们追求的国家安全是相对安全和持续安全。相对安全和绝对安全是一对矛盾，绝对安全是一种理想化状态，也是一种无法实现的结果。一味追求绝对安全，在国内，会产生国家安全泛化的后果；而在国际上，不但会损害其他国家的正当安全利益，也会造成"安全困境"，最终会损害共同安全。我们要追求的是持续安全，而不是一时安全，不能为了眼前利益牺牲长远利益，要坚持维护国家安全的长期主义。

在我国的语境下，国家安全是状态和能力、相对安全和绝对安全、持续安全和一时安全的辩证统一，要深刻理解和把握好国家安全的辩证性，避免陷入国家安全泛化的泥潭。相对安全和持续安全是我们要积极追求的，而绝对安全和一时安全是我们要摒弃的，绝不能为了绝对安全和一时安全，而放弃相对安全和持续安全。因为，追求绝对安全会泛化国家安全的范围、主体和手段，追求一时安全会泛化国家安全的手段，而这些都是国家安全泛化的表现。

(三) 过度追求国家安全功利主义和实用主义

追求投入和产出比，追求效率，是经济领域的基本原则。国家安全功利主义和实用主义是将经济因素引入国家安全领域的结果。国家安全功利主义追求以最小的成本投入，获取最大的国家安全效果。国家安全功利主义过分重视效率，轻视或者忽略基本的公平诉求。国家安全泛化过度追求维护国家安全的效率，希望通过泛化国家安全外延和泛化国家安全主体的途径，达到绝对安全和一时安全的目的，以最少的投入达到一劳永逸的效果，不可避免会有损维护国家安全的公平价值。

实用主义是以效果为导向，为了实现目的，而忽略手段的合理性，甚至可以牺牲手段的正义性。国家安全实用主义片面追求维护国家安全的效果，而放宽对手段的要求，甚至突破了比例原则的限制。国家安全实用主义会催生国家安全手段泛化，用维护国家安全的特别手段去处理非国家安全事务，这也会破坏维护国家安全手段的谦抑性，造成全面国家安全化的不利后果。

## 四、国家安全泛化的治理对策

通过考察国家安全泛化在现实中的表现，以及国家安全泛化的成因，积极探索国家安全泛化的治理对策。预防为主、惩防结合是维护国家安全工作的基本原则，治理国家安全泛化也要注重预防，将国家安全泛化抑制在萌芽状态。如果出现了国家安全泛化的现象，也要依据不同的情况，采取相应的措施及时纠正。

### （一）正确认识总体国家安全观的功能定位

要将总体国家安全观和国家安全泛化进行切割，总体国家安全观不可能也不应该成为国家安全泛化的理论支撑。要辩证看待总体国家安全观，国家安全范围有扩张的内在需求，总体国家安全观的提出也是顺势而为，但这不能成为泛化国家安全的借口。不可否认，总体国家安全观扩张了国家安全的范围和内容，但也是对以往国家安全范围过于狭窄、忽略非传统安全的拨乱反正。

总体国家安全观对维护国家安全提供宏观上的理念指导，但是维护国家安全实践不能突破《国家安全法》对国家安全的规范性限定，也不能突破其他国家安全领域立法的具体规定。总体国家安全观和国家安全法律法规的关系可以类比刑事政策和刑法的关系，刑事政策要为刑法提供指导，但刑事政策不能突破刑法的规定，这也是现代刑法基本原则"罪刑法定"的要求。刑事政策和刑法之间既存在"鸿沟"，又需要贯通。[1]总体国家安全观和国家安全法律法规也是既需要保持一定的距离，也需要互相贯通。总体国家安全观和国家安全法律法规的辩证关系也要求辩证地看待国家安全泛化问题，治理国家安全泛化既要认识到其产生的理论触发点，又要发挥教义的规范作用。

---

〔1〕　吴贵森、黄亦兰：《隔离与贯通：刑事政策与刑法关系的建构》，载《集美大学学报（哲学社会科学版）》2022年第4期，第14~19页。

（二）要对国家安全化进行合理限缩

国家安全化是一个时代课题，国家安全化也是在维护国家安全领域奉行功利主义和实用主义的结果。维护国家安全和社会稳定是一个系统工程，需要推进国家安全体系和能力现代化，需要提升公共安全的治理水平，需要完善基层社会治理机制和矛盾化解机制，构建共建共治共享的社会治理共同体。因此，维护国家安全和社会稳定不是仅仅靠国家安全化就可以解决的，国家安全化将复杂的问题人为简单化，是国家安全治理中的"懒政"现象。[1]

从历史唯物主义和辩证唯物主义的观点来看，国家安全化也是一个有社会存在基础的社会意识，也有其产生、发展和消亡的过程。从这个意义上说，国家安全化的产生也有一定的合理性，最起码顺应了某段历史的需求。国家安全化的产生应该是源于应对严峻安全威胁的需求，采取常规的手段已经无法满足维护安全的要求，或者说国家和社会已经穷尽了一般的手段，已经满足了使用维护国家安全特别手段的谦抑性要求。当某个领域被国家安全化后，理念、主体、手段等方面都要国家安全化，因此，合理的国家安全化是可以被接受的。我们反对的是简单粗暴、不负责任的全面国家安全化和过度国家安全化，全面国家安全化是广度上的国家安全化，而过度国家安全化是深度上的国家安全化。为了预防和治理国家安全泛化，需要将国家安全化限定在一个合理的范围内，要综合施策、标本兼治，而不是将国家安全化当作包治百病的灵丹妙药。既要做加法，也要做减法，对于合理的国家安全化可以保留，而不合理的国家安全化则要摒弃。

（三）用类型思维认定国家安全

治理国家安全泛化的关键是合理认定国家安全，我们反对国家安全泛化，就要给出一个认定国家安全的标准，而且这个标准要有可操作性。如果只是从反面批判国家安全泛化，而不能从正面给出一个认定模式，这样的理论研究是不完整的，一个合格的理论研究既要破也要立。笔者以为，可以通过引入类型思维来合理认定国家安全范围，以达到治理国家安全泛

---

　　[1]　张杨：《国家安全泛化陷阱与精准治理研究》，载《陕西行政学院学报》2022年第4期，第67~74页。

化的目的。

"类"是指事物的种类，"型"是指事物的构造。类型思维是指将具有相同结构或者形状的事物归为同一种类，由此形成类型的概念。类型思维的核心是类比和等置，类比侧重外观形态的比较，而等置则侧重本质特征的权衡。类型思维并不是要完全取代概念思维，而是要尽可能地弥补概念思维的不足。[1]笔者以为，在认定国家安全范围问题上贯彻类型思维，前提是要找到国家安全的"类"。国家安全的"类"应该是国家利益，界定国家利益是合理界定国家安全范围的核心。要界定国家利益就要正确理解"国家"这个概念，按照现代国家理论和国际法原理，居民、领土、政权、主权是构成国家的四个基本要素，缺少任何一个要素，都不能将一个实体称为国家。[2]当然，"四要素"并不是构成国家的全要素，例如，"经济"也是构成国家不可或缺的一个要素。只能说，这四个要素是构成国家最基本的要素，其他要素可以从这四个要素中衍生出来。如果说"四要素"是原生的，那么其他要素就是衍生的。比如，国民安全是一个宏观的概念，国民安全和经济安全、社会安全等息息相关，经济、社会等安全是国民安全的实质内容，国民安全的内容需要它们来填充。因此，在探讨国民安全问题时就可以探讨经济安全等问题。将一个领域纳入国家安全的范围有两个决定要素：一是和国民安全、领土安全、政权安全和主权安全中的一个或多个有直接和间接的联系，这是"国家"的限定性要求，也是广度的考察；二是其重要性要达到触及国家利益的程度，这是利益层次的限定性要求，也是深度的考察。可见，国家安全类型化是认定国家安全的二阶层理论，这两个阶层并不是耦合的，而是在认定次序上有先后之分。国家安全类型化包括"国家"和"安全"两个部分，第一阶层是对国家性的认定，被认定的对象要具有国家性，和构成国家的要素有直接或间接的实质联系，如果不存在联系，则会阻断国家性的认定，也就不能进入下一步的认定程序。因此，对国家性的认定是质的认定。第二阶层是对国家利益的认定，

〔1〕　陈兴良：《刑法教义学中的类型思维》，载《中国法律评论》2022年第4期，第88~90页。

〔2〕　欧树军：《现代国家的构成》，载《社会科学》2023年第4期，第98~109页。

在具备国家性的前提下，就要进行国家利益的考察。准确把握"国家利益"概念还需要理清国家利益意识与国家利益本身、国家利益与国人利益、国家利益与不同利益集团的利益、国家利益与公共利益、现实的国家利益与理想的国家利益、实际的国家利益与声称的国家利益等之间的关系。[1]国家利益的考察是量的考察，从个人利益到集体利益再到国家利益是量的累积产生质变的结果，只有危害或影响了国家利益的才是国家安全问题。因此，对国家安全的认定是质的规定性和量的累积性相统一的结果。综上所述，安全生产、事故防控和防灾减灾等"普通"安全领域是有进入国家安全领域的可能性的，只不过还要看是否符合上述条件，要辩证地看待，不能一概而论，要具体问题具体分析。

（四）适当"非安全议程化""去安全议程化"之提倡

"哥本哈根学派"是安全研究的一支重要力量，笔者以为，其对安全研究的较大贡献在于提出了"建构主义"和"非安全议程化"理论。建构主义认为，安全并不是非常纯粹的客观存在，而是夹杂着客观和主观的、经过建构的社会现象。既然安全是建构的，那就为"安全议程化"和"非安全议程化"提供了可能。在安全领域，要反对两种错误的倾向：妄想狂（非"存在性威胁"的安全议程化）和自我满足（明显威胁的非安全议程化）。"安全议程化"和"非安全议程化"都有多重的影响因素，在其他各点都相同的情况下，历史因素和具体的催化条件，以一种相当有条理的方式影响着安全议程化和非安全议程化的进程。[2]刘跃进教授认为，在汉语语境下，"安全化"的翻译是存在问题的，更准确的翻译应该是"安全议程化"。[3]笔者对刘跃进教授的观点深表认同，因此，将《新安全论》原书中的"安全化"和"去安全化"改为"安全议程化"和"去安全议程化"，出于表述一致的考虑，也将"非安全化"改成"非安全议程化"。

---

〔1〕 刘跃进：《认识"国家利益"需要理清的几个关系》，载《社会科学战线》2005年第1期，第196~201页。

〔2〕 [英]巴瑞·布赞、[丹麦]奥利·维夫、[丹麦]迪·怀尔德：《新安全论》，朱宁译，浙江人民出版社2003年版，第1~59页。

〔3〕 刘跃进：《"安全化"还是"安全议程化"》，载《山西师大学报（社会科学版）》2019年第5期，第40~44页。

"非安全议程化""去安全议程化"是和"安全议程化"相对的表述，从语义上分析，二者的内涵还是有区别的。"非安全议程化"是从源头上限制安全议程化，避免一般的公共事务进入安全领域，避免用非常规的手段解决常规问题。"去安全议程化"是将已经"安全议程化"的事务、领域从"安全议程化"中脱离出来，前提是充分考虑安全形势的变化，这是"安全议程化"的动态调整。可见，"非安全议程化"是预防为主理念的体现，为"安全议程化"设置了较高的门槛；"去安全议程化"是一种"安全议程化"的退出机制，是及时的事中调整。我们不能脱离一国的国情以及国家安全环境，来评价"安全议程化""非安全议程化"以及"去安全议程化"。在现阶段，考虑到国内的安全形势，适当扩大"安全议程化"应该是总体上的趋势和需求。但是随着国家安全治理成效的出现，我们也要及时调整国家安全领域的政策，不能一味地扩大国家安全的范围，也要适当地"去安全议程化"，将其纳入一般政治调整的范围。同时也要从源头上把好"安全议程化"的关，把握好国家安全议程化的谦抑性。需要注意的是，我们既要反对非"存在性威胁"的"安全议程化"，也要旗帜鲜明地反对明显威胁的"非安全议程化"。

除了上述治理国家安全泛化的对策，厘清国家安全相关概念的内涵，也是需要我们重视的问题。如果讲科技安全时把科技发展、科技创新、科技知识等都讲了，那么就是国家安全的泛化，是将从"科技安全"泛化到整个"科技问题"。如果讲国土安全时把整个国土问题都讲了，讲政治安全时把整个政治问题都讲了，讲军事安全时把整个军事问题都讲了，都属于超出了安全的范围，都是安全的泛化、国家安全的泛化。而且，把政府因内乱或战乱而宣布紧急状态或战争状态这种"国家不安全"说成国家安全，更是国家安全的泛化。但是，超出"国家安全"范围的东西，却常常是"国家安全体系"范围内的东西，是国家安全学需要研究的问题。国家安全学不但要研究国家安全，还要研究不属于国家安全但影响国家安全的因素、威胁国家安全的因素、国家安全保障机制和保障活动等。[1]

---

〔1〕 刘跃进：《国家安全学理论中概念及其定义的几个问题》，载《中共中央党校（国家行政学院）学报》2023 年第 4 期，第 29~40 页。

## 五、结语

我们要辩证地看待国家安全泛化问题，国家安全泛化本身是我们需要摒弃的现象和理念，因为国家安全泛化会直接导致全面国家安全议程化和过度国家安全议程化，而全面国家安全议程化和过度国家安全议程化会危害国家安全的状态和能力，最终会导致整体上的不安全。我们虽然反对国家安全泛化，但是不影响我们从更深层次探究国家安全泛化的成因以及治理国家安全泛化的对策。国家安全泛化是国家安全合理扩张的异化，国家安全的合理扩张是对现实需求的正当应对，无论是主体、手段还是外延的合理扩张都顺应了时代的发展，而过度的、不合理的国家安全扩张才是我们要反对的国家安全泛化。国家安全泛化有一定的迷惑性，国家安全泛化的支持者惯于用总体国家安全观来粉饰其危害性，这需要我们给予充分的关注。要做好理论上的分辨和切割工作，从根本上厘清国家安全泛化的本质和危害，只有如此才能积极预防和治理国家安全泛化，才能保障我国的国家安全持续健康发展。

# 第八章

# 我国国家安全学"三大体系"建设

　　我国哲学社会科学建设的重要使命是构建有中国特色、中国风格、中国气派的学科体系、学术体系和话语体系，学界称之为"三大体系"。"三大体系"理论的提出是我国学术界在道路自信、理论自信、制度自信和文化自信方面的表现，为我国的哲学社会科学发展不但设定了远景规划和近期计划，也提供了具体的实现路径。在"三大体系"理论的指导下，学者们积极行动起来，将"三大体系"理论和自己的研究领域结合起来，用"三大体系"理论指导学科的发展、完善，促进了学科发展质的飞跃。例如，学者们积极尝试构建法学[1]、宗教学[2]、边疆学[3]、研究生教育学[4]、档案学[5]、科学技术哲学[6]等学科的学科体系、学术体系和话语体系。目前，学界掀起了一股"三大体系"研究的热潮。但是作为我国哲学社会科学中的一门重要学科——国家安全学，却鲜有"三大体系"建

---

〔1〕 姚莉：《习近平法治思想的创新价值与法学"三大体系"建设》，载《法商研究》2021年第2期，第15~25页。

〔2〕 王皓月：《由宗教学期刊看近十年宗教学"三大体系"建设》，载《世界宗教研究》2020年第5期，第177~185页。

〔3〕 马大正：《中国边疆学构筑再思考——"三大体系"建设之我见》，载《中国边疆史地研究》2021年第3期，第1~8页。

〔4〕 王耀伟、侯怀银：《研究生教育学的学科体系、学术体系和话语体系建设》，载《研究生教育研究》2021年第6期，第10~16页。

〔5〕 尹鑫、张斌：《论加快构建中国特色档案学学术体系》，载《图书情报知识》2021年第5期，第4~13页。

〔6〕 雷环捷：《当代中国科学技术哲学"三大体系"构建——经验回顾与发展前瞻》，载《哲学动态》2021年第5期，第117~126页。

设的相关研究成果出现，这不得不说是理论研究上的滞后，不但无益于国家安全学的发展，也不利于我国国家安全的维护。

我国的国家安全学发展经历了一个短暂但是成果比较丰富的过程：从创始人刘跃进教授 1999 年在内部刊物《国家安全通讯》上发表第一篇国家安全学的论文《建立"国家安全学"初探》，到 2014 年刘跃进教授出版国家安全学的专著《为国家安全立学——国家安全学科的探索历程及若干问题研究》，再到近年来众多学者在国家安全学领域的辛勤耕耘。在国家安全学领域，无论是学科体系、理论创新、科研队伍、课程建设、教材开发等都取得了丰硕的成果。一开始，个别高校将国家安全学自设为官方认定的二级学科目录外的学科，国家安全学处于小范围设立的尝试期；2018 年教育部颁布《关于加强大中小学国家安全教育的实施意见》，提出要推动国家安全学学科建设，设立国家安全学一级学科，官方开始对国家安全学进行规划；2020 年国务院学位委员会、教育部印发通知，将国家安全学认定为我国第 14 个学科门类"交叉学科"下的一级学科，国家安全学最终在身份上获得了官方认证；2021 年，北京师范大学、吉林大学、中国人民解放军国防大学和西南政法大学获批了国家安全学的一级学科博士学位授权点[1]，国家安全学学科建设和人才培养开始落地。需要注意的是，由于国家安全学是"交叉学科"门类下的一级学科，对于国家安全学专业的毕业生并不是授予单独的"国家安全学"学位，而是根据具体情况授予法学、工学、管理学和军事学学位，这已经在国务院学位委员会发布的《关于对〈博士、硕士学位授予和人才培养学科专业目录〉及其管理办法征求意见的函》中的《博士、硕士学位授予和人才培养学科专业目录（征求意见稿）》得到了体现。笔者以为，这只是过渡性的权宜之计，也是国家安全学学科发展历程中的必经阶段。独立的学位授予是学科独立的典型表现，授予国家安全学学位才是国家安全学的最终归宿。

可以说，国家安全学领域已经完成了基本的知识储备，国家安全学作为一门新兴的交叉性、综合性学科开始走上了学科发展的正规道路。依据

---

〔1〕《首批！4 所高校获交叉学科一级博士点》，载 https://www.163.com/dy/article/GRRL93QP05169FIR.html？f=post2020_dy_recommends，最后访问日期：2024 年 4 月 30 日。

学科发展的规律，国家安全学开始进入了学科逐渐完善的阶段，国家安全学的学科体系、学术体系和话语体系建设也就成为不可回避的问题，要夯实学科体系这一基础，抓住学术体系这一重点，把握话语体系这一关键。《构建中国特色国家安全学：学科、学术与话语》一文对我国国家安全学的"三大体系"建设进行了非常深刻的探讨〔1〕，也对笔者写作此书有很大的启发。笔者欲在前人的基础上，从不同的角度对我国的国家安全学"三大体系"建设进行再思考，期望引起更多学界同仁关注我国国家安全学的"三大体系"建设问题。

## 一、学科体系：推动国家安全学分支学科建设

国家安全学学科体系建设的主要内容是推动国家安全学分支学科建设，探索国家安全学的学科内涵和外延。国家安全学目前被官方认定为一级学科，而根据建设一级学科的要求，一级学科需要由若干二级学科构成。新工科、新医科、新农科、新文科建设新理念、新思维、新体系和新目标的内涵，在宏观上为国家安全学学科体系建设指明了方向，也提出了要求。国家安全学"交叉学科"的属性也决定了其学科体系具有交叉性和综合性，从个体来看，国家安全学的分支学科是交叉学科；而从整体来看，国家安全学又是由交叉学科构成的综合学科。关于如何划分国家安全学的分支学科，学界并没有达成统一的意见。刘跃进教授认为，国家安全学的分支学科有国家安全学基础理论、国家安全管理学、国家安全战略学、国家安全保障学、国家安全法学等〔2〕。可见，上述分类是建立在现有存在学科的基础上的，无论是管理学、战略学、保障学还是法学，都是国家安全问题在上述学科中的具体反映和结合。上述对国家安全学分支学科的分类不一定完整和充分，但也是对国家安全学学科体系的积极思考和探索。

学科体系建设是根据社会发展需求和国家利益等的需要而形成合理的学科门类，是全局性的、整体性的，具有现实性和前瞻性，在稳定和变动

---

〔1〕　廉睿、李汉男、金立：《构建中国特色国家安全学：学科、学术与话语》，载《情报杂志》2021年第11期，第67~72页。

〔2〕　刘跃进：《刘跃进国家安全文集》（下册），中国经济出版社2020年版，第265页。

的有机统一中辩证发展，是做好学科体系建设的出发点[1]。2020 年 12 月 11 日，中共中央政治局就切实做好国家安全工作举行第二十六次集体学习，习近平总书记在主持学习时强调，做好新时代国家安全工作，要"坚持系统思维，构建大安全格局"[2]。国家安全学学科体系建设也要以"大学科"为目标，在系统思维的指导下，全面、系统、综合、整体思考国家安全学的分支学科，尽最大可能囊括国家安全学的内涵和外延，避免在国家安全学学科体系建设问题上犯片面性的错误。为了充分体现国家安全学学科的战略性、综合性、实践性、现实性和预测性，笔者以为，通过考察国家安全学的学科结构，借鉴学者对研究生教育学的分支学科所作的分类[3]，可以将国家安全学的分支学科划分为以下三类：

（一）国家安全学专门学科

国家安全学专门学科是由国家安全学内部分化而来的学科，主要是指刘跃进教授提出的国家安全管理学、国家安全战略学、国家安全保障学、国家安全法学等，管理、战略、保障和法治等都是国家安全的内在因素，也是国家安全治理的内在要求，所构成的学科也是服务于国家安全自身的学科。顾名思义，国家安全学的研究对象是国家安全，具体来讲包括国家安全的要素、影响国家安全的要素、危害国家安全的要素和保障国家安全的能力。国家安全是指国家利益相对处于没有危险和不受内外威胁的状态，以及保障持续安全状态的能力，可见，国家安全学的研究对象是和国家安全的定义相吻合的。以国家安全法学为例，国家安全法学是法治理念在国家安全领域的体现，也是全面依法治国对维护国家安全的要求。国家安全法学提倡用法治的手段解决影响和危害国家安全的因素，国家安全法学的理论和实践基础是习近平法治思想和我国维护国家安全的实践。[4]国家安

---

[1] 《"三大体系"如何建设?》，载《理论导报》2021 年第 10 期，第 48~49 页。

[2] 《习近平在中央政治局第二十六次集体学习时强调坚持系统思维构建大安全格局为建设社会主义现代化国家提供坚强保障》，载 https://www.chinanews.com.cn/shipin/2020/12-12/news8750 77.shtml，最后访问日期：2024 年 5 月 4 日。

[3] 王耀伟、侯怀银：《研究生教育学的学科体系、学术体系和话语体系建设》，载《研究生教育研究》2021 年第 6 期，第 11 页。

[4] 王林：《新文科背景下的国家安全法学专业建设与人才培养研究》，载《情报杂志》2021 年第 10 期，第 187~192 页。

全学专门学科更多是从国家安全问题产生、发展、解决的纵向时间维度展开，而不是聚焦于横向的国家安全领域。换句话说，国家安全学专门学科更多是解决国家安全问题的学科。

（二）国家安全学交叉学科

虽然国家安全学被官方归为"交叉学科"门类，但是国家安全学从整体上来看还是综合学科，这也不妨碍国家安全学一级学科下的二级学科即分支学科交叉学科的属性。笔者认为，国家安全学交叉学科主要是指具体国家安全领域的学科，例如政治安全学、军事安全学、经济安全学、文化安全学、信息安全学、生物安全学、海外利益安全学、核安全学等，这也体现出国家安全学交叉学科的综合性。和国家安全学专门学科解决国家安全问题的性质相比，国家安全学交叉学科主要是提出具体安全问题的学科，例如政治安全问题、军事安全问题、文化安全问题、海外利益保护问题等，而问题的解决主要还是靠国家安全学专门学科中的战略、管理、保障、法治等手段。可见，国家安全学专门学科和国家安全学交叉学科虽然是各司其职，但是二者并不是完全独立的，而是形式和内容、程序和实质的互动关系，共同构筑了国家安全问题的呈现和解决体系。

国家安全学交叉学科的分类依据是总体国家安全观，总体国家安全观不但是我国维护国家安全实践的根本指导思想，也是国家安全领域的伟大理论创造，不但具有中国特色，也有世界性的普遍意义。目前，总体国家安全观列举了十六种具体的国家安全领域，而且具体的国家安全领域并不是静态的，而是一个动态、开放的体系，要随着国内外国家安全形势的变化进行调整。国家安全学交叉学科也要随着总体国家安全观中具体安全领域的变化而调整，这也从侧面反映出我国国家安全学交叉学科的动态性。例如，最初的总体国家安全观中并没有生物安全领域，随着新冠疫情在全球的肆虐，生物安全问题成为全球都无法回避的国家安全问题，因此生物安全被及时添加进总体国家安全观中，其在国家安全学交叉学科中的体现就是生物安全学。除了总结和论证国家安全实践的发展、维护国家安全，国家安全学交叉学科也可以积极主动地塑造国家安全。例如，笔者曾经提出，随着以美国为首的西方国家的法律霸权加大对我国法律安全的威胁，我国有必要在总体国家安全中增加"法律安全"领域，以加强对我国法律安全的维护〔1〕，这就体现出国家安全学交叉学科的预测性。

（三）国家安全学元学科

"元"有"开始的"和"居首的"意思〔2〕，国家安全学元学科是对国家安全学自身研究所形成的学科，强调其原初性和重要性。和国家安全学专门学科和国家安全学交叉学科相比，在学科内容上，国家安全学元学科更具纯洁性和专属性。国家安全学元学科是对国家安全学自身结构、规律、思想、历史等内容的研究，笔者以为，国家安全学元学科主要包括国家安全学基础理论和国家安全思想史，国家安全思想史又可以分为中国国家安全思想史和外国国家安全思想史。

国家安全学基础理论主要是研究国家安全学的研究对象、研究任务、研究方法、结构体系等，国家安全学基础理论是国家安全学建设和研究的基础，也是对国家安全学学科内容和知识体系的高度概括。关于国家安全学的研究方法，学界并没有达成一致意见。考虑到国家安全学在时间和空间维度的广泛性，以及综合学科的性质，刘跃进教授提倡古今中外归纳概括研究法，这是一种特别的比较研究方法。考虑到国家安全学交叉学科的性质，刘跃进教授还主张借鉴其他学科有关联性的、较成熟的研究方法服务国家安全学学科建设，例如哲学方法、逻辑方法、系统方法、实证方法等〔3〕。有学者指出，国家安全学最基本的方法是调查方法和分析方法，注重归纳、演绎、调查研究等具体方法的运用〔4〕。笔者以为，独特的研究方法并不是一门独立学科的充要条件，一方面，学科间都存在普遍联系，不存在完全独立的学科，因此，研究方法不可能、也没有必要是完全独立的；另一方面，国家安全学本身就是交叉学科，更没有必要追求完全独立的研究方法。和

---

〔1〕 王林：《总体国家安全观视野下的法律安全与法律霸权》，载《中国刑警学院学报》2021年第1期，第5~12页。

〔2〕 中国社会科学院语言研究所词典编辑室编：《现代汉语词典》（第7版），商务印书馆2016年版，第1608页。

〔3〕 刘跃进：《国家安全学科建设中的创新》，载《江苏警官学院学报》2009年第6期，第40~41页。

〔4〕 杨华锋：《论国家安全学科建设与发展的若干问题》，载《情报杂志》2020年第7期，第1~6页。

研究方法相比，研究对象更能决定一门学科的性质。考虑到总体国家安全观主要体现的是一种系统思想，以及构建"大安全"格局的指导思想也是系统思维，国家安全学研究的主导方法应该是系统方法。系统科学中的系统方法内涵极其丰富，包括整体性和协同意识、层次性和分类指导、结构性和功能性、开放性和动态性，完全可以担负起国家安全学学科建设的重任。结构体系也是国家安全学基础理论的重要方面，刘跃进教授认为国家安全学基础理论的结构体系主要包括以下几部分：国家安全、国家安全构成要素、影响国家安全的因素、危害国家安全的因素、国家安全保障活动和国家安全保障机制[1]。安全与利益、价值、安全度等指向客观对象的概念，安全与安全观、安全判断、安全理论等指向主观意识的概念，其间的关系及存在的问题都需要从哲学的高度进行深入研究。安全哲学的研究，既具有深化安全科学研究和丰富哲学理论的理论意义，又具有服务现实社会中人的各种安全需求的实践意义[2]。而且，随着总体国家安全观的提出，我国的国家安全工作有了根本性的理论指导。因此，笔者以为，可以在国家安全学基础理论的结构体系中加入国家安全哲学和国家安全观部分。

国家安全思想史也是国家安全学元学科的重要部分，目前对国家安全思想史的研究还比较薄弱，对此特别要加大对我国国家安全思想史的研究力度。2016 年 5 月 17 日，习近平总书记在主持召开哲学社会科学工作座谈会时强调，要"按照立足中国、借鉴国外、挖掘历史、把握当代、关怀人类、面向未来的思路，着力构建中国特色哲学社会科学"。其中提到的挖掘历史，就是挖掘我国国家安全思想史，这样做一方面可以以史为鉴，更好地维护当前的国家安全；另一方面，在学科体系上也是一种传承，使国家安全学的学科体系更加完整。目前，针对我国古代国家安全思想的研究成果还比较少，无论是对我国古代国家安全思想的整体研究，还是断代研究都需要加强。例如，在论文方面，有张永攀的《从先秦'王畿'到近代民

---

〔1〕　刘跃进：《为国家安全立学——国家安全学科的探索历程及若干问题研究》，吉林大学出版社 2014 年版，第 143~146 页。

〔2〕　刘跃进：《从哲学层次上研究安全》，载《国际关系学院学报》2000 年第 3 期，第 59 页。

族国家——论中国传统'国家安全观'的流变与转型》[1]，以及辛文、韩鹏杰的《国家安全学理论视角下的西周国家安全思想研究》[2]；在著作方面，有韦祖松著的《帝国生存环境的诠释：北宋国家安全问题研究》[3]，以及军事科学院战争理论和战略研究部编著的《安邦大略——中国历代国家安全战略思想论析》[4]，上述文献都是我国古代国家安全思想研究领域的重要成果。除了研究我国古代的国家安全思想，我们还要加强对中国共产党国家安全思想，以及新中国成立后历代领导人国家安全思想的归纳总结研究，特别是习近平总书记提出的总体国家安全观。

## 二、学术体系：强化理论实践交互生成

学术体系是指由学术活动的若干基本要素或环节以特定方式联系而成的具有特定结构和功能的学术研究活动的整体，学术体系是一种活动体系[5]。学术建设处于学科建设和话语建设的中间地带，起到承上启下的作用。国家安全学是一门理论性和实践性都很强的学科，建设国家安全学学术体系要强化国家安全理论和国家安全实践的交互生成。一般认为，学术体系包括学术组织、学者共同体、学术理论和学术研究领域等。

（一）建立国家安全学学术组织

学术组织是学科开展学术活动的专业机构，学科的发展需要相应的学术组织推动。一般来说，成熟的学科都有自己的纵向和横向的学术组织架构。例如，刑法学科有自己的全国性的刑法学研究会，每年都会召开全国刑法学术年会；省、自治区、直辖市也有自己的二级刑法学研究会。无论是全国性的刑法学研究会还是省、自治区、直辖市的二级刑法学研究会，都是中国法学会下属的学术组织。目前，国家安全学的学术组织建设还是

〔1〕 张永攀：《从先秦"王畿"到近代民族国家——论中国传统"国家安全观"的流变与转型》，载《国际安全研究》2021年第6期，第59~81页。
〔2〕 辛文、韩鹏杰：《国家安全学理论视角下的西周国家安全思想研究》，载《国际安全研究》2020年第6期，第105~128页。
〔3〕 韦祖松：《帝国生存环境的诠释：北宋国家安全问题研究》，中国社会科学出版社2008年版。
〔4〕 军事科学院战争理论和战略研究部编著：《安邦大略——中国历代国家安全战略思想论析》，军事科学出版社2007年版。
〔5〕 谢立中：《探究"三大体系"概念的本质意涵》，载《中国社会科学报》2020年12月24日。

空白，既没有全国性的国家安全学研究会，也没有地方的二级国家安全学研究会，这无疑会限制国家安全学的发展。为了推动国家安全学快速、规范发展，有必要建立国家安全学学术组织，包括全国性的学会、地方二级学会和专业委员会。由于国家安全学的交叉学科包括政治安全、经济安全、生态安全等具体的国家安全领域的学科，国家安全学的专业委员会就是指政治安全专业委员会、经济安全专业委员会、生态安全专业委员会等。考虑到国家安全学专业的毕业生可能分别被授予法学、工学、管理学和军事学学位，这给国家安全学学术组织的设立带来了一定的理论困扰。国家安全学研究会是独立的研究会，还是法学研究会、工学研究会、管理学研究会和军事学研究会的下属研究会呢？考虑到法学、工学、管理学都是"学科门类"，以及军事学学科的特殊性，前期可以先将国家安全学研究会依据研究领域的不同分别设定为法学、工学、管理学和军事学的下属研究会，待到"交叉学科"研究会成立后，再将其移入。或者可以先设立"交叉学科"研究会，再设立国家安全学研究会。考虑到后期不必要的迁移麻烦和学科对学术的统一性要求，笔者赞成第二种方案。

（二）构建国家安全学学者共同体

国家安全学学者共同体是建设国家安全学的关键，因为具体的政策、制度还是要依靠人来落实和推动。目前的国家安全学的研究队伍无论在"数量"还是"专业性"都需要提升。首先，国家安全学的研究队伍人员数量缺乏。由于国家安全学是一个新兴学科，还没有充分引起研究者的注意，再加上国家安全方向的研究成果发表较难，无形中会阻碍学者进入国家安全学研究领域。据笔者了解，目前成立有国家安全学院等国家安全研究机构的只有国际关系学院、西北政法大学、西南政法大学、吉林大学等高校，还没有形成国家安全学研究的浓厚氛围。其次，我国国家安全学研究队伍的"专业性"不强。国家安全学科班出身的学者数量较少，更多是其他专业的学者从法学、工学、管理学、军事学等角度研究国家安全问题。上述情况不可避免会造成国家安全学研究广度过宽、深度不够，碎片化有余、系统化欠缺的现状，亟须提升国家安全学学者共同体的专业化程度。

考虑到国家安全学学科的实践性特征，构建国家安全学学者共同体要积极吸纳国家安全部门、企业等实务部门的人员参与。国家安全学学科的人才培养也要采取"双导师"制，真正实现理论和实践的交互生成。

（三）创新国家安全学学术理论

适度借鉴、主体创新是国家安全学学术理论发展的必经之路，只有来自中国大地、落脚在中国大地上的理论才能解决中国的问题。构建有中国特色的学术理论体系，做好以下几点工作：第一，立足中国。要有中国立场和中国视野，解决中国问题，国外的理论不一定适合中国，即使借鉴，也要适当转化适用。要处理好学术理论普遍性和特殊性的关系，面对国家安全这种意识形态性特别强的学术理论，更要关注其特殊性。要谨防国家安全学理论领域的"普世主义"。例如，西方国家安全理论领域的自由主义、现实主义和建构主义，都是在西方国家特定制度和历史条件下诞生的，我们决不能采取生搬硬套的"拿来主义"来解决我国的国家安全问题。第二，挖掘历史。挖掘历史是为了在历史的基础上创新，我国当代的很多国家安全思想都可以追溯到古代的国家安全思想。例如，《国家安全法》规定的"维护国家安全，应当坚持预防为主、标本兼治，专门工作与群众路线相结合"实际上就蕴含了居安思危以及民众对国家安全有决定性作用的国家安全思想。"自古失国之主，皆为居安忘危，处治忘乱"以及"天下之治乱，不在一姓之兴亡，而在万民之忧乐"就是我国古代国家安全思想中的防患于未然以及民本思想的表述。管仲提出的"五害论"、墨子提出的"七患论"都是强调政治安全的重要性。第三，把握当代。把握当代就是要把握当代的国内外国家安全形势，发展和安全是我国目前的最大任务，依据这个主题，习近平总书记提出了大安全格局、总体国家安全观、可持续安全等创新性的国家安全理论，不但为我国的国家安全实践提供了正确的理论指导，也极大丰富了我国的国家安全学学术理论。第四，关怀人类。不但要追求自身安全，还要追求共同安全，不能为了不切实际的自身"绝对安全"而损害他国安全和共同安全。习近平总书记提出要构建人类命运共同体，就是一种人类安全的思想，体现出对人类的关怀。第五，面向未来。预测性是国家安全学的学科特点，国家安全学的学术理论不但要把握当代，还要面向未来，研究要具有适度的超前性。总体国家安全观对国家安全领域的动态性规定就有面向未来的考虑。面向未来还有积极主动、有所作为的意涵，不但要维护国家安全，还要塑造国家安全。

### （四）拓宽国家安全学学术研究领域

国家安全学学术研究领域也是动态的，不能脱离国家安全实践，也要适度超出国家安全实践。国家安全学学术研究不但有历史研究、国内研究，还有现实研究和国外研究；不但有传统安全领域的研究，也有非传统安全领域的研究；不但有文科领域的研究，还有工科领域的研究；不但有基础型研究，也有应用型研究，还有复合型研究。但是，国家安全学的学术研究领域也不能过度"泛化"，笔者认为，目前可以按照总体国家安全观的内涵和外延对国家安全学的学术研究领域进行基本限定。

## 三、话语体系：提升国内和国际两个维度话语权

话语权既是一种具有强制性质的使他人"必须听"的硬权力，又是一种具有感召力量的让他人"愿意听"的软权力。可见，话语权是说话的权利和让他人听话的力量的结合体。有学者认为，影响一个国家国际话语权的最基本因素是实力、理论、利益和道义。[1] 话语体系是一种言说体系，话语体系建设是学科体系建设和学术体系建设的检验标准，也是学术前沿活力的呈现，学术研究成果需要通过话语体系传播于社会，从而实现学科的任务和目标。国家安全学作为一门新兴的交叉学科，要实现学科的规范、快速发展和学术成果的广泛传播，需要国家安全学话语体系建设的助力。考虑到国家安全学目前发展的实际，需要在国内和国际两个维度提升国家安全学话语体系建设。

### （一）提升国家安全学的国内话语权

国家安全学作为一门新兴的一级学科不可避免地和现存的其他一级学科存在"竞争"关系，这关系学科的知名度，以及招生和就业情况，最终会关系到学科的可持续发展。由于国家安全学交叉学科的性质以及授予学位的特殊性，国家安全学有被边缘化的可能性。国家安全学在国内话语权

---

〔1〕 张一、李静：《中国国际话语权的影响因素与提升路径研究》，载《思想教育研究》2021年第11期，第48页。

的提升，依靠国家安全学学科独立地位的确立，依靠国家安全学学术组织的建立，依靠国家安全学学者共同体的完善，依靠国家安全学学术理论的创新，依靠有中国特色的国家安全理论成功化解国家安全危机的实践。国家安全学要加强和其他学科的联系和协作，真正融入我国的学科和学术大家庭，进而发展壮大。

（二）提升国家安全学的国际话语权

提升国家安全学国内话语权是提升国家安全学国际话语权的基础，只有练好"内功"，才能成功"走出去"。只有建设好国家安全学的学科体系和学术体系，才能增强国家安全学在国际上的竞争力。笔者认为，要提升我国国家安全学的国际话语权，第一，要积极融入国际话语体系。只有积极融入国家安全领域的国际话语体系，才能发挥我国对国际话语体系的影响力。由于美国近年来一直面临着恐怖主义等国内外严重安全威胁，美国较早建立了国家安全学学科，国家安全学学术体系也比较成熟。虽然，名称上美国称之为国土安全专业，但是二者并没有实质的区别，我国可以适当借鉴美国国土安全专业发展的经验[1]。第二，要争做国际话语权的引领者。随着我国综合国力的提升，我们不能再只做规则的遵守者和跟随者，还要做规则的制定者、议程的设定者和话语的引领者。对西方的国家安全理论我们只能是适度借鉴，主要还是要靠自身的理论创造和创新。我国的国家安全学理论要将中国特色和国际视野很好地结合起来，提升国际社会对我国国家安全学理论的接受度，真正达到"有理说得出、说了传得开、传了有影响"的效果。近年来，我国提出的"可持续安全""人类命运共同体""新型大国关系"等国家安全理论逐渐得到国际社会的认可，就是引领国家安全领域国际话语权的体现。

---

〔1〕 李锋、舒洪水：《美国高校国土安全专业的课程设置对我国国家安全学学科建设的启示》，载《情报杂志》2021年第12期，第51~57，71页。

# 第九章

# 新文科背景下的国家安全法学专业
# 建设与人才培养

　　2018 年，教育部提出要大力推进新工科、新医科、新农科、新文科建设，这是新时期对学科建设的创新，和传统的学科建设相比，新工科、新医科、新农科、新文科建设的核心点就是"新"，即新理念、新思维、新体系、新目标。"四新"虽然分属于不同的学科，但是在宏观的理念、思维、体系和目标上有相通之处，这也是进行综合性理论研究的基础。"四新"建设的成果最直接的体现就是专业建设和人才培养，而专业建设和人才培养也是检验"四新"建设成效的重要标准。2020 年，国务院学位委员会、教育部印发通知，新设置"交叉学科"门类，作为我国第 14 个学科门类，"集成电路科学与工程"和"国家安全学"作为下设一级学科。国务院学位委员会正在研究制定交叉学科设置与管理的相关办法，探索具有中国特色的交叉学科设置与目录管理制度。[1]我国国家安全学的创始人刘跃进教授认为，应该将国家安全学定位为"学科门类"，可在国家安全学门类下设置多个一级学科，如国家安全学理论、国家安全管理学、国家安全法学、国家安全战略学等。国家安全法学一级学科下可设国家安全法学原理、国家安全法制史、中国国家安全法律体系、外国国家安全法律体系、国家安全部门法研究等二级学科或专业方向。[2]"新文科"建设为国家安全法学的发展提供了契机，国家安全法学的发展也在实践"新文科"建设的理念。

---

　　〔1〕《我国新设置"交叉学科"门类》，载 https://news.gmw.cn/2021-01/15/content_3454 3822.htm，最后访问日期：2023 年 9 月 15 日。

　　〔2〕 刘跃进：《刘跃进国家安全文集》（下册），中国经济出版社 2020 年版，第 265 页。

## 一、新文科建设的核心内涵探析

新文科并不是对传统文科的否定，我们也不能否定传统文科在特定时代的合理性和对社会发展作出的巨大贡献。无论是新文科还是传统文科都有文科的基本属性，文科可以为理科提供方法论的支持，也可为人类的精神需求满足提供路径。文科和理科的分类在学术上是一种笼统的说法，目的是便于普通民众理解和记忆，文科严格来说包括社会科学和人文学科，起源于欧美的自然科学、社会科学、人文学科三重学科划分模式已经在全世界范围内体制化了。政治学、经济学、社会学一般认为是社会科学的核心学科，而人文学科的核心学科主要是历史、文学等。[1] 传统文科在新时代解决新问题上变得力不从心，无论是学科体系、学科内容还是研究方法都开始落后于时代发展，新的时代呼唤新文科的出现，也催生了新文科。要使新文科建设取得实实在在的成效就要准确界定新文科中"新"的核心内涵，新文科中"新"的核心内涵也会体现在国家安全法学中，笔者以为新文科中的"新"主要体现在以下四个方面：

（一）新理念

2021 年 5 月 9 日，习近平在给《文史哲》编辑部全体编辑人员的回信中提道："增强做中国人的骨气和底气，让世界更好认识中国、了解中国，需要深入理解中华文明，从历史和现实、理论和实践相结合的角度深入阐释如何更好坚持中国道路、弘扬中国精神、凝聚中国力量。回答好这一重大课题，需要广大哲学社会科学工作者共同努力，在新的时代条件下推动中华优秀传统文化创造性转化、创新性发展。"[2] 习近平总书记的回信不但在宏观上给哲学社会科学的发展指明了方向，而且在微观上也开出了药方、提出了具体的对策。在我国的语境下，文科和哲学社会科学是可以画等号的，新文科的发展也要遵循习近平总书记的指示要求，创新发展理念。新文科建设的"新理念"是指我国文科发展要中国化、去西方化，走出一条

---

〔1〕刘康：《什么是文科？——现代知识的型塑与体系》，载《上海大学学报（社会科学版）》2021 年第 2 期，第 7 页。

〔2〕《习近平给〈文史哲〉编辑部全体编辑人员的回信》，载 http://www.xinhuanet.com/politics/2021-05/10/c_1127428330.htm，最后访问日期：2024 年 5 月 8 日。

有中国特色的文科发展道路。

（二）新思维

新文科建设新思维的核心是学科间的交叉融合，学科间的交叉融合也是解决实际问题的需要。现实世界越来越复杂，利用传统的单一学科解决单一社会分工问题存在困难，现实问题的交错性需要能解决问题的系统性方案。上文提到，2020年，国务院学位委员会、教育部印发通知，新设置"交叉学科"门类，作为我国第14个学科门类，"集成电路科学与工程"和"国家安全学"作为下设一级学科。国家安全学是在交叉融合思维指导下的典型的新文科建设的产物，顺应了在总体国家安全观指导下解决复杂国内外安全问题的需要。新文科建设的新思维要求在社会科学、人文学科中引入自然科学思维，将文科和理科有机融合，例如将数学方法引入经济学，将数学模型引入国家安全学学科，将危害国家安全的因素进行衡量和计算，进而确保保障国家安全的措施具有针对性和有效性。发展国家安全法学也要贯彻新思维，国家安全法学不再是传统意义上的文科，而是学科间交叉融合和文理科相结合的学科，教授国家安全法学要有新手段，学习国家安全法学也要有新方法。

（三）新体系

新文科的新体系是指学科体系，新体系是由新思维决定的，交叉融合的学科建设新思维决定了新文科学科体系的复合性和多样性。以国家安全学学科为例，在国家安全学学科中，国家安全不再仅仅是传统的国家安全，而是包括了传统安全和非传统安全，因此国家安全学的学科体系不但包括国家安全基础理论、国家安全法学、国家安全管理学等传统的社会科学分支，还包括环境保护、网络、人工智能等理科的内容，是一个文理交融的学科新体系。

（四）新目标

传统的文科建设过分关注学科本身的学理划分，对实践需要的回应照顾欠缺，以至于出现了严密的学科划分、精巧的学术理论和实践需要、实际情况相脱节的现象。新文科建设要改变"为了学术而学术"的思维模式，要以实践为导向，以解决问题为目标，避免学术资源的内耗和浪费。以国家安全学学科为例，建设国家安全学学科最直接和最终的目的是维护我国的国家安全，而且不是维护某个领域的国家安全而是要维护各个领域的总体国家安全，在系统思维下构建大安全格局。国家安全的理论可以具有超前性，但是不能偏离学科发展的目标。而国家安全法学的目标是用法律的手段维护国家安全，走出一条维护国家安全的法治化道路，这也是全面依法治国的要求在维护国家安全领域的具体表现。

## 二、国家安全法学专业建设

国家安全法学是国家安全学学科中的一个重要分支学科，能为我国维护国家安全的实践提供法律依据和法治保障。除了上文刘跃进教授关于国家安全法学在国家安全学中的地位的论述，有学者认为，国家安全学属综合学科和交叉学科，从学科性质和现有条件来看，其构建和发展需要依托政治学、军事学、情报学、法学和公安学等现有学科和相关理论成果，国家安全学和法学的结合就是国家安全法学；[1]有学者认为，在学科性质上应将国家安全学视为交叉学科，国家安全法学主要研究以刑法、反恐怖主义法、国家安全法为基础的国家安全法治建设；[2]还有学者将国家安全学的总体学科体系分为国家安全学基础学科和国家安全学应用学科，并且根据基础性的差异，将国家安全学基础学科划分为国家安全学上游研究之学科基础理论与国家安全学上游研究之应用基础理论两个层次，而国家安全法学就是国家安全学上游研究之应用基础理论中的重要学科；[3]也有学者认为，国家安全法学是国家安全学二级学科国家安全法治中的一个研究方向。[4]

国家安全法学是典型的新文科建设学科，国家安全法学建设要去西方

〔1〕 刘忠、戴美玲：《大国竞争时代构建中国国家安全学的四维向度》，载《情报杂志》2021年第5期，第46页。

〔2〕 郭一霖、靳高风：《国家安全学：学科建设现状与发展路径》，载《江汉论坛》2020年第9期，第56页。

〔3〕 王秉、吴超、陈长坤：《关于国家安全学的若干思考——来自安全科学派的声音》，载《情报杂志》2019年第7期，第101页。

〔4〕 李文良：《国家安全：问题、逻辑及其学科建设》，载《国际安全研究》2020年第4期，第19页。

化、走出一条具有中国特色的国家安全法学发展道路，要牢牢掌握事关国家安全的话语权；国家安全法学也不是传统的单一学科，而是国家安全学和法学的交叉新学科，学科的交叉性特征明显；国家安全法学的学科体系也是复合型的，总体国家安全观提出后，国家安全的概念并不仅仅限定在以前秘密战线的国家安全工作；我国目前还面临严峻、复杂的国内外安全形势，维护国家安全也是我国需要解决的头等大事，因此国家安全法学的目标就是为维护国家安全提供理论指导。可见，国家安全法学在新理念、新思维、新体系和新目标这四个方面都完全符合新文科的核心内涵，我们要按照新文科的要求建设国家安全法学。

（一）国家安全法学专业建设的理论和实践基础

1. 关于国家安全法学的早期探索

教育部遴选一批有条件的高校建立国家安全教育研究专门机构，设立相关研究项目，为国家安全教育教学和相关学科建设奠定基础。据此，相关高校和科研院所都在根据自身专业优势，从政治学、军事学、法学、公安学等学科方向及"交叉学科"门类下努力构建国家安全学学科体系。自主设置交叉学科的名单显示，西北政法大学在"法学""公共管理"和"哲学"一级学科下设置了"国家安全法学"交叉学科。〔1〕目前在全国范围内，设置国家安全法学交叉学科的高校和研究机构在数量上还是很少的，国家安全法学学科还需要一个发展、壮大的过程。

国家安全法学学科建设并不是一蹴而就的，而是经历了不断积累和探索的过程。除了上文提到的相关论文，以下几部"国家安全法学"教材也为国家安全法学学科建设的早期探索奠定了坚实的理论和实践基础：2004年出版的刘跃进教授主编的《国家安全学》，虽然《国家安全学》并不是专门的国家安全法学教材，但是作为我国国家安全学领域的第一部教材，《国家安全学》中的基础理论同样适用于国家安全法学；2008年出版的王京建先生著的《国家安全法学教程》在前序中指出，虽然国家安全法学是我国

---

〔1〕《学位授予单位（不含军队单位）自主设置交叉学科名单（截至2020年6月30日）》，载 http://www.moe.gov.cn/jyb_ xxgk/s5743/s5744/A22/202008/t20200827_ 480690.html，最后访问日期：2024年5月10日。

法学中的一门新兴的分支科学，但是，通过《国家安全法》多年的实施，其基础理论、研究对象、学科结构等已基本形成，我国国家安全法学学科体系日臻完善，国家安全法学作为一门独立的法律学科已经形成，《国家安全法学教程》是以 1993 年颁布的旧的《国家安全法》为教义学蓝本的；随着总体国家安全观的提出和新的《国家安全法》出台，国家安全的内涵和外延都发生了巨大的变化，不可避免会给国家安全法学学科注入新的血液，李竹、肖君拥主编的《国家安全法学》和贾宇、舒洪水主编的《中国国家安全法教程》就是在上述大背景下出版的，标志着国家安全法学学科的日益成熟和完善。

2. 习近平总书记关于国家安全法治的有关论述

在 2020 年 11 月 16 日至 17 日召开的中央全面依法治国工作会议上，党中央正式明确提出"习近平法治思想"。习近平法治思想的提出，具有深刻的时代背景、充分的科学依据和重大的战略考量，是在中国特色社会主义法治建设伟大实践中创立的科学理论体系。[1]习近平法治思想有丰富的内涵和完备的体系，关于国家安全法治的有关论述是习近平法治思想的重要组成部分。新中国成立后，中国共产党历来在战略上重视国家安全问题，根据国家安全形势的变化，不断创新、调整和发展国家安全观，从强调生存问题的传统安全观到注重发展问题的新安全观，再到系统思维指导下的总体国家安全观，中国共产党国家安全战略思想经历了依据现实及时调整的演变过程。[2]习近平总书记关于国家安全法治的有关论述不但继承了马克思国家安全法治思想，而且汲取了我国古代的优秀国家安全思想，同时借鉴了其他国家特别是西方国家优秀的国家安全法治思想为我所用，最终落脚在我国维护国家安全的实践。今后，无论是维护我国的国家安全还是国家安全法学专业建设都要以习近平法治思想，特别是习近平总书记关于国家安全法治的有关论述为指导，使国家安全法学专业建设具有中国特色和中国品质。

---

〔1〕 张文显：《习近平法治思想的理论体系》，载《法制与社会发展》2021 年第 1 期，第 5 页。
〔2〕 释清仁：《中国共产党国家安全战略思想研究》，人民出版社 2020 年版。

3. 新时代中国特色国家安全道路

习近平总书记在坚持"四个自信"中提到"道路自信"，开创一条适合新时代中国国情的特色国家安全道路是坚持"道路自信"的应有之义。新时代中国特色国家安全道路包括以下几个方面：勾画有中国特色的国家安全战略，在把握国家安全形势与任务的前提下，坚持正确的国家安全指导原则，即独立自主、自力更生是我们的立足点，在领土主权问题上决不妥协退让，积极开展对外安全合作，把军事手段作为保底手段，既敢于斗争又善于斗争；[1]坚持总体国家安全观作为维护国家安全的指导思想，总体国家安全观是时代的产物，也是动态的、开放的思想体系，会随着国家安全实践的发展不断充实和完善，系统思维下的大安全格局思想就是对总体国家安全观的继承和升华；完善国家安全法律体系，全面依法治国要求国家安全法治先行，而国家安全法治建设的前提是具备完备的国家安全法律体系。我国目前已经基本形成以《国家安全法》为核心的较为完备的国家安全法律体系，但是由于国家安全的内涵和外延很难确定，因此我国国家安全法律体系的边界何在是存在争议的；建立完善的中国特色国家安全领导体制，中国特色国家安全领导体制的核心是中国共产党的领导，支柱是人民民主专政，中枢是国家安全领导决策机制；构建国家安全综合能力体系，加强维护国家安全的能力建设，特别是要加强基层维护国家安全的能力建设，统筹中央和地方、强化各部门的协调联动，处理好发展和安全的关系，倚靠发展创造更高水平的安全。

4. 维护国家安全的实践

我国维护国家安全的实践是国家安全法学专业建设的实践基础，《国家安全法》在"维护国家安全的任务"一章中详细列举了维护"政治安全、人民安全、国土安全、军事安全、经济安全、金融安全、资源能源安全、粮食安全、文化安全、科技安全、网络与信息安全、民族领域安全、宗教领域安全、社会安全、生态安全、核安全、新型领域安全、国家海外利益安全"的任务，维护国家安全的实践不但为国家安全法学的发展提供了鲜活的素材，也检验了国家安全法学的效果。笔者选取近年来我国成功化解

---

〔1〕 释清仁：《中国共产党国家安全战略思想研究》，人民出版社 2020 年版。

危害国家安全风险的两个案例进行分析：

案例一，成功化解香港反修例风波引起的国家安全问题。香港问题的复杂性不但有内部原因，也有外部原因。在香港地区内部，由于长时期的殖民统治和殖民教育，香港居民的身份认同是分裂的，短时期内无法形成中华民族共同体的认同意识，有一部分人特别是年青一代中还存在恐大陆、恐共、恐社会主义的错误情绪，这次反修例风波引起的"黑暴"运动的参加者大部分是本地年轻人；另一方面，香港地区的问题还有外部势力干涉，这些外部力量一直试图使香港问题复杂化和国际化，例如，美国抛出《香港人权与民主法案》粗暴干涉我国内政、和反中乱港人士黄之锋、黎智英等人相勾结插手香港事务，英国给香港人发放 BNO 护照试图使香港空心化，上述美英破坏香港繁荣稳定的卑劣伎俩都加大了党和政府解决香港问题的难度。

香港问题的复杂性决定了解决香港问题要有系统思维、全局意识、层次性、阶段性和长远眼光，而不能纠结于一时的得失，也不能妄图一蹴而就，在短期内解决香港问题，要久久为功、从长计议，做好打持久战的打算。从反中乱港的暴力活动到出现恐怖主义萌芽的黑暴运动，最后发展到被境外敌对势力利用发动"颜色革命"可能性是中央对反中乱港运动的阶段性判断，这也是中央系统、分阶段解决香港问题的事实依据。目前中央解决香港问题主要分以下步骤进行：第一，严厉打击反中乱港暴力活动，恢复香港往日的繁荣稳定，为香港疫情后的经济复苏提供稳定的社会环境，同时也为港人通过和平、正常的渠道反映、解决问题划线。第二，用法治的手段解决香港问题。从长远来看，法治是目前最有效的社会治理手段，用法治手段解决香港问题也是习近平法治思想在香港问题上的成功实践。《香港特别行政区维护国家安全法》是香港由"乱"到"治"的转折点，也是中央解决香港问题的一把钥匙。《香港特别行政区维护国家安全法》不但设立了香港特别行政区维护国家安全委员会、中央人民政府香港特别行政区维护国家安全公署，完善了维护香港国家安全的领导体制，而且设置了分裂国家罪、颠覆国家政权罪、恐怖活动罪和勾结外国或者境外势力危害国家安全罪这四个罪名，彻底解决处罚反中乱港暴力活动无法可依、罪名不合适、罪刑不均衡的局面。第三，贯彻"爱国者治港"原则，重建政治生态。第四，发展和改善民生，争取最大多数人的拥护和支持，重建身份认同，塑造中华民族共同体意识。[1]

　　案例二，成功处理"新疆棉花"国家安全事件。西方敌对势力始终没有放弃利用新疆问题对我国的复兴之路设置障碍，新疆棉花事件就是反华势力"以疆制华"的又一起闹剧。BCI（良好棉花发展协会）打着新疆棉花是"强迫劳动"采摘的幌子，禁止新疆棉花及制品的使用和进口，妄图达到在国际上孤立我国政府、挑拨维吾尔族群众和政府的关系、破坏我国"一带一路"倡议的卑劣目的。新疆棉花事件并不是一起简单的贸易争端，而是一起有预谋的严重危害我国意识形态安全和经济安全的国家安全事件。系统思维下的大安全格局要求我们透过现象认识事情的本质，正确认识新疆棉花事件，在总体国家安全的大格局下出台相应的对策。通过揭露反华势力的真实目的，我国政府成功处理了新疆棉花事件带来的国家安全危机，粉碎了反华势力挑拨我国和其他国家特别是穆斯林国家友好关系的阴谋，更是粉碎了反华势力离间维吾尔族群众和政府信任关系的图谋，客观上使民族间、民族群众和政府间的关系更加紧密，中华民族共同体意识更加强化。[2]

　　（二）国家安全法学专业建设的路径

　　在具备国家安全法学专业建设的理论和实践基础的条件下，我国的国家安全法学专业建设开始走上正轨。早在2015年，哈尔滨工业大学法学院就首创了全国国家安全法学研究会，[3]截至目前，国内的有些高校和研究机构也成立了国家安全学院，例如，西北政法大学2019年在反恐怖主义法学院的基础上成立了国家安全学院，西南政法大学2018年在刑事侦查学院的基础上成立了国家安全学院，《国家安全法》是这两所高校国家安全学院

〔1〕　王林：《国家安全法治建设视野下的香港国安立法》，载《山东警察学院学报》2020年第5期，第153~159页。

〔2〕　郭永良：《共建"一带一路"背景下对美国炒作涉疆问题的应对》，载《中国人民公安大学学报（社会科学版）》2020年第2期，第1~8页。

〔3〕　《哈尔滨工业大学法学院首创全国国家安全法学研究会》，载《知与行》2016年第1期，第2页。

的必修课。虽然有些高校积极响应国家发展国家安全学一级学科的号召，已经挂牌成立了国家安全学院，但是这些学院大部分都是在原有学院的基础上设立的，基本上是"两块牌子、一套人马"，因此国家安全学院还存在转型发展的问题，以及如何处理和原学院的关系问题。国家安全法学是国家安全学一级学科的二级学科，对于国家安全法学专业的毕业生也要授予法学学位。目前，国家安全法学专业建设面临的最大争议主要是国家安全法学专业的学科定位以及课程设置。

1. 国家安全法学是交叉学科

和民法、刑法等传统法学学科不同，国家安全法学是国家安全和法学的交叉学科，而且这里的"法学"是个广义的概念，包括刑法、经济法、行政法、环境保护法、野生动物保护法等部门法。传统的部门法学专业，无论是民商法学专业还是刑法学专业都有自己明确、特有的研究对象和范围，特有的、专属的研究对象和范围决定了学科的法律定性和学科定位，以刑法学专业为例，刑法学专业的主要研究对象是犯罪和刑罚。虽然有些部门法学专业之间也会存在交叉，比如动态的"刑民交叉"就是很常见的现象，但是从学科本身来看，刑法学专业和民商法学专业还是"泾渭分明"的，不存在静态上的交叉。国家安全法学离不开各个部门法的参与，毕竟总体国家安全涉及国家安全的各个领域，但是各个部门法的参与也不是无限度的，需要确保参与的部门法自身要涉及国家安全问题，在国家安全领域按照权利和义务的模式作出法律规定。

2. 国家安全的法律界限

课程建设是国家安全法学专业发展的基础，国家安全法学专业包括哪些课程？这些课程间有什么样的联系？选择课程的标准是什么？回答上述问题的关键就是弄清楚国家安全在法律上的界限，也可以说是如何将总体国家安全观融入划定国家安全的法律界限中。国家安全本身是一个多维的概念，既可以从国际关系的角度理解国家安全，也可以从法学的角度理解国家安全，但是要推动国家安全法学专业建设，就要厘清国家安全的法律概念。有学者认为，"在法律上，国家安全是指一国法律确认和保护的国家权益有机统一、整体性免受任何势力侵害的一种状况。国家安全的法律认可性、法律调整性和法律目的性是其法律特征"。[1]因此,在构建国家安全法学专业的课程体系时要从国家安全的法律特征入手,即国家安全的法律认可性、法律调整性和法律目的性。如果课程对国家安全的阐述不涉及上述法律特征,则可以认为其不应被纳入国家安全法学专业的课程体系。

"国家安全"本质上是一个动态的概念,我们要用历史的、发展的眼光来看待国家安全问题,避免僵化地对待国家安全问题。总体国家安全观的提出不但充实了国家安全概念的内涵,扩充了国家安全概念的外延,也对国家安全的保障提出了新的要求。作为其他部门法保障法的刑法,在保障国家安全中负有不可推卸的责任,刑法也要主动适应国家安全概念内涵和外延的深刻变化,把握好"变"与"不变",最大限度发挥刑法保障国家安全的作用,兼顾刑法打击犯罪和保障人权的动态平衡。

3. 总体国家安全观的限定作用

总体国家安全观是新时期维护国家安全工作的指导思想,也是进行国家安全学学科建设的理论依据,国家安全法学专业建设更要接受总体国家安全观的指导。国家安全的法律界限为国家安全法学专业的课程体系提供了实质标准,而总体国家安全观为国家安全法学专业的课程体系划定了形式范畴。关于国家安全法学专业的课程体系建设有两种不同的倾向:一是范畴过度限缩论。将课程体系限缩在《国家安全法》以及规制传统安全的《刑法》《反间谍法》《反分裂国家法》等法律法规,没有考虑到国家安全的内涵和外延已经发生了巨大变化的现实。二是范畴无限扩大论。考虑到国家安全的内涵不断丰富和外延扩大的事实,特别是非传统安全日益成为和传统安全相并列的国家安全领域,如果国家安全法学专业的课程体系还是坚守传统的国家安全观的指导,就会严重落后于时代的发展,无法为解决国家安全威胁提供理论支持。范畴无限扩大论将国家安全的范畴扩展到社会生活的每个领域,主张利用国家安全法进行规制。范畴过度限缩论会使国家安全法学专业的课程体系过于单薄,不符合课程体系丰满、充实的要求;而范畴无限扩大论会使国家安全法学专业的课程体系过于庞杂和臃肿,使国家安全法学专业的内涵和其他法学专业严重重叠,从而导致国家

---

〔1〕　吴庆荣:《法律上国家安全概念探析》,载《中国法学》2006年第4期,第66~67页。

安全法学专业丧失最基本的专业特色和学科定位。

笔者以为，国家安全法学专业课程体系建设要摒弃以上两种倾向，课程体系既不能过于限缩，也不能使其丧失合理的边界限制，变得无限庞杂，而是要保持在一个合理的范围。在整体上保持平衡，不但要和维护国家安全的实践相一致，而且也要确保国家安全法学专业的可持续发展。第一，以总体国家安全观为指导思想。国家安全的重点领域主要包括：政治安全、国土安全、军事安全、经济安全、文化安全、社会安全、科技安全、网络安全、生态安全、资源安全、核安全、海外利益安全以及太空安全、深海安全、极地安全、生物安全等不断拓展的新型领域安全，我国通过"等"的立法形式使总体国家安全观具有开放性和动态性，统筹兼顾传统安全和非传统安全。第二，以《国家安全法》为国家安全领域的基本立法。《国家安全法》是一部国家安全领域的综合性法律，其不但规定国家安全工作应当坚持总体国家安全观，还规定了国家安全制度和国家安全保障等。国家安全法学专业应该建立以《国家安全法》为核心的国家安全法学专业课程体系，总体国家安全观提供宏观上的理论指导，《国家安全法》划定课程体系的基本范畴，这个课程体系包括宪法、基本法律、一般法律和国际条约公约在内的具有层次性的国家安全法律法规。[1]第三，划定核心课程体系，确保国家安全法学专业成为有源之水、有本之木。笔者建议依据《国家安全法》第 15 条至第 34 条列举的维护国家安全的任务确定国家安全法学专业的核心课程体系，包括《国家安全法》《网络安全法》《反分裂国家法》《反间谍法》《国防法》《反恐怖主义法》《国防动员法》《国防教育法》《军事设施保护法》《生物安全法》《核安全法》等，但是目前的立法并不能完全满足维护国家安全任务的要求，需要不断地补充和完善。例如，对于维护国家海外利益，目前立法上还是空白。笔者认为，对于维护新型领域安全，应保持一个开放的态度。除了上述核心课程体系，《宪法》《刑法》《刑事诉讼法》等传统和国家安全密切相关的法律也要纳入国家安全法学专业的课程体系。

--------

〔1〕 郭永辉、李明：《论完善我国国家安全法律体系的路径》，载《甘肃政法大学学报》2021年第 2 期，第 10 页。

### 三、国家安全法学人才培养机制

（一）精英型的人才培养模式

国家安全法学是一门新兴的交叉学科，任何学科的发展都要经历一个从试点到发展壮大、全面铺开的过程，国家安全法学专业建设也要遵循学科的发展规律，步子不能迈得太大。我国国家安全法学人才培养模式应该走精英型的道路，前期以研究生教育为主，而且要严格控制招生规模，待后期时机成熟时再发展本科教育。这一方面是为了发展完善国家安全法学的基础理论和学科体系，另一方面是为了给就业问题提供充足的缓冲空间，如果初期就招收大量的本科生，由于就业市场对国家安全法学专业并没有充分的认识，则很难保证能够满足大量的就业需求。

（二）加强涉外国家安全法治人才培养

习近平总书记在 2020 年 11 月 16 日至 17 日召开的中央全面依法治国工作会议上强调"要坚持统筹推进国内法治和涉外法治"。在涉外法治建设中，坚持以习近平法治思想为引领，加强涉外法治人才培养，尽快补齐涉外法治人才严重短缺和能力不足的短板，为加快涉外法治工作战略布局提供人才保障尤为重要。[1]涉外国家安全法治人才培养是涉外法治人才培养的重要部分，随着我国和世界的联系日益紧密，涉外国家安全问题日益突出，用法律的手段解决涉外国家安全问题是全世界通用的手段，对涉外国家安全法治人才的需求也日益增强。恐怖主义是我国面临的重要涉外威胁，无论是 2016 年的中国驻吉尔吉斯斯坦大使馆爆炸案、还是 2021 年发生的针对我国驻巴基斯坦大使的酒店爆炸案，都严重损害了我国海外机构和人员的利益，要想在法律的框架内解决上述问题，就需要熟悉我国和相关国家的反恐怖主义法、刑法等法律法规以及双边、多边和国际反恐怖主义条约、公约的人才。除了恐怖主义威胁，"一带一路"倡议建设中出现的国家安全问题、美国的长臂管辖即美国国内法的不当域外适用也给我国国家安全造成损害，这些国家安全问题的解决也需要涉外国家安全法治人才。

---

〔1〕刘晓红：《以习近平法治思想为引领 加强涉外法治人才培养》，载 https://www.gmw.cn/xueshu/2021-01/20/content_ 34557556.htm，最后访问日期：2024 年 5 月 13 日。

**（三）以需求为导向的人才培养机制**

国家安全法学是一个新的专业，鉴于其研究领域的特殊性和就业方向的特定性，要求国家安全法学专业建立以需求为导向的人才培养机制，甚至可以考虑"定制式"的人才培养模式。如果不能合理解决就业问题，不但不利于提高学生的学习积极性，而且从长远来看不利于国家安全法学专业的持续健康发展。

**（四）强化国家安全法学专业的刚性**

通过国家统一法律职业资格考试是法科学生从事律师、法官、检察官工作的必备条件，国家安全法学既是法学一级学科的二级学科，又是国家安全学一级学科的二级学科，在学科性质上具有交叉性。《普通高等学校本科专业目录和专业介绍（2012年）》规定的法学专业核心课程有16门：法理学、中国法制史、宪法、行政法与行政诉讼法、刑法、刑事诉讼法、民法、民事诉讼法、经济法、商法、知识产权法、国际法、国际私法、国际经济法、环境资源法、劳动与社会保障法，国家安全法、反恐怖主义法、网络安全法等并不在其中。《国家统一法律职业资格考试大纲》规定的考试范围中也没有国家安全法、反恐怖主义法等，对于法科学生来说，国家统一法律职业资格考试是一个重要的学习指引，如果不将国家安全法学专业相关课程纳入国家统一法律职业资格考试的范围，必将影响其学习国家安全相关法律的积极性，最终也会削弱国家安全法学专业的刚性。

《国家安全法》在"国家安全保障"一章中规定"将国家安全教育纳入国民教育体系和公务员教育培训体系，增强全民国家安全意识"，笔者以为，为了提高国家安全法学专业的刚性，有必要将国家安全相关法律纳入法学专业核心课程体系和国家统一法律职业资格考试范围，考虑到操作的可行性，目前可以暂时将国家安全领域的"基本法"《国家安全法》纳入法学专业核心课程体系和国家统一法律职业资格考试范围。后期，根据现实情况和国家安全法学专业的发展程度可以将《反恐怖主义法》等法律补充进去，以顺应国家安全形势发展的需要和总体国家安全观的指导思想。

国家安全法学是新文科建设的重要内容，目前还处于起步试点阶段。国家安全法学专业建设不但是维护国家安全的需要，也契合了文理交叉融合的学科发展潮流。如果我们想把国家安全法学打造成一门精品学科，就要优化传统的文科发展思路，走一条创新型的国家安全法学专业建设道路；如果我们想保障国家安全法学专业的可持续发展，就要特别重视国家安全法学专业的人才培养，构建既符合现实需要又契合专业特点的人才培养模式。

# 第十章

# 国家安全学下的国家安全法学专业课程体系

    学科是大学进行人才培养和科学研究的基本功能载体和工作单元。[1]随着社会复杂程度逐步加强导致社会分工日益细化,学科也变得越来越精细化。2020 年,国务院学位委员会、教育部印发通知,新设置"交叉学科"门类(门类代码为 14),而"集成电路科学与工程"(学科代码为 1401)和"国家安全学"(学科代码为 1402)成为"交叉学科"门类首批下设一级学科。将新设立的"交叉学科"门类计算在内,我国目前有 14 个学科门类,而且学科门类下设一级学科,一级学科下设二级学科,我国的学科体系不可谓不庞大、精细。设立学科的目的是对某类问题在理论上进行深入研究、归纳、总结,再用理论指导实践、解决实际问题,而实践再反哺理论的提升,这是一个循环往复、螺旋上升的过程。如果按照简单线性的思路,一类问题只需要一门学科来解决就足够了,但是现实情况远远比我们设想得复杂,随着社会复杂程度的加深,特别是随着大数据、云计算、人工智能等新科技的出现,很多问题开始具有复合性、交叉性和多面性,单单依靠一门学科的理论已经无法解决问题,现实呼唤跨学科的研究,构建交叉、融合的学科成为新时代的紧迫任务。国家安全法学就是在这个大背景下诞生的,反映出用法治思维、法治手段解决国家安全问题的迫切需要。需要特别说明的是,本书论述的是本科阶段的国家安全法学专业课程设置,考虑到本科阶段和研究生阶段在人才培养目标上有较大区别,二者的课程设

---

[1]  赵蓉英、郭凤娇:《中国一流学科发展之质量》,载《高教发展与评估》2016 年第 3 期,第 1~10 页。

置也必定不同，因此，研究生阶段的国家安全法学专业课程设置留待笔者下本著作再论。

## 一、学科构建的背景

国家安全法学不是凭空产生的，其有产生、发展、完善的过程，笔者在《新文科背景下的国家安全法学专业建设与人才培养研究》一文中对此作了详细的论述。从国家安全法学学科到国家安全法学专业是一个巨大的进步，从产生的时间来看，国家安全法学学科要早于国家安全法学专业，国家安全法学学科在早期是自发形成的过程，而国家安全法学专业需要官方的自觉确认。学科向专业的演化，也可以看作理论向实践的升华。西北政法大学反恐怖主义法学院（国家安全学院）通过在 2021 级本科新生中进行选拔开设了国家安全法学实验班；而在研究生方面，其于 2021 年也开始培养国家安全法学硕士研究生。国家安全法学是国家安全学和法学的交叉学科，按照目前官方的学科体系，国家安全法学是二级学科，因为"国家安全学"是"交叉学科"门类下的一级学科。实际上，我国国家安全学的开创者刘跃进教授[1]不赞成上述观点，笔者持相同意见，认为国家安全学应该是学科门类，因此国家安全法学是一级学科，[2]由于存在争议，而且也不是本书的论述重点，在此笔者对其就不再赘述。

（一）国家安全问题的复杂性

与历史上的安全问题相比，新时代的安全问题变得日益复杂。当前不但传统安全问题没有得到完全解决，非传统安全问题也日益突出，世界各国都面临着解决双重安全问题的压力；不但面临着国内安全威胁，也面临着国际安全威胁，例如，我国目前就面临人口老龄化等国内安全问题以及大国博弈等国际安全问题，美国在经济上打压中国、制裁中国。另外，随着阿富汗塔利班重掌政权，阿富汗又沦为大国博弈的角斗场，而阿富汗形势的变化也会影响我国边境地区的国家安全，这些都体现出地缘政治和国

---

〔1〕 刘跃进：《国家安全学学科建设的历程与新思考》，载《北京教育（高教）》2019 年第 4 期，第 13～16 页。

〔2〕 王林：《国家安全学学科建设中的若干争议问题研究》，载《情报杂志》2021 年第 8 期，第 12～13 页。

际环境的复杂性。面对复杂的国内外环境，党和政府提出总体国家安全观、普遍安全观、整体安全观和综合安全观，并试图通过坚持系统思维、构建大安全格局等国家安全理论和思想解决我国所面临的国家安全问题，党和政府对国家安全问题的重视，也从一个侧面反映出解决国家安全问题的难度之大。

国家安全问题的复杂性决定了我们解决国家安全问题不能持简单的线性思维，单一的学科理论已经无法应对，有必要求助于跨学科的理论，需要更加富有创新性、实用性和复合性的解决方案，构建国家安全法学学科，就是一种有益的尝试。通过设立国家安全法学专业，能够为维护国家安全的实践培养专门人才。

（二）全面依法治国的要求

政治安全、政权安全、领土安全、社会安全等都是国家安全的重要领域，贯彻全面依法治国的要求，维护总体国家安全也要依法进行。在现阶段，无论是反恐还是扫黑除恶，都要求依法进行，做到法治反恐、法治扫黑除恶，推进反恐和扫黑除恶的常态化。在全面依法治国的背景下，维护国家安全也要依法进行。要完善与国家安全相关的法律法规，在实体和程序上保障国家安全治理依法进行，不但要维护安全，还要保障人权。在国际交往层面，只有用法治的手段治理国家安全问题，才能更好履行我国签订的相关公约、条约中的义务，也才能与国际接轨。国家安全法学学科和国家安全法学专业就是全面依法治国的要求在学科和专业上的体现。

（三）学科交叉、融合的发展大趋势

在世界范围内，无论是自然科学还是人文社会科学，学科交叉、融合都是大势所趋。面对具备复杂性、综合性及交融性的问题，人类已经无法通过单一的学科研究予以解决，交叉学科研究成为人类解决重大发展问题新的范式。[1]尤其要做到的是将大数据、云计算、人工智能等新兴科学和传统的学科结合起来，共同应对人类所面临的新的挑战。例如，通过将传

---

[1] 邱均平、余波、杨思洛：《大数据背景下一门交叉学科的兴起——论数据计量学的构建》，载《中国图书馆学报》2021年第5期，第48~58页。

播学与人类学交叉融合，可以用传播学的方法研究人类学问题。[1]国家安全法学和国家安全法学专业就是我国顺应全球学科交叉、融合大趋势的产物，我们只有紧跟时代发展潮流和趋势，才能在全球科学研究和人才培养竞争中立于不败之地。

（四）有交叉的可能性和必要性

开展跨学科研究虽然是理论之大趋势和实践之需求，但是我们也要考察学科之间有没有交叉的可能性和必要性，在构建交叉学科问题上必须坚持科学、务实的态度。有学者表示，构建交叉学科不能是"拉郎配"，不是任何两个或者多个学科放在一起就能构成一个交叉学科，也不是招募几个不同学科的研究人员一起做研究或者建一个交叉学科研究中心就意味着一个新的交叉学科诞生了。[2]笔者对上述学者的观点深表认同，学科交叉不但要有"面子"，还要有"里子"，而且决定学科能否交叉的关键还是"里子"，即学科间有没有交叉、融合的内在基因，这是学科交叉的可能性；一门学科是否需要借助另一门学科的方法、内容解决问题，这是学科交叉的必要性。如果学科之间是"风马牛不相及"的关系，学科交叉就没有可能性；即使学科间有关联性，利用单一的学科就可以很好地解决问题，那也不需要学科的交叉，此时学科交叉也没有必要性，如果硬性地"拉郎配"就是不经济的。交叉学科建立后，也要考察交叉学科的影响因素、建设模式和管理体制等。[3]可见，可能性和必要性是我们在考察构建交叉学科时必须考虑的因素，而且在考察的顺序上，可能性要优先于必要性，可能性是现实性问题，而必要性是功利性问题。当然，对学科交叉的可能性和必要性也要保持开放的态度，用联系和发展的眼光进行看待。一方面，要善于挖掘学科间存在的深层次联系，发现新的可能性；另一方面，随着时代的发展，新的复杂问题的出现也会呼唤学科间新的交叉。在构建学科交叉时，我们不但要遵守客观规律，还要发挥主观能动性，总体来说，学科交

---

〔1〕 王家东：《传播学与人类学学科交叉的研究版图》，载《内蒙古社会科学》2021 年第 4 期，第 174 页。

〔2〕 李羽壮：《学科交叉不是简单"拉郎配"》，载《中国科学报》2021 年 5 月 28 日。

〔3〕 杨述明等：《研究生视角下交叉学科建设机制问卷调查研究》，载《高教学刊》2021 年第 15 期，第 68 页。

叉和交叉学科是建构的过程和结果。

## 二、课程设置的原则

国家安全法学学科是国家安全法学专业的基础，国家安全法学专业的课程设置会受到国家安全法学专业的影响。总体来说，学科多样性和学科凝聚性是交叉学科的一般特征。一方面，交叉学科是两个或者多个学科的交叉，这就决定了交叉学科在内容和形式上的丰富性和多样性；另一方面，学科的凝聚性要求交叉学科必须"形散而神不散"，要有自己的核心要素。以国家安全法学学科为例，此学科在学科定性上目前还是法学学科，法学是传统的人文社会科学，在形式上，这个大前提就限定了纯自然科学的课程无法被吸纳进国家安全法学专业的课程体系；在内容上，课程必须是与"国家安全"相关的法学课程，判断的标准是目前有规制这个领域的全国性的法律法规或者有出台全国性法律法规的可能性，这样在实际的教学中才能有法可依。如何辨别是否与"国家安全"实质相关，笔者以为可以从国家安全概念的内涵、总体国家安全观的含义以及我国的国家安全战略等方面确定。国家安全的范围不能太窄，否则会导致只限于政治、军事等传统安全；也不能太宽泛，不能将国家安全工具化，要避免国家安全的泛化。例如，我们可以将《核安全法》列入国家安全法学专业的课程体系，但是不能将纯粹的核技术列入，因为核技术课程不具有"法"性；我们也不能将《监察法》列入国家安全法学专业的课程体系，因为《监察法》不具有"国家安全"性。虽然有人认为监察事关我国的政治安全，但是这有泛化国家安全之嫌，国家安全法学中的国家安全应该是直接的国家安全而不是间接的国家安全，是原生的国家安全而不是派生的国家安全。而且，我国目前已经存在纪检监察专业，《监察法》是其必修课程。可见，国家安全法学专业的课程是"法"性和"国家安全"性的统一。

### （一）国家安全法学的学科特征

#### 1. 交叉性与融合性

跨学科建设不但需要学科交叉，还需要学科融合。交叉是第一步，融合是第二步，交叉只是量变，融合才是质变，没有融合的交叉，只是学科间的简单聚合和耦合。学科间的融合是相互弥补的过程，一门学科可能需要另一门学科的研究方法，另一门学科可能需要这个学科的内容进行充实，互通有无才是学科融合的真谛。国家安全学和法学是两个独立的学科，二者在研究对象、研究方法、评估标准等方面都不相同，但是二者为何可以交叉、融合？一方面，是因为有解决实际问题的需要，而且单独依靠任何一门学科都无法很好地解决国家安全问题，二者有交叉融合的必要性；另一方面，二者可以互通有无，权利、义务关系是最基本的法律关系，用权利、义务的视角看待和处理问题是法学的方法论。法学和国家安全学交叉、融合形成国家安全法学后，就要用法学的方法论指导国家安全问题的处理，同时要用国家安全的内容填补法律关系的形式，形成国家安全法律关系中的权利和义务关系。

2. 继承性与创新性

继承和创新是扬弃关系，没有继承就没有创新，创新是对继承的否定之否定。交叉学科是对原有学科的继承和创新，通过对原有学科的改造和加工，形成一门相对新的学科。笔者这里没有使用"全新的学科"这样的表述，主要是考虑到交叉学科不可能完全脱离原有学科的影子，无论在内容还是形式上，交叉学科都与原有学科有着千丝万缕的联系。例如，在形式上，国家安全法学是国家安全学和法学在名称上的集合；在内容上，国家安全法学是用法学的方法解决国家安全问题。创新性是交叉学科的重要特征，社会变革催生跨学科研究，社会创新、科技创新也都需要交叉科学研究推动，离开了创新性，交叉学科也就失去了存在的意义。将法治引入国家安全治理，提升国家安全治理的法治化水平，推动国家治理体系和治理能力现代化，都是国家安全法学创新性的体现，也是国家安全法学存在的意义。

3. 理论性与实践性

"理论是灰色的，实践之树常青。"国家安全法学并不是纯理论的学科，而是兼具理论性和实践性的学科。国家安全法学不但要进行基础型理论研究，比如国家安全学的基础理论和法学的基础理论，还要进行应用型理论研究，比如突发事件应对的理论、海外利益保护的理论，更要把基础型理论和应用型理论适用于维护国家安全的实践进行检验。除了创新性，实用性也是交叉学科的重要特征，交叉学科的构建也是以解决实际问题为宗旨。美国联邦最高法院大法官、著名法学家霍姆斯说"法律的生命在于经验"，而经验的获得主要依靠法律实践。法学是一门实践特色非常明显的学科，调整国家安全领域权利义务关系的国家安全法学更是具有鲜明的实践性。我国维护国家安全的实践活动是创建国家安全法学学科的实践基础，而国家安全法学理论也反过来指导维护国家安全的实践。

（二）课程设置原则

国家安全法学交叉性和融合性相结合、继承性和创新性相结合、理论性和实践性相结合的学科特征，不可避免会反映到国家安全法学专业课程设置中，在此基础上依据课程设置原则具体制定课程设置方案。

1. 历史和现实相贯通

习近平总书记在 2014 年 4 月 15 日召开的第十八届中央国家安全委员会第一次会议上指出："当前我国国家安全内涵和外延比历史上任何时候都要丰富，时空领域比历史上任何时候都要宽广，内外因素比历史上任何时候都要复杂。"该论述为我们看待和处理国家安全问题提供了历史视野和历史思维。关于如何看待历史和当前的关系，意大利历史学家克罗齐提出"一切历史都是当代史"，这一论述强调过去和当前视域的重合，要求我们形成"解释过去、理解现在、展望未来"的主动思维。中国自古就是一个多民族的大家庭，历史上的中央政权对周边少数民族发动的战争，例如三国时期"七擒孟获"的故事，并不是国内和国外的矛盾，而是中华民族的内部问题。当然，我国历史上的封建王朝为了实现治国安邦、长治久安，采取的维护皇权的措施并不是当代意义上的维护国家安全的措施。当前国家安全的概念和历史上的国家安全的概念并不相同，但是历史上的历代王朝为了维护"国家安全"所采取的措施和探索仍值得我们深思和借鉴。

历史和现实的贯通性要求我们在审视国家安全问题时要有历史的思维，要避免国家安全领域的历史虚无主义。我们设置国家安全法学专业课程时，也要有历史大视野。开设历史和国家安全相关的课程，探寻我国国家安全思想的演进脉络，从古代的法典中总结出所蕴含的国家安全思想，特别是国家安全法律思想。笔者以为，在制定我国维护国家安全的法律、战略和政策时，我们也要"马中西"结合，不但要考虑我国社会主义国家的国情，还要借鉴西方国家优秀的、适合我国的国家安全的理论和思想，更要继承我国历史上的优秀国家安全思想。

2. 国内与国际相关联

总体国家安全观要求我们要统筹内部安全和外部安全，在全球化的今天，世界上没有任何一个国家可以独善其身，也没有任何一个国家可以为了追求自身的绝对安全将自己完全封闭起来。外部安全环境会影响内部安全，当然，面对外部复杂的国际安全形势，我们也并不是无能为力、只能消极面对，而是应积极应对、主动作为，通过制定和调整国内外安全政策来影响和塑造有利于我国的外部安全形势，最终形成内部安全和外部安全的良性互动。

国内安全和国际安全的相关联性要求我们在设计国家安全法学专业课程时，一定要考虑到国际安全法相关课程，包括和国家安全相关的国际公约或条约以及外国的国家安全法。针对外国的国家安全法课程可以选取世界上有代表性的国家的国家安全法进行比较研究。例如，可以介绍美国、俄罗斯、英国、日本、巴西等国的国家安全法，需要注意的是，国家的选择要兼顾典型性和广泛性。一方面，所选择的国家必须已经出台了相对比较完善的国家安全法律法规，例如，俄罗斯的《俄罗斯联邦安全法》、美国的《美国爱国者法案》等，对我国的国家安全治理有一定的借鉴意义；另一方面，供选择的国家要有广泛性和多样性，要涵盖不同的地区和不同的法系，五大洲和大陆法系、英美法系都要涉及。

3. 理论和实际相结合

国务院学位委员会办公室负责人在介绍我国设置"交叉学科"门类以及"集成电路科学与工程"和"国家安全学"一级学科的背景时指出，随着新一轮科技革命和产业革命加速演进，新的学科分支和新增长点不断涌现，学科深度交叉融合势不可挡，经济社会发展对高层次创新型、复合型、应用型人才的需求更为迫切。为健全新时代高等教育学科专业体系，进一步提升对科技创新重大突破和重大理论创新的支撑能力，国务院学位委员会决定设置"交叉学科"门类。而设立"国家安全学"一级学科，既是贯彻落实总体国家安全观、构筑国家安全人才基础、夯实国家安全能力建设的战略举措，也是立足国情、顺应时代发展的必然选择。[1]可以看出，官方给"交叉学科"的角色定位是顺应时代发展、解决实际问题，创新性、复合性、应用性是其最显著的特点，人才培养也要以创新型、复合型、应用型为导向。交叉学科的"三性"投射到国家安全法学专业中，就是要求国家安全法学专业的课程设置要将理论和实际结合起来，以解决实际存在的国家安全问题为导向，在夯实国家安全法学基础理论的基础上，为党和国家的国家安全决策提供智力支持。国家安全法学专业课程设置的理论和实际相结合的原则要求在进行国家安全法学专业人才培养时，要坚持人才培养需求导向，坚持政府、高校、企业、社会协作的人才培养机制。

此外，在国家安全法学专业课程体系中要涉及和我国目前所面对的国内外安全形势密切相关的课程，例如，美国利用其政治、经济、军事霸权对我国进行"长臂管辖"，炒作香港、新疆问题、粗暴干涉我国内政，打压以华为为代表的高新技术企业，这些都是我国面临的最实际的国家安全威胁，也是最急迫需要化解的国家安全问题。[2]因此，我们要加强对上述问题的研究，从法律层面进行深入分析，提出相应的法律对策，开设"反外国制裁法"课程，探讨如何利用好我国法律工具箱中的这个反干涉、反制裁、反长臂管辖的法律工具。

### 三、课程设置方案

需要特别说明的是，笔者在本书中论述国家安全法学专业的课程设置并不是为了给高校制定课程方案提供一套具体的模板。因此，笔者尽量避免针对国家安全法学专业的课程体系进行详细的、具体课程的罗列，只是在论述某个问题时举例说明，仅是提供一个思路和思考问题的视角。开设

---

〔1〕《"交叉学科"成第 14 个学科门类：下设"集成电路科学与工程"和"国家安全学"两个一级学科》，载 http://www.moe.gov.cn/jyb_ xwfb/s5147/202101/t20210114_ 509767.html？authkey=boxdr3，最后访问日期：2024 年 5 月 16 日。

〔2〕王林：《论美国的长臂管辖及中国应对——兼评商务部〈阻断外国法律与措施不当域外适用办法〉》，载《宜宾学院学报》2021 年第 7 期，第 8~19 页。

国家安全法学专业的高校可以根据自己学校的专业强项、历史传统、师资配比等具体情况，制定适合自己的课程体系。例如，西北政法大学在反恐研究上有一定的历史和学术积淀，其可以将《反恐怖主义法》列入课程体系；而国际关系学院在国际关系和国际政治方面有优势，其可以考虑将国际关系和国际政治相关课程列入课程体系。我国目前高校中各专业的课程学分体系主要是按照必修课和选修课两大类进行划分，必修课又包括全校通识必修课、学科基础课和专业必修课；选修课又包括全校通识选修课和专业选修课。由于中国特色社会主义法治理论等全校通识必修课和民法、刑法等法学专业核心课程各高校并没有自主决定权，因此，各高校设置国家安全法学专业课程的重点应集中在具有国家安全特色的专业必修课和专业选修课上。笔者认为，将课程按照重要程度标准，人为划分为必修课和选修课是有一定的合理性瑕疵的。一方面，忽略了课程彼此平等的事实，课程并没有优劣和重要不重要之分；另一方面，也没有充分考虑到学生个体情况的复杂性，有"一刀切"之嫌。笔者在此并不按照"必修"和"选修"的标准对国家安全法学专业课程进行划分，而是按照课程本身的内在性质进行划分，将性质相近的课程划归为一个课程群，共分成理论型课程群、方法型课程群和应用型课程群三个课程群。

（一）理论型课程群

理论型课程是国家安全法学专业的基础课程，主要研究国家安全法学的基础理论，包括国家安全的基础理论、国家安全学的基础理论、国家安全法的基础理论。理论型课程群中的有些课程可能从形式上看法律性不是特别明显，在课程名称中也不带有"法"字。由于法学本身是一门内涵和外延都非常丰富的学科，在学习法律前需要有其他人文社会科学知识进行铺垫。美国的法学教育是从研究生阶段开始的，本科阶段并没有法学专业，学生在进入法学院学习前，需要学习四年其他专业的知识，这在一定程度上体现了法学"精英"学科的定位。按照上述思想，理论型课程群应该包括国家安全学、中国国家安全法、外国国家安全法、中国国家安全思想史、外国国家安全思想史等课程。

（二）方法型课程群

在数量上进行对比，方法型课程群中的课程比理论型课程群和应用型课程群中的课程都要少很多，但是数量上的劣势并不妨碍其在课程体系中的重要性，因为方法论在理论和应用之间起到承上启下的作用。"法学方法论"是国内很多高校法学院都开设的方法论课程，法学方法论顾名思义就是关于学习法学的方法的理论，培养用法学的思维分析问题的理论。法学方法论是法律人，不论是在理论界还是实务界，都要掌握的一门基本技能，法学方法论是沟通书面的法律规范和具体的案件事实之间的桥梁。法学方法是关于法律解释和法律续造的学问，[1]要保持法律规范的"活性"，就必须要解释法律，法学方法论这门课程就是要培养学生解释法律、分析案例的能力。

国家安全法学研究同样需要方法论的支撑，需要用法律方法解释国家安全法律，需要用法律思维分析国家安全事件，如果方法论不对就不能正确解析国家安全事件。例如，在美国的唆使下，加拿大政府无故拘押华为首席财务官孟晚舟女士。华为孟晚舟事件已经上升为影响我国国家安全的严重事件，如果我们在分析这起事件时，只看到其所谓的法律性，仅仅将其看成是一个普通的违反美国制定的"对伊朗制裁法案"的刑事案件，以及加拿大政府拘押孟晚舟女士是加拿大政府在履行条约义务下对美国的正当司法协助的话，这就是犯了方法论的错误，没有认清事情的本质。孟晚舟事件表面看是法律问题，实际上是政治问题，它是美国"长臂管辖"的典型表现，美国妄图利用孟晚舟事件打击我国 5G 技术的领先地位，阻碍我国的民族复兴大业，其背后反映了中美两国在国家安全领域的激烈博弈。只有看清国家安全事件背后的本质，才能准确找到应对措施特别是法律应对措施。针对美国的干涉、制裁和长臂管辖，我国要利用《反外国制裁法》进行反制。因此，国家安全法学专业的学生不但要学习一般的法学方法论，还要学习国家安全法学方法论。

（三）应用型课程群

应用型课程的设置是为了给现实存在的国家安全问题提供智力支持，因此应用型课程和现实的国家安全风险存在对应关系。我们不能预测或想

---

〔1〕［德］德特勒夫·雷讷：《法学方法论的基础知识》，黄卉编译，载《中国应用法学》2021 年第 3 期，第 185 页。

象一种国家安全风险，然后设置一门课程。一方面，没有制定部门法的社会基础，没有出台部门法律，就缺乏设置课程的法律蓝本；另一方面，没有现实的国家安全风险，就无法在实践中对理论进行实践和验证。国家安全法学专业的应用型性质决定了应用型课程在其课程体系中占最大比例，设置国家安全法学应用型课程，可以目前所颁布的国家安全领域的法律法规为依据，无论是课程名称还是课程内容，都可以将其作为蓝本。《国家安全法》是维护国家安全领域的基本法，对维护国家安全工作在整体上进行规范和调控，因此，国家安全法课程应该被划归进理论型课程群。除了《国家安全法》，以规范其他具体国家安全领域的部门法为蓝本的课程也可以被划归进应用型课程群。例如，近年来，数据安全问题成为国家安全中的重要问题，随着互联网公司"滴滴出行"被网络安全审查办公室审查，数据安全的重要性也开始被大众认知。为了调整数据交易、数据发展中的权利义务关系，维护数据安全和数据主权，我国及时制定了《数据安全法》，对此我们可以以《数据安全法》为蓝本设置数据安全法课程。另外，我们还可以以《生物安全法》为蓝本设置生物安全法课程，以《国家情报法》为蓝本设置情报法课程等。

理论型课程群主要包括国家安全学、中国国家安全法、外国国家安全法、中国国家安全思想史、外国国家安全思想史等课程；方法型课程群主要包括国家安全法学方法论等课程；应用型课程群主要包括反恐怖主义法、数据安全法、网络安全法、生物安全法、国家情报法、反外国制裁法、反间谍法、核安全法、国防法、个人信息保护法、保守国家秘密法、危害国家安全案例分析等课程。需要特别注意的是，上述课程并不包括民法、刑法等法学的核心课程，主要是不完全列举了国家安全法学的专业课程。而且，上述课程体系是开放和变动的，随着国家安全形势的变化会有所变化，各高校根据自己的情况也可以进行增减。

应用型课程的一个重要内容是对国家安全事件进行法学视角的分析，笔者主要进行法学维度的分析，因为国家安全法学专业是法科性质，为了保持学科和专业的核心要素，方便区别于其他学科和专业，需要在学科内容和研究方法上保持一定的"纯洁性"。例如，对于新冠疫情公共卫生事件，可从以下几个法学视角进行分析：宏观视角，从法治国家、法治政府、法治社会建设以及国家安全治理体系和治理能力现代化视角分析；中观视角，从生物安全视角分析；微观视角，从涉疫情犯罪和个人信息保护等法教义学的视角分析。案例教学要处理好理论、方法和案例的关系，正确的案例分析结论的得出，需要在理论的指导下，利用好法学方法论。要改变以往法律和案例处于分裂状态的教学方法，扬弃案例在前、法律在后，案例引出法律以及法律在前、案例在后，用案例论证法律这样简单线性的案例教学方式。要将法律和案例融合起来，真正做到案中有法、法中有案。

国家安全法学学科和专业都还处于起步和探索阶段，无论是国家安全法学的学科内涵，还是国家安全法学专业的课程体系，官方和理论界都没有达成一致意见。目前，开设国家安全法学专业的高校还比较少，但是随着官方对交叉学科的日益重视、学界对包括国家安全法学在内的交叉学科的研究逐渐加深，相信交叉学科在我国的发展会越快越好。笔者对国家安全法学专业课程设置的研究只是起到抛砖引玉的作用，希望更多的学者加入进来，共同繁荣我国的国家安全法学专业建设，促进我国的国家安全法治人才培养。

# 第十一章

# 构建国家安全战略学

在统筹中华民族伟大复兴战略全局和世界百年未有之大变局之际，国家安全成为我国学术研究和学科建设方面的重要议题，也广受世界各大国学界和政界的普遍重视。随着内部和外部安全形势的日益严峻，党和国家也越来越重视国家安全问题，不但设立了中央国家安全委员会从顶层统筹领导协调国家安全工作，而且还凝练出了总体国家安全观为国家安全工作提供科学的理论指导。促进国家安全体系的现代化要求完善国家安全战略体系、国家安全法治体系、国家安全政策体系、国家安全防护体系等国家安全体系。国家安全战略体系在国家安全体系中具有基础性的地位，国家安全战略对维护和塑造国家安全也具有宏观性的指导作用，如果没有国家安全战略的指导，国家安全工作就容易偏离正确的方向。维护和塑造国家安全的实践需要国家安全工作专门人才，国家安全工作专门人才的培养离不开专业的国家安全教育，专业的国家安全教育亟须加强国家安全学的学科体系、学术体系和话语体系建设。作为"交叉学科"门类下的一级学科，国家安全学还是一门新兴的学科。虽然国际关系学院、吉林大学、西北政法大学等高校已经成立了国家安全学院，设立了国家安全学专业，并且开始培养国家安全专业人才，但是目前的学科建设实践还处于摸索阶段，学科理论还不成熟，特别是国家安全学一级学科包括哪些二级学科还没有定论。当前，各个高校的国家安全学学科建设处于蓬勃发展阶段，社会对国家安全工作专门人才的需求量也很大。因此，为了改变理论研究落后于实践需求的现状，有必要加大对国家安全学学科体系的研究力度。

## 一、构建国家安全战略学的必要性

### (一) 完善国家安全学学科体系的需要

我国国家安全学的创始人刘跃进教授认为，国家安全学包括国家安全学基础理论、国家安全法学、国家安全管理学、国家安全战略学、国家安全保障学等分支学科。[1]目前，理论界对国家安全学基础理论、国家安全法学、国家安全管理学等分支学科的研究成果较多，但是对国家安全战略学等分支学科的研究还比较薄弱。这种状况是和维护和塑造国家安全的实践需要相脱节的，因此，出于完善国家安全学学科的考虑，需要加快构建国家安全战略学的步伐。

### (二) 完善国家安全战略的需要

通过制定和实施国家安全战略来指导国家安全实践是世界上很多国家的惯常做法，相关的成功经验可以为我国国家安全战略的制定和实施提供适度的借鉴。自1986年《美国戈德华特-尼克尔斯国防部改组法》规定总统要定期向国会提交国家安全战略报告以来，历任美国总统都遵循该法定期发布国家安全战略报告。2022年10月12日，拜登政府发布了正式的《美国国家安全战略报告》。2021年7月2日，俄罗斯总统普京签署命令颁布新版《俄罗斯联邦国家安全战略》，它是俄罗斯国家安全保障领域的最高层次指导文件。对比世界各大国，我国目前的国家安全战略在以下两个方面还需要完善：第一，我国应该在国家安全战略的发布时间上形成固定的制度，定期向社会发布国家安全战略。第二，中央国家安全委员会是党的机构，制定和实施国家安全战略是中央国家安全委员会的重要职责之一，可见，制定和实施国家安全战略目前主要还是党的层面的事务。考虑到国家安全事务的"国家性"，制定、实施国家安全战略应该兼顾党的层面和国家层面，要设立和中央国家安全委员会相对应的国家机构。我国国家安全学的创始人刘跃进教授在此问题上，也持相同的观点。2014年，刘跃进教授接受《领导文萃》专访，在解读总体国家安全观时提到，在党中央国家安全委员会已经设立的情况下，如果能够通过立法和修宪，再设立一个国

---

[1] 刘跃进：《刘跃进国家安全文集》（下册），中国经济出版社2020年版，第265页。

家的国家安全委员会，并把国家的国家安全委员会的设立和运行建立在坚实的法治基础上，那么必将成为我国社会主义法治建设的一个重大成就，同时也将使"推进国家安全法治建设"迈出坚实的一步。[1]国家安全战略学是研究国家安全战略的学科，通过构建国家安全战略学，可以为我国国家安全战略的完善贡献学科力量。

## 二、构建国家安全战略学的基础

### （一）法律基础

《国家安全法》是国家安全领域的基本法，《国家安全法》对中央国家安全委员会的职责具体进行了列举，而且还要求"国家制定并不断完善国家安全战略"。可见，国家安全战略不但是党的层面的部署，还是国家层面的部署，党的层面和国家层面在法律领域达成了统一。《国家安全法》还规定"国家采取必要措施，招录、培养和管理国家安全工作专门人才和特殊人才"，这是《国家安全法》对国家安全专业教育作出的特别规定。国家安全战略学是国家安全学和战略学的交叉学科，《国家安全法》中国家安全战略和国家安全专业教育的结合规定，为国家安全战略学的构建提供了法律基础。

### （二）政治基础

建立高效权威的国家安全领导体制是推进国家安全体系和能力现代化在领导机制领域的要求，中央国家安全委员会于2013年成立，中央国家安全委员会是中共中央关于国家安全工作的决策和议事协调机构，向中共中央政治局、中共中央政治局常务委员会负责。制定、指导实施国家安全战略是中央国家安全委员会的职责之一，中央国家安全委员会的成立使构建国家安全战略学具备了领导体制上的政治基础。国家安全战略学研究的重点之一是制定和实施国家安全战略，如果不将国家安全战略提升到足够高的政治高度，将会因缺乏强有力的领导机构去谋划和推进国家安全战略，而使国家安全战略就无法在实践层面得到很好的展现，国家安全战略学也

---

〔1〕　李敏：《"总体国家安全观"解读——专访国际关系学院教授、国家安全政策委员会特邀研究员刘跃进》，载《领导文萃》2014年第24期，第22页。

就只能停留在理论构建的层面。

（三）文本基础

刑法学有《刑法典》作为文本基础、民法学有《民法典》作为文本基础，一门学科的构建离不开法律、政策等文本，没有文本作为基础，学科建设就会成为无本之木、无源之水。国家安全战略学的构建也要遵循学科建设的规律，以国家安全战略文本为基础进行学科构建。中共中央政治局分别在 2015 年和 2021 年审议了《国家安全战略纲要》和《国家安全战略（2021—2025 年）》，这两份国家安全战略文本在时间上具有连续性，在内容上具有继承性。2015 年的《国家安全战略纲要》是新时代的第一份国家安全战略文本，在国家安全战略发展历程中具有划时代的意义，但是由于其"纲要"性质，在内容上概括性比较强，还需要进一步予以细化，以实现对国家安全工作的指导作用。和《国家安全战略纲要》相比，《国家安全战略（2021—2025 年）》，一方面，内容更加丰富、保障国家安全的措施也更加具体，因此，对国家安全工作的指导性也更强；另一方面，在时间维度上进行了阶段性设置，2021 年至 2025 年这一跨越五年的设置模式，既考虑到了国内外安全形势的变动性，又考虑到了国家安全战略的相对稳定性需要。从这个意义上讲，国家安全战略的阶段性设置更具有合理性和科学性，也更具有针对性，应该成为我国以后发布国家安全战略的模式选择。

（四）实践基础

理论和实践是相辅相成的，实践需要理论的指导，理论也需要从实践中汲取营养，同时需要在实践中检验。在国家安全战略的指导下，我国维护和塑造国家安全的实践取得了巨大的成就。无论是台海问题、香港问题、新疆问题的成功解决，还是共建"一带一路"、全球安全倡议的提出等，都是在国家安全战略指导下成功维护国家安全的实践案例。例如，香港问题的分层次、分步骤解决就充分体现了国家安全战略中的系统思维，在系统思维的指导下，构建"大安全"格局。作为研究国家安全战略的国家安全战略学，制定和实施国家安全战略的实践不但为国家安全战略学研究提供了鲜活的国家安全案例，而且也避免了国家安全战略学容易陷入纯粹理论论证的不足。国家安全战略理论和国家安全战略实践的结合保障了理论和实践的共存共生，也为国家安全战略学的创新发展提供了坚实的实践基础。

综上所述，我国的国家安全战略学已经初步具备了法律基础、政治基础、文本基础和实践基础，构建国家安全战略学已经成为时代发展的要求和必然选择。学界要积极回应维护和塑造国家安全实践的需求，对构建国家安全战略学作出应有的贡献。

### 三、国家安全战略学的基本内容

国家安全战略是筹划和指导国家安全全局的方略，[1]国家安全战略学是研究国家安全战略的科学。虽然国家安全战略学不同于国家安全战略，但是国家安全战略学要以国家安全战略为基础构建，国家安全战略学和国家安全战略是表与里的关系。

（一）制定国家安全战略的依据

制定国家安全战略要以现实存在的国家安全形势、国家安全环境作为依据，如果国家安全战略脱离了现实存在的国家安全环境和实现国家安全战略的能力，国家安全战略注定难以实现。2015年的《国家安全战略纲要》和2021年的《国家安全战略（2021—2025年）》都对制定国家安全战略的现实依据进行了交代，即对国际、国内安全形势进行了全面评估。由于国内外安全形势发展的动态性，上述两个国家安全战略文本的核心内容是有区别的。

（二）国家安全战略的指导方针

指导方针是国家安全战略在制定到实施的全过程中必须遵循的总体思想和原则，[2]指导方针规定实现战略任务和战略目标的基本方法和途径，并明确战略实施的重点和行为规范。新中国成立后，我国逐渐形成了积极防御的国家安全战略方针，积极防御的国家安全战略方针形成的依据是我国所面临的国际安全环境和我国的国情。面对目前复杂的国内外安全环境，我们不能放弃积极防御的国家安全战略方针，主要是因为：中国社会性质和对外政策并未改变；综合国力发展虽然有长足的进步，但并未从根本上

---

〔1〕　王桂芳主编：《国家安全战略学》，军事科学出版社2018年版，第13页。
〔2〕　杨毅主编：《国家安全战略理论》，时事出版社2008年版，第69页。

改变我国在国际体系中的守势地位；以经济建设为中心的战略没有改变。积极防御的国家安全战略方针在不同的时期有不同的、独特的内涵，在新时代，我们虽然不能从根本上抛弃积极防御的国家安全战略方针，但是要继续充实完善积极防御的国家安全战略方针，赋予积极防御的国家安全战略方针鲜明的时代特征和时代意义，积极预防是积极防御的国家安全战略方针在新时代的表述，二者并没有实质的区别。《国家安全法》也规定"维护国家安全，应当坚持预防为主"。积极预防符合当前国家安全形势对国家安全战略提出的新要求，是新的历史条件下国家安全战略方针的基本内涵：积极预防可以主动塑造，不断改善在维护国家安全斗争中的态势，不但要维护国家安全，还要积极作为塑造国家安全；积极预防可以主动进取，不断促进国家战略利益的有效维护和拓展；积极预防可以主动防范，进一步筑牢有效维护国家安全的基石。[1]

（三）国家安全战略的中长期目标

前瞻性是国家安全战略的特征之一，没有一定前瞻性的国家安全战略很难被称为战略。国家安全战略的前瞻性要求维护和塑造国家安全要做到运筹帷幄，合理设定在国家安全领域要达到的中长期目标。前文也提到，现实存在的国家安全环境和维护国家安全的能力是制定国家安全战略的依据，设定国家安全战略的中长期目标也不能脱离国家安全环境和维护国家安全的能力。如果国家安全战略的目标设定过低，不但浪费维护国家安全的能力，而且无法使民众的安全感得到提升；如果国家安全战略的目标设定过高，超出了维护国家安全能力的承受范围，不但国家安全战略的目标无法实现，还有可能造成"安全困境"。《国家安全法》将"国家安全"定义为"相对"处于没有危险和不受内外威胁的状态，我们追求的国家安全应该是"相对"安全，而不是"绝对"安全，在处理国际关系时，也不能为了追求所谓的自身"绝对"安全，而损害其他国家正当的安全利益。2015年的《国家安全战略纲要》将"坚决维护国家核心和重大利益，以人民安全为宗旨，在发展和改革开放中促安全，走中国特色国家安全道路"作为国内层面的中长期目标；将"促进世界各国共同繁荣，为世界和平和

〔1〕 刘静波主编：《21世纪初中国国家安全战略》，时事出版社2006年版，第105~121页。

发展作出应有贡献"作为国外层面的中长期目标。2021 年的《国家安全战略（2021—2025 年）》将坚持安全发展，推动高质量发展和高水平安全动态平衡；坚持走和平发展道路，促进自身安全和共同安全相协调等设定为国家安全战略的中长期目标。党的二十大报告提到，"要推进国家安全体系和能力现代化，坚决维护国家安全和社会稳定"，这也可以看作国家安全战略在新时代的中长期目标。

（四）重点领域的国家安全政策

抓主要矛盾和矛盾的主要方面是矛盾论的基本要求，重点领域的国家安全政策就是抓住了国家安全领域的主要矛盾。国家安全政策可以看作国家安全战略的细化和具体化，是政策层面的国家安全战略。通过制定和实施具体领域的国家安全政策，可以将党和国家的国家安全战略落到实处。总体国家安全观对具体的国家安全领域进行了列举，但是到底列举了多少个具体的国家安全领域目前还是聚讼不已。笔者以为，针对这个问题，不必细究具体的数目，确定具体数目的现实意义不大，而且和总体国家安全观的精神也不相符。在处理发展和安全的关系时，要保持二者动态的平衡，是安全多一点，还是发展多一点，取决于当时的国内外安全环境和国家的经济、社会发展状况，并没有一个一成不变的标准。同理，对具体国家安全领域的列举也要遵循动态发展原则，随着国内外安全形势的变化，具体的国家安全领域也要进行相应的增减，动态调整的过程可以通过"概括+列举"的方式进行。2021 年的《国家安全战略（2021—2025 年）》重点强调了政权安全、制度安全、意识形态安全、金融安全、粮食安全、能源矿产安全、重要基础设施安全、海外利益安全、生物安全、网络安全、数据安全、人工智能安全等国家安全领域。基于对国家安全环境的最新判断，党的二十大报告也列举了政权安全、制度安全、意识形态安全、粮食安全、能源资源安全、重要产业链供应链安全等重点领域的国家安全，抓住了新时代国家安全领域的主要矛盾。国家安全战略学要将重点领域的国家安全政策作为研究重点，动态把握重点的国家安全领域，关注从政策制定到具体实施的全过程。

（五）国家安全战略的实施手段

国家安全战略的生命在于实施，只有在维护和塑造国家安全的实践中取得了预期的良好效果，确保了国家安全和社会稳定，实现了预定的中长期目标，国家安全战略才是合格的国家安全战略。国家安全战略的实施效果在很大程度上取决于国家安全战略的实施手段，二者是目的和手段的关系。牢固树立总体国家安全观是国家安全战略实施的根本；完善集中统一、高效权威的国家安全工作领导体制是国家安全战略实施的中枢；推进国家安全法治建设是国家安全战略实施的保障；培养国家安全工作专门人才和增强全民国家安全意识是国家安全战略实施的关键。国家安全战略学要加大对国家安全战略实践的研究力度，通过分析国家安全案例来检视国家安全战略的实施效果和存在的问题，以进一步修正和完善国家安全战略文本。《国家安全战略（2021—2025年）》可以看作《国家安全战略纲要》的升级和优化版本，结构更加合理、内容更加丰富、针对性也更强。笔者以为，考虑到我国有制定"经济和社会发展五年规划"的传统，我国的国家安全战略也可以以五年为一个时间周期进行更新，和经济、社会发展步调一致，便于依据经济、社会发展情况及时进行调整，并且将其法治化。

### 四、国家安全战略学的体系构建

构建有中国特色的学科体系、学术体系和话语体系是新时代哲学社会科学发展的方向，鉴于国家安全战略鲜明的时代特征、民族特征和实践特征，国家安全战略学的构建也要关注有中国特色的"三大体系"建设。

（一）国家安全战略学学科体系构建

作为国家安全学一级学科下的二级学科，国家安全战略学既有国家安全学学科的共性特征，也有其独特性，质的规定性特征决定了国家安全战略学的学科独立性。构建国家安全战略学学科体系要关注和国家安全法学、国家安全管理学等分支学科的协调性，既要看到关联性，又要保持相对独立的学科边界。各高校的国家安全学院应该在本科阶段开设国家安全战略学课程，在硕士和博士阶段可以设立国家安全战略学专业或者研究方向。国家安全战略学学科体系构建需要将教材建设、专业建设、课程建设结合起来，以培养专业的国家安全战略人才为实践导向。需要特别注意的是，国家安全战略是一个比较宏观的概念，整体上的国家安全战略应该包括具体领域的国家安全战略，例如粮食安全战略、能源安全战略、科技安全战略等。国家安全战略学也要加强对这些具体领域国家安全战略的研究力度，既要有一般性研究，也要有具体性研究。如果没有具体领域国家安全战略的填充，国家安全战略学学科便是空泛的，是缺乏坚实的根基的。

（二）国家安全战略学学术体系构建

以"国家安全战略"为关键词在"中国知网"中进行搜索，搜索到的结果主要是关于美国、俄罗斯、澳大利亚等国家的国家安全战略的分析和借鉴研究，直接研究我国国家安全战略的论文比较少。以"国家安全战略学"为关键词在"中国知网"进行搜索，搜索结果是暂无数据。可见，目前学界对外国国家安全战略的研究兴趣比较大，而关于我国国家安全战略的研究成果相对匮乏，这种现状不利于我国国家安全战略学学术体系的构建，从长远来看，也不利于我国国家安全战略的完善和国家安全战略指导作用的发挥，需要加大对本土国家安全战略研究的力度。对国家安全战略学研究的缺失也不利于从学科上助力国家安全战略的制定和完善，亟须构建有中国特色的国家安全战略学。国家安全战略学学术体系构建需要吸引更多学者关注国家安全战略问题，针对这一门交叉学科，学者们可以从多角度展开研究，不但要研究整体上的国家安全战略，还要研究具体领域的国家安全战略，主动对接国家安全战略需求，为完善国家安全战略、保障国家安全作出应有的学术贡献。要在尽量短的时间内推出一批高质量的以国家安全战略为主题的学术论文，出版高质量的国家安全战略学专著和教材，成立国家和地方层面的国家安全战略学研究会，形成国家安全战略学学者共同体和浓厚的学术氛围。

（三）国家安全战略学话语体系构建

学科的独立和学术的成熟是成功构建国家安全战略学话语体系的基础，国家安全战略学话语体系构建的目标是将我国的国家安全战略学建设成为国内有地位、国际有影响的国家安全学分支学科。在国内层面，要加大对国家安全战略学的宣传力度，着重宣传其独特的研究对象和独立的学科属性，宣传国家安全战略学对完善国家安全学学科的重要意义，以及对制定和完善国家安全战略、维护和塑造国家安全的显著作用。在时机成熟时，教育部和国务院学位委员会应确认国家安全战略学在国家安全学一级学科中的二级学科定位，使国家安全战略学从理论界共识发展成为理论界和官方共识。高校国家安全学院和国家安全战略学研究会要定期、不定期召开国家安全战略研讨会，研讨国家安全战略基础理论和国家安全战略热点问题，提升国家安全战略学在学术圈的影响力。在国际层面，要积极宣传我国的国家安全战略，宣传我国国家安全战略的世界性和中国特色。我国的国家安全战略既有和世界接轨的一面，也有以中国面临的国家安全环境为制定依据、以维护中国国家利益为出发点、以解决中国国家安全问题为宗旨的中国特色。学术界对国家安全战略的研究要有开放、包容态度，通过研究外国的国家安全战略，有限度地借鉴其他国家在制定和实施国家安全战略上的成功经验；还要有坚定的中国立场，不能盲目崇拜和不加选择地照搬照抄外国的国家安全战略，要加大对我国国家安全战略、国家安全问题的研究力度，形成有中国特色、中国风格、中国气派的国家安全战略学话语体系。

# 第十二章

# 构建国家安全案例学

经过理论界和实务界的共同努力，国家安全学已经被国务院学位委员会、教育部批准为"交叉学科"门类下的一级学科。西北政法大学、西南政法大学等高校成立了专门的国家安全学院，南京大学、吉林大学等高校获批了国家安全学一级硕士点、博士点，国家安全学专业教育和国家安全工作专门人才培养开始走上正轨、可持续的发展道路。由于国际关系的特殊需要，20世纪90年代出现了国家安全学，而日益严峻复杂的国内外安全形势以及维护国家安全的紧迫需要，特别是习近平总书记在2014年4月15日召开的第十八届中央国家安全委员会第一次会议提出的总体国家安全观促进了国家安全学的蓬勃发展[1]。同时，国家安全学一级学科的设立也丰富了有中国特色的学科体系，国家安全学是总体国家安全观在学科领域的实践展开。作为一门新兴的一级学科，国家安全学和其他成熟的一级学科相比，在很多方面还不完善，还存在有争议的地方。例如，国家安全学一级学科的下属二级学科有哪些，国家安全学的学科体系、学术体系和话语体系如何构建，国家安全学的人才培养模式如何建立等。要探究上述问题的答案，一方面，需要总结国家安全学的实践发展经验，及时修正发展方向；另一方面，需要加大对国家安全学相关理论的研究力度，再用理论服务国家安全学教学实践、科学研究和人才培养。

---

〔1〕 王林：《我国国家安全学"三大体系"建设再思考》，载《情报杂志》2022年第10期，第63页。

## 一、国家安全案例学的提出

### (一) 构建国家安全案例学的必要性

我们可以从不同的角度研究国家安全学，不但可以将国家安全学一级学科划分为国家安全哲学、国家安全思想史、国家安全法学、国家安全管理学等有纵向从属关系的二级学科，对国家安全学的学科体系进行系统研究，也可以对国家安全学进行更宏观、更抽象的划分，从整体上将国家安全学划分为理论国家安全学和国家安全案例学。理论国家安全学和国家安全案例学的划分方式打破了传统一级学科、二级学科的固有模式，在坚持系统思维、整体思维、综合思维的基础上，对国家安全学进行更深层次的梳理，是对国家安全学的本质进行规律性认识的结果。国家安全学也是一门实践性很强的学科，国家安全学需要理论和案例的共同构建，二者缺一不可。国家安全学理论虽然也含有案例分析，但还需要专门的案例教学，因此需要国家安全案例学。目前，学界对国家安全学的研究主要侧重理论研究，对国家安全案例关注不够。由我国国家安全学的创始人刘跃进教授主编的、中国政法大学出版社 2004 年出版的《国家安全学》，是我国首部国家安全学教材，《国家安全学》的出版在我国国家安全学发展历史上具有划时代的意义[1]。《国家安全学》的理论性比较强，但是列举的案例比较少、案例分析也不够系统。考虑到当时国家安全学还处于创立初期，任何学科的发展都需要一个不断完善的过程，我们对刘跃进教授主编的《国家安全学》也不能求全责备，要有一个理性的态度。由于不能对国家安全案例进行集合的、集中的、专门的、系统的分析，国家安全理论和维护国家安全的实践容易脱节。构建国家安全案例学的设想就是针对上述情况提出的，主要是为了弥补国家安全案例系统研究的缺失，进而完善国家安全学体系，更好地保障我国的国家安全。

### (二) 构建国家安全案例学的可能性

构建国家安全案例学有非常强烈的实践需求，即要解决现实需求的问题，此外还要考虑构建国家安全案例学的可能性，包括理论可能性和现实

---

[1] 参见刘跃进主编：《国家安全学》，中国政法大学出版社 2004 年版。

可能性。

1. 构建国家安全案例学的理论可能性

理论国家安全学和国家安全案例学的划分借鉴了刑法学科中的规范刑法学和案例刑法学的划分，也是新兴学科国家安全学对成熟学科刑法学理论的一种借鉴。刑法学科中的规范刑法学侧重对刑法规范、刑法教义、刑法理论的研究，案例刑法学则侧重对刑事案例的阐释和分析，用刑法理论指导案例解决，用案例来检验刑法理论，二者是共存、共生、共融的关系，规范刑法学和案例刑法学共同构成了一个完整、系统的刑法学体系[1]。需要特别说明的是，"案例刑法学"可能是一个约定成俗的表述，其实"案例刑法学"并不符合汉语的表述习惯，"刑法案例学"才更符合汉语的表述习惯，类似的表述还有行政案例学、教育案例学、城市规划案例学等。因此，笔者在本书中并没有使用"案例国家安全学"这样的表述，而是使用了"国家安全案例学"的表述，也是考虑到了汉语的表述习惯。理论国家安全学和国家安全案例学也是一个共存、共生、共融的系统体系，规范刑法学和案例刑法学的成功经验可以为其提供有益借鉴。理论国家安全学，顾名思义，主要是从理论维度研究国家安全学，包括国家安全学学科建设等国家安全学的基础理论、国家安全思想史、国家安全哲学等，也包括国家安全法学、国家安全管理学、国家安全战略学等二级学科的理论部分。国家安全学是一门典型的交叉学科，由于还是一门新兴学科，其系统性还没有达到像规范刑法学一样的程度。案例刑法学由刑法总论案例和刑法分论案例构成，因为刑法典的存在，案例刑法学也体现出比较强的系统性和整体性。国家安全案例学的案例构成应该是多维度的，在学科上主要是国家安全学二级学科的案例；在时间上包括古代和现代的案例；在地域上包括中国和外国的案例，旨在构建一个古今中外多维度体系。

2. 构建国家安全案例学的现实可能性

构建国家安全案例学的现实支撑就是国家安全案例的大量、广泛存在，这也从一个侧面印证了国家安全学具有很强的实践性。国家安全案例不但大量、广泛存在，而且由于网络、自媒体的发达，广大民众也可以接触到

---

〔1〕　魏东：《案例刑法学的研究方法》，载《政法论丛》2021 年第 6 期，第 110~121 页。

相关的案例，这就为构建国家安全案例学打下了坚实的群众基础。一门学科的构建不是虚无缥缈的空中楼阁，不但要有一定的理论和学术成果积累，还要有坚实的群众基础。学科的构建也要贯彻群众路线，从群众中来、到群众中去，学科理论不能背离广大人民群众朴素的认识。广大人民群众通过网络、自媒体等途径了解国家安全案例，不但可以接受维护国家安全的警示教育，还可以培养维护国家安全的意识。例如，通过"中国裁判文书网"了解危害国家安全犯罪案例和判决。除了危害国家安全犯罪案例，还有数量巨大的、不涉及犯罪的国家安全案例，比如保障国家安全各种案例等。"中国国家安全十大事件"是国际关系学院刘跃进教授等从2012年开始组织开展的国家安全研究项目，无论在学界还是社会上都有很大影响力，对增强国民的国家安全意识发挥了积极作用。以2019年中国"国家安全十大事件"为例，十大国家安全事件依次为：大量P2P平台"暴雷"引发投资者维权、扫黑除恶进入攻坚阶段、高校学生群体成艾滋病重灾人群、香港修例风波、学术造假事件频发、四川凉山森林火灾造成27名消防员3名地方干部死亡、北京大学等高校多起不良事件引起舆论广泛关注、江苏响水化工厂爆炸、中华人民共和国成立70周年大庆、"嫦娥四号"探索器在月球背面着陆[1]。可见，入选的国家安全事件是非常广泛的，涉及经济安全、社会安全、政治安全、生态安全、意识形态安全、科技安全等。得到了广大人民群众的关注，构建国家安全案例学就具备了广泛的群众基础。除了广大人民群众能够了解国家安全案例，国家安全学的研究者也有充足的途径获取相关的素材，开展学术研究。虽然构建国家安全案例学的基础是原始的国家安全案例，但是学科的构建不能仅仅停留在素材的堆砌，而是需要对材料进行筛选、加工、研判、总结、提升，需要在理论上达到更高的层次。

古今中外的国家安全实践为我们构建国家安全案例学提供了丰富的素材，例如，我国古代殷商王朝的王位继承制从"兄终弟及"向"父死子继"转变，就反映了政权安全问题[2]；西汉王朝从西汉初年的"无为而治"，

---

〔1〕《2019年中国"国家安全十大事件"调查结果发布》，载《国际安全研究》2020年第2期，第161页。

〔2〕黄朴民、白效咏：《印象·中国历史 | 先秦卷 | ：礼乐文明的兴替》，人民教育出版社2020年版，第17页。

到汉武帝时期的"霸王道杂之"，再到后来的"纯任德教"，也反映出西汉王朝的意识形态安全问题[1]。新时期的国家安全案例更是丰富，例如疆内外的反恐、去极端化实践，化解新疆棉花事件，成功处理华为孟晚舟事件，打破美国为首的西方国家对我国的高科技封锁，统筹新冠疫情防控和经济社会发展等。这些国家安全领域的案例都是我们构建国家安全案例学的鲜活素材，检验和促进了总体国家安全观为代表的国家安全理论。除了研究我国的国家安全案例，还要研究外国的国家安全案例，特别是研究美国、俄罗斯这些大国的国家安全案例，例如，美国和俄罗斯等国家通过制定《国家安全战略》的方式来宏观调控指导维护国家安全实践的做法，对我国就有一定的借鉴意义。通过贯通中外，可以为国家安全案例学注入全球视野。

（三）构建独立的国家安全案例学的优势

如果说构建国家安全案例学有其必要性和理论、现实的可能性，我们还需要论证构建独立的国家安全案例学的优势。阐释国家安全案例同样可以和国家安全理论混合进行，将国家安全案例放在国家安全理论之前或者之后进行论述。将理论和案例混合论证的情况下，理论是主体部分，案例是附属部分，案例的定位是阐释理论的工具。为了将国家安全案例提升到更重要的地位，有必要构建独立的国家安全案例学。虽然国家安全案例学也离不开国家安全理论的指引和支撑，但是案例在国家安全案例学中占据主体和主导地位，国家安全案例学的核心是案例展示和分析，国家安全理论只是起到补充和支持的作用，这也是国家安全学实践性的充分体现。

## 二、国家安全案例学学科体系构建

构建有中国特色、中国风格、中国气派的学科体系、学术系统、话语体系，是新时代中国特色社会主义现代化建设的重要部分。在中华民族伟大复兴的新时代，我们的现代化建设需要有中国特色的学科体系、学术体系、话语体系作为支撑。"三大体系"建设不但是学科、学术问题，更关系

---

〔1〕　朱义明：《西汉社会黄老思想兴衰的政治经济视角分析》，载《中南大学学报（社会科学版）》2009年第6期，第790~794页。

中国式现代化的顺利进行。学科体系建设是"三大体系"建设的起点，建设有中国特色的学科体系，关键是要搞清楚研究什么。国家安全案例学的研究对象是国家安全案例，包括古今中外的国家安全案例。总体国家安全观指导下的国家安全的内涵和外延比历史上任何时候都要宽广，国家安全案例的范围也比历史上任何时候都要宽广。国家安全案例的范围也经历了从危害国家安全犯罪到政治、军事等传统安全，再到现在的包括政治、军事、经济、社会、网络、科技、生物、海外利益等众多传统和非传统安全的变化过程，在数量上得到大幅度提升。

除了数量上的大幅度提升，国家安全案例学对国家安全案例的研究在深度上也不断深化，需要在总体国家安全观的指导下，构建系统的国家安全案例学学科体系。

成功处理香港问题即是贯彻总体国家安全观的成功案例。香港问题有复杂的国外环境，以英美为首的西方国家煽动"港独"分子分裂中国，妄图利用香港问题遏制中国，给中华民族的伟大复兴设置障碍。除了复杂的国外环境，香港问题也有很深的历史渊源。这些内外、历史、现实因素共同决定了香港问题的解决不可能是一蹴而就的，需要一个循序渐进的过程。成功处理香港问题体现出强烈的系统思维倾向，通过坚持系统思维，达到构建大安全格局的目的。系统思维要求维护国家安全要有层次思维，分层次、分阶段解决国家安全问题。党和政府在解决香港问题时高屋建瓴、统筹兼顾，不但关注眼前紧迫危险，还筹划问题的长远解决。香港问题的解决经历了如下几个阶段：第一，打击"港独"势力的分裂活动，特别是恐怖主义性质的暴力犯罪活动，为香港问题的根本解决提供稳定的社会环境前提。第二，用法治手段为解决香港问题提供制度、法律保障，法律手段是比较稳定的社会治理手段，香港问题的解决离不开法治手段的加持，依法维护国家安全也是全面依法治国在国家安全领域的基本要求。全国人民代表大会常务委员会制定《香港特别行政区维护国家安全法》，依照法律，设立香港特别行政区维护国家安全委员会和中央人民政府驻香港特别行政区维护国家安全公署，通过法律手段维护香港的社会稳定和长治久安。第三，完善维护香港国家安全的法律后，还要在更深层次解决香港的国家安全问题，一方面，净化香港的政治环境，贯彻"爱国者治港"的基本原则，使香港的命运掌握在爱国者和广大香港民众手中；另一方面，解决香港社会长期存在而没有得到解决的经济、社会问题，例如住房、贫富分化等，深层次问题的解决，有利于稳定社会根基，也有利于香港问题的标本兼治。可见，香港问题的分层次、分阶段解决体现了总体国家安全观的系统性，标本兼治解决香港问题也体现了总体国家安全观的整体性和综合性[1]。

国家安全案例学在学科体系上对国家安全案例的关注和国家安全理论形成了良性的互动关系，国家安全理论指导维护国家安全的实践，而维护国家安全的实践在不断检验国家安全理论的同时，也不断推动国家安全理论的发展。总体国家安全观本身就是党和政府多年来维护国家安全、和危害国家安全的行为作斗争的结晶，总体国家安全观也必定会在维护国家安全的实践中不断发展完善。从这个意义上讲，国家安全案例和国家安全理论是互相离不开的，离开了国家安全理论，国家安全案例就失去了方向和边界；而离开了国家安全案例，国家安全理论也就失去了土壤和源泉。

### 三、国家安全案例学学术体系构建

学术体系构建的重点是学术共同体的构建和学术成果的产出。作为和理论国家安全学相对的概念，国家安全案例学在学科体系得到初步构建的情况下，需要加大构建力度。

（一）构建国家安全案例学学术共同体

学者是学术研究的主体，国家安全案例学的发展离不开学者们的贡献。由于国家安全学是新设立的一级学科，目前还没有国家层面的国家安全学研究会，地方层面的国家安全学研究会更是没有建立起来。研究国家安全学的学者无论在绝对数量还是相对数量上都比较少，亟须吸引和培育更多的学者加入到国家安全学的研究队伍中来。目前，一些高校已经开始培养国家安全学的硕士、博士研究生，这为国家安全学学科的发展和学术的繁荣提供了人才保障，除了自我专业培养，还可以吸引和引进相关专业的学

---

〔1〕　王林：《新文科背景下的国家安全法学专业建设与人才培养研究》，载《情报杂志》2021年第10期，第189~190页。

者进入国家安全学研究领域，进一步壮大国家安全学的研究队伍。研究国家安全学的学者要更加关注国家安全案例，特别是新时代鲜活的国家安全案例，使国家安全学研究的时代特色、实践特色更加明显，推动构建国家安全案例学学术共同体。国家安全案例学学术共同体成员可以是独立研究国家安全案例的学者，也可以是既研究国家安全理论又研究国家安全案例的学者。学术共同体的构建需要研究会的凝聚，可以在适当时候成立国家安全案例学研究会，并且要完善国家层面和地方层面的机构设置。国家安全案例学研究会成立后，要定期、不定期召开学术研讨会，为学者提供交流的机会和平台。除了成立国家安全案例学研究会和召开学术研讨会，也要鼓励国家安全领域的相关期刊开辟"国家安全案例研究"专栏，共同促进国家安全案例研究的繁荣。

（二）加快国家安全案例学学术成果产出

通过在"中国知网"上进行搜索，可以发现研究国家安全案例的论文非常少，甚至可以说还处于空白状态，这种状态是严重滞后于国家安全学学科和国家安全学学术发展的。要尽快改变这种不正常的状态，加快产出一批研究国家安全案例的高水平的学术作品，来充实国家安全案例学学术体系。上文笔者列举了近期发生的国家安全案例，即解决香港问题和新疆棉花事件，此类的国家安全案例有一定的研究价值，而且新的国家安全案例也会源源不断地出现，可以保障国家安全案例学的可持续发展。国家安全案例学不但可以研究当代鲜活的国家安全案例，还可以研究历史发生的国家安全案例；不但可以研究中国的国家安全案例，还可以研究世界上各国的国家安全案例。从事国家安全案例学研究，要特别注意以下两点：第一，要坚持学术研究的中国立场。无论是研究我国的国家安全案例还是外国的国家安全案例，都要从我国的国家立场出发，以维护我国的国家利益为宗旨，以解决中国国家安全问题为主要导向；第二，要特别注意案例和理论的结合[1]。不能为了研究国家安全案例而研究，要注意案例和理论的结合。要通过研究国家安全案例来提升维护国家安全的理论水平，国家安

---

〔1〕 王林：《国家安全学：历史回顾、现状分析及未来展望》，载《中国刑警学院学报》2022年第4期，第50页。

全理论再反哺维护国家安全的实践。鉴于预防为主是我国国家安全工作的基本原则，通过对国家安全案例的深入和系统研究，一方面，可以尽最大努力避免危害和影响国家安全的事件发生；另一方面，如果在无法避免的情况下，通过借鉴已经发生的国家安全案例，也可以更成功地做好应对处置和善后工作。

## 四、国家安全案例学话语体系构建

国家安全案例学学科体系解决的是国家安全案例学的研究对象问题，国家安全案例学学术体系解决的是如何研究国家安全案例的问题，而国家安全学话语体系解决的是如何发展、如何扩大影响的问题。在国家安全学还是新兴学科的情况下，构建国家安全案例学的话语体系还是存在一定困难的。构建国家安全案例学的话语体系，要加大国家安全案例学的宣传力度，首先让理论界和实务界了解国家安全案例学这个概念，然后了解国家安全案例学的研究对象和学科内涵、构建国家安全案例学的必要性，以及国家安全案例研究对提升国家安全理论和维护国家安全的重要作用。国家安全案例学的构建还需要学术成果的支撑，只有推出一批高质量的学术成果，才能在学术界引起足够的重视，也才能将国家安全案例学的学术标签立起来。由于国家安全案例学的提出借鉴了案例刑法学的概念，因此，国家安全案例学的学科体系、学术体系和话语体系都可以充分借鉴案例刑法学在学科体系、学术体系和话语体系方面的经验，达到扩大影响力的目的。国家安全案例学话语体系构建的关键是要将其和传统的国家安全学研究区别开来，要讲清楚国家安全案例学和理论国家安全学在研究对象、研究方法等方面都是有区别的，有建立独立的国家安全案例学的必要性和可能性。

## 五、结语

提出构建国家安全案例学是笔者的一个大胆想法，初衷是通过对国家安全案例的研究，检验和提升国家安全理论，最终达到维护国家安全的目的，同时也完善国家安全学学科。国家安全案例学的研究对象包括古今中外的国家安全案例，通过研究国外的国家安全案例，可以为我国维护国家安全实践提供适当的借鉴。由于只是一个初步的设想，在国家安全案例学的学科体系、学术体系、话语体系构建设计方面还不是特别完善，希望本书可以起到抛砖引玉的作用，吸引更多的学者对国家安全案例予以关注、开展深入研究。

# 第十三章

# 构建国家安全保障学

党的二十大报告在论述国家安全问题时，辟出"推进国家安全体系和能力现代化，坚决维护国家安全和社会稳定"专章，对国家安全问题进行详细阐述。而且，在谈及总体国家安全的构成要素时，指出"以军事科技文化社会安全为保障"；在谈及新安全格局和新发展格局的关系时，指出"以新安全格局保障新发展格局"；在谈及防范化解重大风险时，指出"提高防灾减灾救灾和重大突发公共事件处置保障能力"。可见，"保障"是党的二十大报告中国家安全部分出现频率比较高的用语。除了党的二十大报告，2015 年的《国家安全战略纲要》指出，"大力推进国家安全各种保障能力建设"[1]，2021 年的《国家安全战略（2021—2025 年）》也指出，"提高食品药品等关系人民健康产品和服务的安全保障水平"[2]。上述都是非法律层面的论述，在法律层面，我国的《国家安全法》中也有大量关于"保障"的论述。例如，"保障持续安全状态的能力""全面提升应急保障能力""国家健全粮食安全保障体系""国家建设网络与信息安全保障体系""加大人身保护和安置保障力度"等。总体来讲，上述论述的核心是国家安全保障问题，从不同领域、不同方面、不同层次探讨国家安全保障。在维护国家安全领域，国家安全保障已经成为和风险预防、审查监督、危机管控等部分同样重要

---

〔1〕《中共中央政治局召开会议 审议通过〈国家安全战略纲要〉》，载 http://www. xinhuan-et. com/politics/2015-01/23/c_ 1114112093. htm，最后访问日期：2024 年 6 月 6 日。

〔2〕《中共中央政治局召开会议 审议〈国家安全战略（2021—2025 年）〉〈军队功勋荣誉表彰条例〉和〈国家科技咨询委员会 2021 年咨询报告〉 中共中央总书记习近平主持会议》，载 ht-tp://www. gov. cn/xinwen/2021-11/18/content_ 5651753. htm，最后访问日期：2024 年 6 月 6 日。

的内容，需要给予其足够的关注。从学科建设的角度来看，也有必要加快构建国家安全保障学，为国家安全保障实践提供智力支持和人才支撑。

## 一、国家安全保障学的提出

"保障"一词在字典中有"作为卫护的力量"的含义〔1〕，而"维护"意指"维持保护，使免于遭受破坏"〔2〕。保障在国家安全保障语境中，有支撑、承托之意。社会保障的根本目的是保障困难群众的基本生活，可见，保障具有基础性、根本性和兜底性。从这个意义上讲，国家安全维护和国家安全保障这两个概念在含义上有联系，但是不能完全等同。国家安全保障是国家安全维护的一部分，国家安全维护的外延大于国家安全保障，例如，危机管控是国家安全维护的一部分，但是不能被归类为国家安全保障，它和国家安全保障是并列关系。国家安全保障既是维护国家安全的力量，也是维护国家安全的基础性的必需手段和措施。国家安全保障学就是研究国家安全卫护力量的科学，具体来说，就是有哪些要素在卫护着国家安全、如何卫护着国家安全以及这些要素之间存在何种内在联系，而这些要素、要素间的内在联系以及运行机制就构成了国家安全保障学的主要内容，对上述内容的抽象化、理论化和系统化在学科上就表现为国家安全保障学。国家安全学是"交叉学科"门类下的一级学科，国家安全学是一门新兴学科，是一门交叉学科，也是一门实践性很强的学科。国家安全学一级学科应该下设哪些二级学科，学术界和官方对此尚未形成定论。笔者以为，鉴于"保障"在维护国家安全中的重要作用，国家安全保障学应该和国家安全战略学、国家安全管理学、国家安全法学、国家安全史学、国家安全哲学等二级学科一起共同构成系统、完善的国家安全学一级学科体系。

作为一门新兴的交叉学科，国家安全保障学无论是学科体系建设、学术体系建设还是话语体系建设基本上都还处于探索阶段。虽然国家安全保障学还处于探索阶段，但是已经存在一些和"保障"有关的相对成熟的学

---

〔1〕《新华字典》（第11版），商务印书馆2011年版，第16页。

〔2〕 中国社会科学院语言研究所词典编辑室编：《现代汉语词典》（第7版），商务印书馆2016年版，第1362页。

科，如社会保障学等，并有相应专著、教材出版，如《社会保障学》（许琳主编，清华大学出版社、北京交通大学出版社 2005 年版）等。社会保障学也是交叉学科，是公共管理一级学科下设的二级学科。在借鉴成熟学科建设经验的基础上，我们的目标是建设有中国特色的国家安全保障学。

## 二、国家安全保障学的主要内容

### （一）健全国家安全保障体系

国家安全保障体系是国家安全体系的一部分，在追求国家安全体系和能力现代化的大背景下，国家安全保障体系和国家安全能力的现代化也应该是我们在国家安全保障领域追求的目标。国家安全保障体系的现代化是国家安全能力现代化的前提，而国家安全能力现代化是国家安全保障体系现代化的结果，二者之间存在因果关系，但是这种关系并不是直接实现的关系。党的二十大报告也指出，要"健全国家安全体系"，并且列举了国家安全领导体制、法治体系、战略体系、政策体系、风险监测预警体系、国家应急管理体系、防护体系等具体的国家安全体系。虽然报告中并没有出现国家安全保障体系的表述，但是笔者以为，保障体系是防护体系的一部分，健全保障体系也是健全国家安全体系不可或缺的一环。"防护"是"防"和"护"的复合词，"防"是预防、防备的意思，强调预防在国家安全工作中的重要性，也和《国家安全法》中规定的"预防为主、标本兼治"的国家安全工作原则相一致；"护"是保卫的意思。因此，国家安全防护体系就是国家安全的预防和保卫体系，保障应该是其应有之义。国家安全保障学首先要对国家安全保障体系进行概括性论述，而国家安全保障体系还需要具体的内容来支撑。国家安全能力是维护国家安全的能力，国家安全本身并没有能力，只有维护国家安全的主体才具有国家安全能力[1]。国家安全能力的现代化是理念、主体和手段的现代化，需要加强法律制度、战略物资储备、科技创新、专门人才、必要手段、全民国家安全意识等方面的保障力度。

---

〔1〕 刘跃进、宋希艳：《推进国家安全体系和能力现代化》，载《前线》2022 年第 11 期，第 120~123 页。

　　(二) 国家安全法律制度保障

　　维护国家安全，法治先行。这不但是全面依法治国的要求，也符合我国维护国家安全的实际情况。我国的最高国家安全领导机构中央国家安全委员会的职责之一就是推动国家安全法治建设，依法维护国家安全的战略选择要求健全国家安全法律制度体系，真正做到"有法可依、有法必依、执法必严、违法必究"，为维护国家安全提供法律制度保障。

　　健全法律制度保障的前提是完善维护国家安全的法律工具箱。《国家安全法》是维护国家安全领域的基本法、综合法，为维护国家安全提供整体性的法律指引，而且将总体国家安全观"法律化"。除了《国家安全法》，我国还有《反恐怖主义法》《数据安全法》《网络安全法》《生物安全法》《核安全法》等反恐、数据、网络、生物、核等国家安全领域的法律，构建了以《国家安全法》为中心的、涵摄若干具体国家安全领域的法律体系，基本上做到了维护总体国家安全有法可依。笔者以为，我国的国家安全法律体系建设还可以在以下几个方面进一步完善：第一，弥补立法空白。立法机关要加快能源资源安全、粮食安全、重要产业链供应链安全、海外利益保护等重点领域的国家安全立法进度，尽量避免出现国家安全法律保护的盲区。第二，完善法律的配套措施建设。目前的国家安全立法大都是法律层次的全国性立法，而地方性法规、部门规章、政策等欠缺，这和我国的国情以及国家安全工作的复杂性是不相匹配的，需要完善国家安全法律的配套措施建设。《反恐怖主义法》是我国反恐防恐领域的基本法，在遵循《反恐怖主义法》基本精神和指导原则的前提下，结合各地区的反恐防恐实际情况，新疆、上海、浙江、湖南、福建等地区制定了各自的《实施〈中华人民共和国反恐怖主义法〉办法》[1]。为了完善国家安全法律的地方转化，除了《反恐怖主义法》，各地也可以制定《国家安全法》以及《生物安全法》等具体国家安全领域的法律的实施办法。除了针对法律制定实施办法，地方还可以针对国家安全中的某一特定重要问题，结合地方实际制定地方性法规。例如，为了防范和化解重大风险，为陕西省高质量发展创造

---

　　〔1〕《〈福建省实施《中华人民共和国反恐怖主义法》办法〉9月1日起施行》，载 https://news.fznews.com.cn/dsxw/20220901/2v9Q2C6F2C.shtml，最后访问日期：2024年6月6日。

更为安全的环境，用新安全格局保障新发展格局，依据相关法律、行政法规和政策，结合陕西省实际，陕西省人民代表大会常务委员会制定了《关于依法防范化解重大风险的决定》，用法治的手段防范化解重大风险[1]。除了地方性法规，还要完善国家安全领域的部门规章和政策体系。例如，商务部颁布的《阻断外国法律与措施不当域外适用办法》就是反外国制裁领域的部门规章，也是《反外国制裁法》的有益补充，丰富了我国反干涉、反制裁、反长臂管辖的法律工具箱。党的二十大报告在论述健全国家安全体系时，特别提到要完善国家安全政策体系。可见，党和政府关于国家安全的政策也应该是国家安全法律的配套措施。第三，弥合法律法规间的衔接不畅。国家安全法律体系是一个复杂的系统，存在旧法和新法、上位法和下位法、一般法和特别法、实体法和程序法共存等复杂的情况，法律法规之间可能存在竞合甚至冲突等衔接不畅的情况，例如，《国家安全法》和《反恐怖主义法》之间、《反恐怖主义法》和《刑法》之间等。对此需要站在一定的高度对相关法律法规进行梳理和整合，消弭法律法规间的衔接不畅。除了立法工作，还要做好国家安全领域的执法、司法和守法工作。国家安全机关、公安机关、审判机关、检察机关等执法和司法机关要依法行政、依法审判、依法监督，企业、社会团体、公众等维护国家安全的主体也要依法行使和承担维护国家安全的权利和义务。

（三）国家安全战略物资储备保障

国家安全战略物资是对维护国家安全有重要意义的物质资料，包括能源、农产品、稀有金属等。党的二十大报告在论述增强维护国家安全能力时指出，要"确保粮食、能源资源、重要产业链供应链安全"，这里的粮食、能源资源就是重要的国家安全战略物资。造成持续影响的欧洲能源危机也充分说明能源资源等战略物资储备对国计民生、国家安全的重要性，这也给我国的国家安全战略物资储备上了一堂警示课。我国自 20 世纪 50 年代就开始建设战略物资储备体系，但是由于经济转轨、内部国家安全形势和外部国家安全环境的变化等因素的影响，我国的战略物资储备体系还需

---

[1]《陕西省人民代表大会常务委员会关于依法防范化解重大风险的决定》，载 http://yjt. shaanxi. gov. cn/c/2022-12-02/827012. shtml，最后访问日期：2024 年 6 月 6 日。

要进一步完善。出于维护国家安全的需要，我国需要相应规模的国家安全战略物资储备，而且要及时进行调整。西方有些国家将能源资源贸易过度政治化和国家安全化，以危害国家安全为借口，阻挠我国企业正常的购买、收购等商业行为，中国五矿有色金属有限公司收购澳大利亚 OZ 矿业公司受阻就是典型例子[1]。目前的战略物资储备体系缺乏战略物资的详细分类规定，笔者以为，可以借鉴美国的《1979 年重要战略材料储备法》对战略物资进行分类管理，在《能源法》《煤炭法》等法律中添加相关内容；也可以制定专门的《战略物资储备法》，制定战略物资储备名录，对储备规模、储备管理等进行详细规定。

（四）国家安全领域科技创新保障

新时代是科技时代、信息时代、智能时代、网络时代，科技为维护国家安全注入了新的力量。大数据、人工智能、区块链等高科技被应用到维护国家安全中，在情报搜集、安全防范、现场处置等领域都发挥着不可替代的作用。在我国的防恐反恐实践中，"物防、技防、人防"被称为"三防"，其中，"技防"就是指利用科技防范恐怖活动。但是，由于科技有被滥用的可能性，同时也产生了算法黑箱、个人信息泄露等危害科技安全、科技伦理的问题。在维护国家安全的过程中，要充分发挥科技的积极方面，同时要避免科技的消极方面。促进国家安全能力现代化需要科技赋能，在某种意义上，国家安全能力就是科技能力。2022 年，美国时任总统拜登签署了《芯片和科学法案》，该法案明确要为美国半导体的研究和生产提供 520 多亿美元的政府补贴，还要为芯片工厂提供投资税抵免。同时，该法案另授权拨款约 2000 亿美元，用于促进美国未来 10 年在人工智能、量子计算等各领域的科研创新[2]。《芯片和科学法案》体现出拜登政府打压我国半导体等高科技产业的险恶用心，是妄图对我国高科技产业"卡脖子"的行为，严重危害了我国的科技安全，也反映出美国将科技问题过度国家安全化的倾向，以维护国家安全为名行科技霸权之实。当然，《芯片和科学法案》从另一个

---

[1]《涉及澳洲国防安危 五矿并购 OZ 矿业受阻》，载 http://www.eeo.com.cn/2009/0327/133617.shtml，最后访问日期：2024 年 6 月 6 日。

[2]《拜登签署〈芯片和科学法案〉》，载 http://usa.people.com.cn/n1/2022/0810/c241376-32499195.html，最后访问日期：2024 年 6 月 6 日。

角度也反映出美国对科技特别是高科技的重视，这对我国发展高科技产业、促进科技的自强自立有一定的启示意义。2023 年 1 月 31 日，习近平总书记在中共中央政治局第二次集体学习时强调，要"健全新型举国体制，强化国家战略科技力量，优化配置创新资源，使我国在重要科技领域成为全球领跑者，在前沿交叉领域成为开拓者，力争尽早成为世界主要科学中心和创新高地"[1]。因此，要反击美国的科技霸权、从根本上解决高科技领域的"卡脖子"问题、维护我国的科技安全和国家安全，还是要从根本上提高我国的科技实力和自主创新能力，注重科技赋能保障国家安全。

国家安全领域科技创新保障要重点考虑如何将科技特别是高科技和维护国家安全结合起来，要找好切入点和契合点，不能只限于形式上的结合，必须是内容上的深度融合，使科技能够真正发挥维护国家安全的作用。国家安全领域科技创新的主体要多元化，不能只限于政府等公权力部门，要鼓励民营企业积极参与到维护国家安全的技术、设备研发中来，采取政府采购或者公私合作的形式推进国家安全领域的科技创新。

（五）国家安全工作专门人才和特殊人才保障

维护国家安全归根到底还是要依靠人，特别是具有国家安全专业知识的专门人才和具有特殊技能的特殊人才。习近平总书记就贯彻总体国家安全观提出 10 点要求，其中就包括"坚持加强国家安全干部队伍建设"[2]。可见，维护国家安全也要抓住关键少数，抓住国家安全工作专门人才和特殊人才中的关键少数，以政治建设为统领，打造一支坚不可摧的国家安全干部队伍。鉴于国家安全工作的特殊性，招录和培养国家安全工作专门人才和特殊人才可以采用不同于普通公务人员的招录程序和考核标准。

国家安全工作专门人才的培养离不开高校的国家安全学专业教育，教育部、国务院学位委员会已经设立了"交叉学科"门类下的国家安全学一级学科；国际关系学院、吉林大学、中国人民解放军国防大学、西北政法

--------

〔1〕《习近平在中共中央政治局第二次集体学习时强调 加快构建新发展格局 增强发展的安全性主动权》，载 http://www.news.cn/2023-02/01/c_ 1129328274.htm，最后访问日期：2024 年 6 月 6 日。

〔2〕《习近平主持中央政治局第二十六次集体学习并讲话》，载 http://www.gov.cn/xinwen/2020-12/12/content_ 5569074.htm? gov，最后访问日期：2024 年 6 月 6 日。

大学等高校也成立了国家安全学院，我国的国家安全专业人才培养已经走上了"正规"道路。国家安全学是交叉学科，是新兴学科，更是实践性很强的学科，我国国家安全学的学科建设目前还处于起步阶段。在有些问题上，学术界和官方尚未达成共识，例如，国家安全学专业的毕业生应该被授予何种学位？国家安全学一级学科下应该设哪些二级学科？如何处理国家安全学和相关学科的关系？如何保障国家安全学专业的毕业生充分就业？这些问题都需要在维护国家安全的实践中不断被思考和解决。

（六）维护国家安全必要手段保障

考虑到国家安全工作的特殊性，维护国家安全需要国家安全专门机关依法采取一些特殊的必要手段，同时也需要有关部门的支持和配合。维护国家安全必要手段的适用还要注意比例原则，以维护国家安全的实际需要为限度，不能过度侵害民众的合法权益。国家安全专门机关主要是国家安全机关、公安机关和军事机关，上述机关在维护国家安全的过程中可以依法采取必要手段开展国家安全专门工作。例如，《国家安全法》规定，国家安全机关、公安机关、有关军事机关根据职责分工，依法搜集涉及国家安全的情报信息。《国家情报法》规定，国家情报工作机构根据工作需要，按照国家有关规定，经过严格的批准手续，可以采取技术侦察措施和身份保护措施。国家安全机关和公安机关情报机构、军队情报机构统称为国家情报工作机构。将上述两部法律结合起来看，国家安全机关、公安机关和相关军事机关的情报机构在搜集涉及国家安全的情报信息过程中，根据工作需要，经过严格的批准手续，可以采取技术侦察措施和身份保护措施。在反恐领域，《反恐怖主义法》也规定，公安机关、国家安全机关和军事机关在其职责范围内因反恐怖主义情报信息工作的需要，根据国家有关规定，经过严格的批准手续，可以采取技术侦察措施。除了技术侦察措施，《反恐怖主义法》还对恐怖活动应对处置阶段，人民警察、人民武装警察以及其他依法配备、携带武器的应对处置人员使用武器的情形作出了明确的规定。《国家安全法》也规定，在国家安全危机管控阶段，履行国家安全危机管控职责的有关机关依法采取处置国家安全危机的管控措施，应当遵循比例原则。可见，技术侦察措施、身份保护措施、使用武器、管控措施、征用等是维护国家安全工作中具有特殊性的必要手段，它们构成了维护国家安全的必要手段保障。

（七）全民国家安全意识保障

国家安全工作专门人才的培养需要国家安全专业教育，而全民国家安全意识的培养和提升则需要普及性的全民国家安全教育。维护国家安全需要民众的广泛积极参与，构建"专业主导、专群结合"的维护国家安全工作模式，打一场维护国家安全的人民战争。维护国家安全也要贯彻群众路线，为了避免民众参与维护国家安全的盲目性和无序性，普及国家安全教育、增强全民国家安全意识必不可少，全民国家安全意识为维护国家安全提供基层基础保障。《国家安全法》已经将每年的 4 月 15 日设定为"全民国家安全教育日"，以此为契机，对全民国家安全教育要常抓不懈。鉴于并不是专业的国家安全教育，全民国家安全教育要注意手段的多样性和灵活性，要特别关注实施效果，采取新闻报道、自媒体宣传、知识竞赛等民众喜闻乐见、易于接受的方式宣传国家安全知识，提升民众维护国家安全的自觉意识。2022 年，陕西省举办了首届"'长安杯'陕西省大中小学国家安全知识竞赛"，该知识竞赛由陕西省委国家安全委员会办公室、陕西省国家安全厅等部门主办，西北政法大学承办[1]。此次知识竞赛涉及的人员广、参与的部门多、赛事的级别高、社会影响大，达到了宣传国家安全知识、提升国家安全意识的目的，是一次全民国家安全教育的成功尝试，值得向全国推广。除了社会层面的宣传活动，还要将国家安全教育纳入国民教育体系和公务员教育培训体系。2023 年 2 月，教育部、中央军委政治工作部印发通知，认定公布 2687 所中小学为中小学国防教育示范学校[2]。认定公布中小学国防教育示范学校，不但有利于推动青少年国防教育工作，还有利于培养青少年的国防意识。全民国家安全教育也可以借鉴上述做法，由相关部门认定公布一批国家安全教育示范学校和单位，由这些学校和单位带动国家安全教育由点及面全面铺开。

---

[1]《首届"长安杯"陕西省大中小学国家安全知识竞赛举行》，载 http://www.jyb.cn/rmtzcg/xwy/wzxw/202204/t20220415_ 689102.html，最后访问日期：2024 年 6 月 6 日。

[2]《教育部 中央军委政治工作部印发通知 认定公布中小学国防教育示范学校》，载 https://www.chinanews.com/gn/2023/02-06/9948484.shtml，最后访问日期：2024 年 6 月 6 日。

### 三、国家安全保障学学科体系建设

要构建国家安全保障学，学科体系建设是基础。建设国家安全保障学学科体系，要从学科、专业和课程三个方面来布局。在学科方面，依据《学位授予和人才培养学科目录设置与管理办法》的规定，学科目录分为学科门类、一级学科和二级学科三级。目前，"交叉学科"门类和"国家安全学"一级学科已经成为目录内学科，国家安全保障学作为国家安全学一级学科下的二级学科应该获得官方的承认。二级学科是学位授予单位实施人才培养的参考依据，教育部、国务院学位委员会应尽快完善国家安全学学科目录，设置国家安全保障学、国家安全战略学、国家安全法学等学科作为国家安全学一级学科下的二级学科，使国家安全保障学获得目录内地位。在专业方面，根据《学位授予和人才培养学科目录设置与管理办法》的规定，学科目录管理采取规定性和自主性相结合、相对稳定与动态调整相结合的机制。在国家安全保障学成为目录内二级学科以前，高校的国家安全学院和相关学院可以在硕士和博士阶段设置国家安全保障学专业，进行目录外专业人才培养。在课程方面，国家安全保障学应该成为国家安全学专业的必修课和相关专业的选修课，在本科、硕士和博士阶段开设。

### 四、结语

除了国家安全保障学的学科体系建设，国家安全保障学的学术体系和话语体系建设也要同步进行。在学术体系建设方面，要大力培养国家安全保障学学术共同体，吸引足够多的学者加入到国家安全保障学研究的队伍中来；要建立国家和地方层级的国家安全保障学研究会；在科研项目中增列国家安全保障相关的选题；创办新的国家安全保障学学术刊物或者在现有的学术刊物中增加国家安全保障学研究板块，使国家安全保障学在中国的学术土壤中生根发芽。在话语体系建设方面，要加大对国家安全保障学的宣传力度，学术界和官方都要给予足够的重视，官方要加紧完善国家安全学一级学科目录，使国家安全保障学增列为其中的二级学科，使国家安全保障学和其他学科获得同等的地位。还要注意国家安全保障学和国家安全学其他二级学科的竞合性，国家安全学下的二级学科在内容上存在一定程度的交叉，例如，国家安全保障学和国家安全法学就存在竞合，国家安全保障是《国家安全法》中的内容，这些二级学科的大融合共同构成了国家安全学一级学科。

# 第十四章

# 构建国家安全史学

国家安全就是国家的安全，没有国家就不存在国家安全威胁，也就没有国家安全问题。在国家形成以前，例如部落联盟时代，肯定也存在安全问题，只要有人类存在就有人类的安全问题。安全并不是人类独享的，动物也有对安全的需求，只是动物的安全具有自然性。在国家形成之前，人类的安全可以说有社会性，但是这些安全还不能被称为国家安全。只有国家形成之后的安全，才使安全具有了国家性，国家性的安全受国家的保障，又要履行国家赋予的义务。从历史的视角看，国家安全具有显著的历史特征，随着国家的产生而诞生，随着国家的发展而发展，也随着国家的灭亡而退出历史的舞台。纵观国内外历史，一个国家在其强盛时，维护国家安全问题的能力也相应强，国家安全局势就会总体可控；反之，一个国家衰弱时，维护国家安全的能力也会相应变弱，国家安全局势就会有失控的风险。一般认为，主权、领土、政权、居民是国家形成的四个基本要素，这四个要素大致对应的是主权安全、领土安全、政权安全、国民安全。在我国古代，国民安全主要表现为经济安全和社会安全。如果用传统安全和非传统安全的分类方法对国家安全进行分类，领土安全、政权安全和国民安全可以归为传统国家安全的内部安全范畴，而主权安全可以归为传统国家安全的外部安全范畴。可见，国家的基本要素和国家安全的具体领域有内在联系，这也印证了国家安全的国家性的论断。我国当前国家安全的内涵和外延比历史上任何时候都要丰富，不但传统国家安全的外延扩大，而且非传统国家安全的影响也日益增大。但是，无论是传统国家安全还是非传统国家安全,都是国家四要素的衍生品。例如,主权安全具有外向性,海外利益是主权的延伸,海外利益保护是国家主权在海外的"域外适用"。

20 世纪初,意大利历史学家克罗齐提出"一切历史都是当代史"[1]。唐太宗李世民曾说过:"以古为镜,可以知兴替。"《资治通鉴》是我国最大的一部编年通史,其撰述目的是借鉴历史上国家兴衰成败的经验教训,原名《通志》。宋神宗以该书鉴于往事,有资于治道,赐名"资治通鉴"。[2]司马光在《进资治通鉴表》中谈论自己编撰《资治通鉴》的初衷时,写道:"专取国家盛衰,系民生休戚,善可为法,恶可为戒者。鉴前世之兴衰,考当今之得失,嘉善矜恶,取是舍非,足以懋稽古之盛德,跻无前之至治。"可见,国内外都认识到,历史和现实的密切联系和相通性,了解历史是为了给现在更好的借鉴,达到解释历史、理解现在、展望未来的目的。国家安全领域也是如此,我们了解历史上的国家安全事件以及官方、社会、民众应对国家安全危机的对策,也是为了总结历史上的国家安全思想,完善当代的国家安全战略和对策,避免重蹈历史上国家安全危机的覆辙,更好维护当代的国家安全。国家安全的历史性,也给国家安全学学科建设提出了要求,要求从历史的角度看待国家安全问题,构建国家安全史学。

## 一、国家安全史的研究现状

需要特别说明的是,国家安全史和国家安全学史是不同的概念。国家安全史是研究历史上的国家安全问题,而国家安全学史是研究国家安全学学科的产生、发展历史,通过回顾国家安全学学科的历史、分析国家安全学学科发展的现状、展望国家安全学学科的未来。我国的国家安全学学科已经取得了长足的发展,在学科体系建设、学术体系建设和话语体系建设方面都有了比较大的突破[3]。我国当前的国家安全史研究现状,可以用一句话来概括:研究意识萌发、研究成果的质量和数量都需要提升、系统性

---

[1] 中国现代国际关系研究院:《历史与国家安全》,时事出版社 2021 年版,前言。
[2] 张国刚:《资治通鉴与家国兴衰》,中华书局 2016 年版,第 2 页。
[3] 王林:《国家安全学:历史回顾、现状分析及未来展望》,载《中国刑警学院学报》2022年第 4 期,第 46~54 页。

研究缺乏。

（一）国家安全史的研究成果

当前，学术界已经有了从历史角度研究国家安全的意识，也出版了一些研究成果。在论文方面，我国国家安全学的创始人刘跃进教授较早就关注到国家安全史问题，其发表的《当代国家安全理论视角下的中国古代国家安全思想》提倡用当代国家安全理论的视角来分析古代国家安全问题，重点考察古代国家安全历史的当代意义，在国家安全问题上，很好地贯通了古代和当代[1]；张永攀的《从先秦"王畿"到近代民族国家——论中国传统"国家安全观"的流变与转型》主要梳理了历史上的国家安全观，探索国家安全观变化的内在动因，可以看作对国家安全的通史研究[2]；辛文、韩鹏杰的《国家安全学理论视角下的西周国家安全思想研究》主要研究了西周的国家安全思想，并且将其和国家安全学的基础理论结合起来，可以看作对国家安全的断代史研究[3]。在著作方面，主要有韦祖松著的《帝国生存环境的诠释：北宋国家安全问题研究》，该书系统研究了北宋面临的国家安全危机以及维护国家安全的成功经验和失败教训[4]；以及军事科学院战争理论和战略研究部编著的《安邦大略——中国历代国家安全战略思想论析》[5]，该书主要选取了《史记》《汉书》《新唐书》等史书中和国家安全有关的篇章，阐述了从先秦到清后期各个朝代、各个时期的国家安全思想，这种从古代典籍中探究国家安全思想的形式是一种较好的研究范式。笔者在国家安全史研究领域目前也有 2 篇学术论文，一篇是《国家安全思想史的学科定位及体系构建研究》，主要论述了国家安全思想史在国

〔1〕 刘跃进：《当代国家安全理论视角下的中国古代国家安全思想》，载《中国人民公安大学学报（社会科学版）》2013 年第 3 期，第 121~125 页。

〔2〕 张永攀：《从先秦"王畿"到近代民族国家——论中国传统"国家安全观"的流变与转型》，载《国际安全研究》2021 年第 6 期，第 59~81 页。

〔3〕 辛文、韩鹏杰：《国家安全学理论视角下的西周国家安全思想研究》，载《国际安全研究》2020 年第 6 期，第 105~128 页。

〔4〕 参见韦祖松：《帝国生存环境的诠释：北宋国家安全问题研究》，中国社会科学出版社 2008 年版。

〔5〕 参见军事科学院战争理论和战略研究部编著：《安邦大略——中国历代国家安全战略思想论析》，军事科学出版社 2007 年版。

家安全学学科体系中的定位，以及对国家安全思想史学的学科体系、学术体系和话语体系进行了构建的初步设想[1]；另一篇是《东汉王朝国家安全问题研究》，主要论述了东汉王朝所面临的内部和外部安全威胁，以及为了解决国家安全问题所实施的对策，这篇论文可以看作对国家安全的断代史研究[2]。除了上述研究成果，还有《辽帝国的国家安全思想研究》[3]《朝贡体系与宋朝国家安全》[4]《先秦时期维护国家安全的主要实践和思想认识简论》[5]等论文。不可否认，国家安全史研究取得了一定的成就，但是整体来看，其研究基础还是比较薄弱的，相关论文、著作不仅数量比较少，而且在质量上也有很大的提升空间。

（二）国家安全史的研究困境

1. 缺乏系统性研究

虽然国家安全史的研究有了一定的成果基础，但是国家安全史研究的最大困境是缺乏系统性、体系性的研究，而且还存在很多研究的空白。不但我国的国家安全史研究存在空白，外国的国家安全史研究更是存在不少未被开垦的地方。可以说，学者们在国家安全史研究领域可以进行大量的原创性研究。

2. 国家安全学和史学缺乏交叉融通

国家安全史学应该是国家安全学下的二级学科，国家安全史学也是一门新兴的交叉学科，是国家安全学和史学的交叉。历史研究学者在研究历史问题时，肯定也会涉及实质上的国家安全问题。但是，由于学科的分隔和专业知识的限制，历史研究学者不会从国家安全的角度来分析历史事件，

---

[1]　王林：《国家安全思想史的学科定位及体系构建研究》，载《重庆科技学院学报（社会科学版）》2022年第6期，第82~87页。

[2]　王林：《东汉王朝国家安全问题研究》，载《玉林师范学院学报》2022年第6期，第79~87页。

[3]　魏志江、陶莎：《辽帝国的国家安全思想研究》，载《国际安全研究》2019年第5期，第29~54，157页。

[4]　黄纯艳：《朝贡体系与宋朝国家安全》，载《暨南学报（哲学社会科学版）》2018年第2期，第120~132页。

[5]　萧大维：《先秦时期维护国家安全的主要实践和思想认识简论》，载《军事历史研究》2012年第4期，第108~111页。

而是从历史学的角度来分析实质上的国家安全事件。因此，对于相同的史实，由于分析视角的不同，会得出不同的学科结论。而要打破这种分隔局面，就需要国家安全学和史学的交叉融通，构建国家安全史学。

## 二、构建国家安全史学的必要性

### （一）传承中华优秀传统文化的需要

党的二十大报告指出："传承中华优秀传统文化，满足人民日益增长的精神文化需求，巩固全党全国各族人民团结奋斗的共同思想基础，不断提升国家文化软实力和中华文化影响力。"我国的国家安全思想特别是我国古代的国家安全思想是中华优秀传统文化的重要组成部分，也是新时代总体国家安全观的重要思想历史渊源。加大对国家安全思想史的研究，有利于铸造全国人民共同的思想基础，也有利于为新时代维护国家安全的实践提供有益的借鉴，以新安全格局保障新发展格局，建设更高水平的平安中国。

### （二）加强课程思政建设的需要

依据教育部于 2020 年印发的《高等学校课程思政建设指导纲要》和联合多部门于 2022 年印发的《全面推进"大思政课"建设的工作方案》文件精神，要将思政教育贯穿于课程教学过程中。我国古代的国家安全思想既是中华优秀传统文化的重要组成部分，也是思政教育的良好素材来源。构建有中国特色、中国气派、中国风格的国家安全史学不但可以破除国家安全思想领域的民族虚无主义，还可以激发中华民族的民族自豪感，凝聚中华民族共同体意识。为此，应将国家安全学课程领域的思政教育，真正落到实处，将历史与现实完美结合。

### （三）完善国家安全学一级学科的需要

国家安全学是"交叉学科"门类下的一级学科，但是对于国家安全学一级学科应该下设哪些二级学科，目前还存在争议、还没有定论。除了国家安全法学、国家安全战略学、国家安全管理学等二级学科，国家安全史学也应该在国家安全学中占有一席之地。国家安全史学是国家安全学和历史学的交叉学科，有很强的交叉学科性质。国家安全史学在国家安全学一级学科中是基础性的学科，为国家安全学的其他二级学科提供历史的研究基础和历史的研究视角，赋予国家安全学的其他二级学科以及整个国家安全学一级学科历史厚重感。国家安全史学用国家安全理论来组织和解释国家安全历史事件，用国家安全历史事件来填充和验证国家安全理论。国家安全理论和国家安全历史事件是共存、共生的关系，二者共同建构了国家安全史学。在构建国家安全史学时，需要特别注意的是，要以历史的、理性的、务实的视角看待历史上的国家安全问题，不能完全以当代的国家安全理论来衡量和评估古人，甚至是完全否定我国古代王朝维护国家安全的实践和国家安全思想。我们研究历史上的国家安全问题主要是为了以史为鉴，避免重蹈历史覆辙，同时为当代维护国家安全的实践提供适当的借鉴。

### 三、国家安全史学的研究范式

国家安全是一个范围很广的问题，特别是在总体国家安全观的视野下，国家安全的内涵和外延比历史上任何时候都要宽广，包括传统安全和非传统安全。我们研究夏王朝的国家安全问题，既需要找到一个切入点，也需要一个适当的范式。古代的国家安全和当代的国家安全既有联系和继承，又有很大的区别。例如，当代存在网络、信息、深海、太空等非传统的新型国家安全领域，而古代并不存在这些国家安全问题。因此，研究古代王朝的国家安全问题，首先需要确定从哪几个方面研究，这就是古代王朝国家安全思想的研究范式。研究范围过宽，不符合历史事实；研究范围过窄，就无法对古代王朝的国家安全问题有全面的认识。

主权、领土、政权、居民是国家的四个必备要素，这四个要素对任何国家都是最核心的东西。因此，维护国家安全的核心要务就是维护主权、领土、政权、居民的安全，其他国家安全领域都是从这四个安全领域中引申出来的。例如，军队是国家的暴力机器，军队起到对内维护政权稳定、对外保护国家主权和领土的重要作用。因此，军事安全是主权安全、领土安全、政权安全的衍生领域。海外利益安全也是总体国家安全中的重要领域，它也是一国主权的正当延伸，通过国内法的合理域外适用等手段维护国家的、企业的、公民的海外利益。可见，海外利益安全也是主权安全、民生安全的延伸。孟子曰："民为重，社稷次之，君为轻。"可见，民生问题也是历代王朝需要解决的重要问题，民生安全也是国家安全的重要领域。民生安全的实质内涵是民众的生命权、健康权和财产权得到保障，民生安全和总体国家安全中的人民安全在本质上是一致的，只不过，在"家天下"的我国古代王朝，保障民生安全很难得到真正贯彻实施，民生安全更多是维护政权安全、王权皇权安全的说辞或者附属品。只有在总体国家安全观的指导下，人民安全才能得到保障。主权、领土、政权和居民四要素还涵摄了内部安全和外部安全，而统筹内部安全和外部安全也是总体国家安全观的要求。主权独立和领土完整关涉一个国家的外部安全，而政权稳定和民众安居乐业则关系一个国家的内部安全，而内部安全和外部安全又是相联互通的，内部安全会影响外部安全，外部安全也会影响内部安全。国家的四要素也是一个不可分割的整体，丧失任何一个要素，都很难称之为国家。夏王朝以前的部落、部落联盟肯定也存在内部和外部的安全问题，但是我们不能将其定性为国家安全问题。国家和安全结合，才产生了国家安全。从这个角度看，国家安全是个现实问题，也是个历史问题。在国家安全研究领域，"历史虚无主义"是我们要反对的。

整体来看，梳理古代王朝的国家安全史，应该从主权安全、领土安全、政权安全和民生安全这四个大的方面进行，以这四个国家安全领域为研究的核心，同时涵摄相关的国家安全问题。研究古代王朝的国家安全思想，可以遵循这个范式，同时依据时代的发展进行相应的调整。

### 四、国家安全史学的体系构建

构建有中国特色、中国风格、中国气派的国家安全史学应该是我们努力的方向，具体来讲，就是要构建有中国特色的国家安全史学学科体系、学术体系和话语体系。

（一）国家安全史学学科体系构建

国家安全史学的学科定位应该是国家安全学一级学科下的二级学科，国家安全史学是国家安全学和史学的交叉学科，也是国家安全学中的基础性学科。在条件成熟时，国家安全史学课程应该成为各高校国家安全学院本科生和研究生培养的必修课或者选修课。教育部和国务院学位委员会也应该将国家安全史学列入国家安全学一级学科下的二级学科目录，进行国家安全史学专业或方向的硕士和博士培养。需要注意的是，国家安全史学包括中国国家安全史学和外国国家安全史学，以及对中国和外国国家安全思想进行对比研究的比较国家安全史学。

（二）国家安全史学学术体系构建

学科的健康发展需要学术的支撑，没有高质量的学术成果产出，就无法保障国家安全史学的持续性发展。和对高质量学术成果的需求相比，目前的国家安全史学研究无论是学术成果的数量，还是学术成果的质量，都无法满足国家安全史学学科发展的需要。因此，有必要加大对国家安全史学的研究力度，要吸引更多有国家安全学和史学背景的学者加入到国家安全史学的研究队伍中来，在最短时间内形成国家安全史学的研究氛围。考虑到国家安全史学是新兴的交叉学科，目前还没有专门的国家安全史学教育进行专业的国家安全史学人才培养，可以吸收国家安全学、史学等相关专业的研究者进入到国家安全史学研究中来，不断充实壮大国家安全史学研究队伍，构建国家安全史学研究共同体。要加快国家安全史学教材的编写开发，笔者以为，编写国家安全史学教材可以有两种不同的体例。体例一：以时间为顺序的纵向编写体例。可以按照"二十四史"加上"清史"的体例编写我国古代国家安全史学教材，再接上近代、现代和当代的国家安全史，就是一部完整的中国国家安全通史教材。以每个朝代为单元，论述这个朝代的主权安全、政权安全、军事安全、领土安全、民生安全等问题，每个朝代都是独立的单元。以时间为顺序的纵向编写体例的优势是主线比较清晰，便于对各个时期的国家安全思想进行比较研究，也便于梳理国家安全思想的历史演进。体例二：以国家安全领域为板块的横向编写体例。以时间为顺序的纵向编写体例虽然在时间轴上比较清晰，但是由于每个朝代是单独的单元，在横向上缺乏对国家安全领域的比较性研究，因此，综合性、整体性就会相对欠缺。以国家安全领域为单元的横向编写体例可以弥补上述缺陷，将国家安全史划分为主权安全史、政权安全史、领土安全史、民生安全史等大的板块，在每个板块中抽取不同时期的相关史实进行综合分析，最后将这些板块的国家安全史放在一起，就是一部完整的国家安全史。在国家安全史学发展的初期，可以先采取体例一，即以时间为顺序的纵向编写体例，来编写国家安全史教材；到了后期，可以采取以国家安全领域为板块的横向编写体例来编写国家安全史专著，例如中国主权安全史、中国政权安全史、中国经济安全史、中国军事安全史等。纵向的国家安全通史和横向的国家安全领域史可以相互补充和印证，达到教材和专著结合、课内学习和课外阅读互补的效果。

国家安全史牵涉到大量的史实，编写相关教材时需要作者阅读大量的文献特别是古文献，为了写出一本经得起时间和读者考验的教材，出于提升教材编写质量的考虑，建议不要一味地追求编写速度，而是要将教材的质量放在第一位。要高标准严要求，可以先将每个朝代的国家安全思想以学术论文的形式发表，最后将达到发表标准的各部分再汇总成教材。

（三）国家安全史学话语体系构建

除了学科体系和学术体系，话语体系的构建也同样重要。话语体系构建的目标主要有两个：一是国家安全史学的内部话语体系构建，在国内学科中，要树立国家安全史学的独立性地位；二是国家安全史学的外部话语体系构建，主要是扩大我国国家安全史学研究在国际上的影响力。要实现上述目标，首先，要构建国家安全史学学术共同体，扩大国家安全史学的影响力；其次，要加大对国家安全史学学术研究的支持力度，可以创办专业的国家安全史学期刊，或者在国家安全类期刊、史学类期刊、综合性期刊中开辟国家安全史专栏；再次，要创办全国性和地方性的国家安全史学学会，为国家安全史研究者提供交流的平台。国家安全史学学会和高校的国家安全学院可以定期、不定期召开国家安全史研讨会，加强学术交流，提升国家安全史的整体研究水平；最后，要加强国家安全史领域的国际交流，提升在国际上的话语权和规则制定权。因此，要讲好中国的国家安全故事，加大对夏王朝国家安全史、国家安全思想的研究力度，用文献资料和文物史料驳斥这种错误的观点。

## 五、结语

在基本研究范式和研究思路的指引下，我国古代王朝国家安全思想研究也要具体问题具体分析，研究内容可以增减，做到统一性和多样性完美结合。国家安全史学也要遵循学科发展的基本规律，不能一蹴而就，而是要按部就班缓缓徐行，只有如此才能行稳致远。

第十五章

# 国家安全思想史的学科定位及体系构建

国家安全问题，关系中华民族伟大复兴。维护国家安全，需要理论支撑和智力支持。国家安全学的发展，可以为维护国家安全的实践提供理论基础和人才储备，保障我国维护国家安全的实践行稳致远。2020 年底，国务院学位委员会、教育部将国家安全学设定为我国第 14 个学科门类即"交叉学科"下的一级学科，我国的国家安全学学科走上了快速发展之路。

国家安全学是一门新兴的一级学科，在学科体系和学术体系建设方面还有许多工作要做。国家安全学应该涵摄哪些二级学科，目前理论界对此尚未达成共识。综合考察国家安全学学科的特点以及其他较成熟学科的学科体系，笔者以为，国家安全思想史应该是国家安全学学科体系中的一个重要的、基础的二级学科。我国古代的国家安全思想是中华传统文化的一部分，挖掘我国古代及近现代的优秀国家安全思想，可以为新时代维护国家安全提供借鉴，而梳理和总结国家安全思想发展历史，可以充实我国的国家安全学学科，使国家安全学学科具备历史底蕴。

## 一、关于国家安全思想史的学科定位

### (一) 国家安全思想史研究概况

以史为鉴，可以知兴衰。国家安全思想史研究在国家安全研究中占有举足轻重的地位。一方面，通过梳理我国的国家安全思想史，可以对我国的国家安全历史状况有一个整体的把握，即使是进行单纯的历史资料收集也有重要的意义；另一方面，通过梳理和研究我国古代及近现代的国家安全思想，总结成功的经验和失败的教训，可以为新时代的国家安全工作提供借鉴和启示，去其糟粕而取其精华，避免在国家安全领域重蹈覆辙。

我国的国家安全思想史研究，目前还处于起步阶段，与国家安全学的发展速度未能匹配。作为国家安全学的基础性知识学科，国家安全思想史研究的发展滞后会影响到我国国家安全学学科的整体推进和发展质量。目前，国家安全思想史研究在以下三个方面需要加强或改进：

（1）研究人员方面。目前研究国家安全思想史的学者非常少，基本上没有人将国家安全思想史设定为自己的主要研究领域。缺乏研究者，难以形成国家安全思想史学学术共同体，无法形成话语体系，也就无法引起学界和社会的关注。在无法形成良性循环的情况下，也就不能吸引足够多的学者进入国家安全思想史研究领域。目前亟须具有国家安全学和历史学背景的学者主动加入国家安全思想史的研究队伍。

（2）研究成果方面。研究人员缺乏，导致研究成果匮乏。没有研究成果，就无法和外界进行学术交流。没有学术成果就没有学术积累，学科也就没有立足之地。以"国家安全思想"为关键词在中国知网上进行搜索，获得的文献数量较少。其中，有关我国古代的国家安全思想和外国的国家安全思想史的研究成果更是屈指可数。从已有文献来看，对我国近代国家安全思想的研究，主要聚焦于一些重要历史人物，如曾国藩、左宗棠等。相关论文主要有：《论左宗棠经略西北时期的国家安全思想》（作者李伟，载《湖南人文科技学院学报》2007 年第 5 期),《湘军与晚清国家安全》（作者郑佳明，载《湘学研究》2019 年第 1 期)。对我国现当代国家安全思想的研究，主要集中于中国共产党的国家安全思想，尤其是党的主要领导人的国家安全思想。相关论文主要有：《论江泽民的国家安全战略思想》（作者张云，载《上海党史与党建》2003 年第 7 期），《邓小平国家安全思想研究》（作者曹素芳，载《湖南科技学院学报》2005 年第 2 期），《胡锦涛国家安全思想初探》（作者吕国辉、杨丽杰，载《长春工业大学学报（社会科学版）》2011 年第 4 期），《论习近平对中国共产党国家安全思想的继承和发展》（作者曹亚雄、王磊，载《中州学刊》2019 年第 7 期），《毛泽东国家安全思想的历史贡献》（作者吴克明，载《湖湘论坛》2021 年第 5 期），

《中国共产党百年国家安全思想发展析论》（作者肖晞、王一民，载《太平洋学报》2021 年第 11 期）。从研究成果的数量上看，有关现当代国家安全思想的研究成果多于有关古代及近代国家安全思想的研究成果，其原因可能主要在于研究资料获取的便利性方面，获取古代国家安全思想特别是先秦国家安全思想的研究资料，难度相对要大一些。需要特别指出的是，我国国家安全学的创始人刘跃进教授较早就关注到国家安全思想史研究的重要性，他在 2007 年发表了《国家安全研究要论从史出——读韦祖松先生〈北宋国家安全问题研究〉》（载《国际关系学院学报》2007 年第 6 期），在 2013 年发表了《当代国家安全理论视角下的中国古代国家安全思想》（载《中国人民公安大学学报（社会科学版）》2013 年第 3 期）。

（3）思想认识方面。除了研究队伍和研究成果数量上的局限，学界对国家安全思想史的认识也限制了国家安全思想史学科的发展。学界目前对国家安全思想特别是我国古代的国家安全思想存在一定的误解，没有认识到其重要性和当代价值。一种较有代表性的观点认为，古代的国家安全思想局限于政治、军事等传统安全领域，与当代意义上统筹传统安全和非传统安全的国家安全思想完全不同；古代历史上的国家安全思想仅仅是维护封建统治特别是维护皇权的制度安排，是历代王朝统治者为实现治国安邦、长治久安所采取的政策举措，是为了维护阶级统治和阶级压迫，"维护的是王朝安全"。[1]因此，古代的国家安全思想糟粕的成分居多，无法和当代以人民安全为宗旨的总体国家安全观形成继承衔接关系，也无法为当代维护国家安全的实践提供有益的借鉴和指导。这种对古代国家安全思想的认识是片面的。我国古代的国家安全思想是中华传统文化和文明的一部分。研究我国古代的国家安全思想及其发展过程，有助于我们更全面地了解中华传统文化和中华文明的历史进程，同时也有助于我们更深入地认识当代意义的国家安全思想。

（二）设立国家安全思想史学科的必要性

设立国家安全思想史学科，是完善国家安全学学科的需要。教育部和国务院学位委员会已经将国家安全学设定为一级学科，但没有对国家安全

---

[1] 中国现代国际关系研究院：《历史与国家安全》，时事出版社 2021 年版，前言。

学的二级学科作出明确规定。目前成立了国家安全学院的高校，由于学术积累和学科优势不同，规划的国家安全学学科的发展方向也有所不同。有学者提出，国家安全学应该包含国家安全法学、国家安全管理学、国家安全战略学、国家安全学原理等二级学科，[1]但学界对此没有达成一致意见。国家安全学的二级学科设置仍处于酝酿阶段。笔者认为，为国家安全学设置二级学科，可以参照其他较成熟学科的二级学科设置情况。例如，一级学科法学下，设有法学理论、法律史、宪法学与行政法学、刑法学、民商法学、诉讼法学、经济法学、环境与资源保护法学、国际法学、军事法学共 10 个二级学科。由此可见，法学的二级学科主要由三个部分构成，即法学基础理论、法律史和部门法。这种构成方式是比较全面且合理的。国家安全学的二级学科设置，如果参照法学的学科构建模式，第一部分应该是国家安全学原理，第二部分应该是国家安全思想史，第三部分应包括国家安全法学、国家安全管理学、国家安全战略学等。只有把握住一门学科的历史发展脉络，使这个学科显现出自身的底蕴，才能做好学科的新旧衔接。因此，有必要在国家安全学一级学科下设置国家安全思想史二级学科，强化国家安全学的历史根基。

设立国家安全思想史学科，是克服国家安全领域历史虚无主义的需要。历史虚无主义是一种全盘否定一切历史及历史进步逻辑的社会文化思潮。[2]历史虚无主义冲击我们对历史的基本信念，危及我们党的政治合法性。[3]我国的国家安全思想是一脉相承的。历史上的各个王朝维护国家安全的制度不是孤立的，而是相互联系的。要从整体上历史地看待我国国家安全思想发展的延续性。国家安全领域的历史虚无主义有意忽略和切断国家安全思想的延续性和关联性，孤立地看待我国当代的国家安全思想、战略、制度和机制，甚至将古代的国家安全思想和当代的国家安全思想对立起来，全盘否定当代国家安全思想的历史根基，进而质疑当代国家安全思

---

〔1〕 刘跃进：《国家安全学学科建设的历程与新思考》，载《北京教育（高教）》2019 年第 4 期，第 13~16 页。

〔2〕 邹诗鹏：《虚无主义研究》，人民出版社 2016 年版，第 254 页。

〔3〕 徐家林：《历史虚无主义思潮的生成及其批判》，载《马克思主义研究》2020 年第 2 期，第 138~147 页。

想的合理性和合法性。克服国家安全领域的历史虚无主义，需要加强对国家安全思想史特别是我国古代国家安全思想史的研究力度，从而深刻领会我国古代优秀的国家安全思想，把握不同历史时期国家安全思想的继承性和连续性，科学认识"居安思危""民本思想""德主刑辅"等古代国家安全思想的当代价值。

设立国家安全思想史学科，是新时代维护国家安全实践的需要。我国目前面临着复杂的国内外安全环境，要化解严峻的国家安全威胁，需要科学有效的国家安全理论指导维护国家安全的实践。2014 年 4 月 15 日，习近平总书记在第十八届中央国家安全委员会第一次会议上指出："当前我国国家安全内涵和外延比历史上任何时候都要丰富，时空领域比历史上任何时候都要宽广，内外因素比历史上任何时候都要复杂，必须坚持总体国家安全观，以人民安全为宗旨，以政治安全为根本，以经济安全为基础，以军事、文化、社会安全为保障，以促进国际安全为依托，走出一条中国特色国家安全道路。"〔1〕习近平总书记高屋建瓴地概括了我国国家安全所面临的整体态势，为我们坚持总体国家安全观提供了历史坐标和方位。总体国家安全观是新时代维护国家安全的根本理论指导，总体国家安全观既是世界观也是方法论，有丰富的理论内涵和思想渊源。我国古代的国家安全思想是总体国家安全观的重要思想渊源，如强调政治安全、重视"礼""义"的积极作用，还有民本思想、居安思危、兼爱非攻等。我国古代的国家安全思想对当代维护国家安全的实践依然有积极的启示。例如，夏桀暴虐无德失去了天下，商汤德行统一并且纯正而得到了天下；西汉王朝在汉武帝时期的意识形态指导思想"霸王道杂之"，就是当代法治和德治结合治国理念的思想渊源；唐王朝国家安全建设中的民本民贵、富国强兵、以发展求安全等国家安全思想，对新时代的国家安全建设都有重要启示意义。〔2〕因此，应当加强对国家安全思想史的研究力度，总结提炼出具有当代意义的、优秀的国家安全思想并将其系统化，从而实现"古为今用"。

---

〔1〕 中共中央党史和文献研究院编：《习近平关于总体国家安全观论述摘编》，中央文献出版社 2018 年版，第 4 页。

〔2〕 贺鉴、曹敏：《唐王朝国家安全建设的历史透视及启示》，载《湘潭大学学报（哲学社会科学版）》2022 年第 1 期，第 145~152 页。

国家安全思想史应该是国家安全学一级学科下的二级学科，这是对国家安全思想史最基本的学科定位。国家安全思想史研究不是纯史学的研究，而是从历史的视角来研究国家安全问题。在高等教育本科阶段，国家安全思想史应该是国家安全学专业的必修课程；在硕士和博士阶段，可以设置国家安全思想史专业方向。国家安全学专业在人才培养模式上要走一条"小而精"的道路，适当限制本科生招生规模，而以培养硕士和博士研究生为主。

## 二、国家安全思想史的学科体系构建

国家安全思想史既是学科也是课程。国家安全思想史是国家安全学一级学科下的二级学科，需要从学科建设的角度来论证其学科体系构建。比照法律史学科体系（设有中国法制史和外国法制史），可以将国家安全思想史学科分为中国国家安全思想史和外国国家安全思想史两个方向。

（一）中国国家安全思想史的研究内容与原则

中国国家安全思想史的研究对象，包括我国古代、近代、现代和当代的国家安全思想，研究重点是我国古代的国家安全思想。中国传统国家安全战略思想的基本倾向，是综合、内敛和预防。考虑到我国古代国家安全战略思想的特点，在当代维护国家安全的实践中研究借鉴中国历代的国家安全战略思想，需要注意几条原则：一是着重把握其精神实质和战略思维方法，汲取精华；二是既看到智慧，也看到局限；三是紧密联系当前实际，古为今用，推陈出新。[1]对古代国家安全思想的研究借鉴，不能纠结于细枝末节，要有大历史观，用历史的眼光看待我国古代王朝维护国家安全的制度和思想；不能脱离历史实际，对古人提出超出历史条件的要求。古代王朝实施的维护政治、军事、经济、社会安全的措施，最终目的是维护皇权，但不能因此否认这些措施客观上带来的积极效果，在政治清明、社会稳定、经济繁荣、军事强大、边疆安全的时代，人民群众也是受益者；虽然与总体国家安全观所提倡的"人民安全"不可同日而语，但不能否认有

---

〔1〕　军事科学院战争理论和战略研究部编著：《安邦大略——中国历代国家安全战略思想论析》，军事科学出版社 2007 年版，第 1~9 页。

些古代王朝统治者已经认识到人民的力量，"水能载舟亦能覆舟"的提出就是最好的例证。

对我国古代国家安全思想史的研究，包括断代史的研究和通史的研究。目前的研究成果涉及的朝代非常有限，主要有西周、辽帝国和唐王朝等。对断代史和通史的研究，可以以论文和专著相结合的形式呈现研究成果。对我国古代国家安全思想史的研究，要覆盖各个朝代，保持连贯性和连续性，这样才能从整体上把握我国古代国家安全思想发展的脉络。先秦时代距今时间久远，缺乏史料，有关国家安全思想的研究难度较大。夏、商、周是先秦时代的三个重要王朝。其中，商朝承上启下，在中华民族和中华文明的发展过程中具有举足轻重的作用。和夏朝不同，商代已经进入了有文字记载的历史时期，甲骨文的出土、殷墟发掘的成功，使得古代文献记载的许多殷商史事得到印证，殷商时代已是中国古代的信史。[1]对先秦国家安全思想史的研究，应该坚持"宜粗不宜细"的原则，在史料不够丰富的情况下，不要过度纠结一些细枝末节，在充分利用《尚书》《史记》等文献资料的基础上，要更多地从宏观上把握国家安全思想的发展。大一统是中华民族发展史的主流，但历史上也有南北朝、五代十国等分裂时期；汉族政权占据的时间最长，但也有元朝、清朝等非汉族政权。在研究上述政权的国家安全思想史时，要分析出现大分裂局面、影响国家安全的原因和经验教训，避免后世重蹈覆辙；对元朝、清朝等非汉族政权不能看作外族政权，而要看作中华民族共同体的一部分，在意识形态安全上强化中华民族共同体意识，这些王朝的国家安全思想也是我国古代国家安全思想的重要组成部分。

除了古代国家安全思想史，对近代、现代和当代的国家安全思想史研究也要同步进行。第一次鸦片战争是中国近代史的开端，也是中国半殖民地半封建社会的发端。由于列强的介入，中国近代的国家安全中的外部安全呈现出不同于古代国家安全的特点。新中国成立后，我国的国家安全事业开启了新的篇章。要研究总结新中国成立后不同时期的国家安全思想，尤其是毛泽东等中国共产党领导人的国家安全思想。十八大以后，我国的

---

〔1〕 胡厚宣、胡振宇：《殷商史》，上海人民出版社2019年版，第11页。

国家安全事业进入新时代。要加大对总体国家安全观丰富理论内涵的研究力度，加大对党在处理重大国家安全事件中所体现的国家安全思想的研究力度，加大对习近平总书记关于国家安全的有关论述的研究力度。目前对习近平总书记关于国家安全的有关论述的研究还比较分散，已涉及政治安全、军事安全、意识形态安全、网络安全等具体的国家安全领域，而系统性的研究还比较缺乏。从古代发展到当代的国家安全思想是一脉相承的，历代对国家安全的维护保障了中华民族的发展延续和中华民族共同体的形成，也使总体国家安全观具备深厚的历史根基。

（二）外国国家安全思想史研究的发展方向

西方学者对国家安全理论的探索，最早可以追溯到古希腊时期。经过分析总结 20 世纪两次世界大战以及接踵而至的冷战的实践经验，西方的国家安全理论取得了长足的发展，形成了现实主义、自由主义和建构主义三大相对成熟的理论体系。[1]面临世界百年未有之大变局和中华民族伟大复兴的新时代，我们要构建有中国特色、中国风格和中国气派的学科体系、学术体系和话语体系。在构建这"三大体系"的过程中，适度借鉴外国的特别是具有普遍意义的优秀学术成果，是必要的。在构建有中国特色的国家安全学"三大体系"过程中，也要秉承"自主创新为主，适度借鉴为辅"的原则。外国优秀的国家安全思想对我国维护国家安全的实践也有积极的借鉴意义。梳理外国的国家安全思想史，有利于找到中外思想的结合点。我国学术界对外国国家安全思想史的研究，目前还比较薄弱，研究内容局限于美国、俄罗斯、英国等大国的当代国家安全战略和制度，对外国古代国家安全思想史的研究还处于空白状态。对外国国家安全思想史的研究，需要在以下四个方面加强力度。第一，扩大国别研究的范围。研究对象不能局限于世界主要大国，每个地区的代表性国家都应涉及。第二，加强对外国古代国家安全思想史的研究。研究内容不能局限于当代的外国国家安全思想。第三，加强系统性研究。目前的研究比较分散和碎片化，体系性不强。第四，加强对中外国家安全思想的比较研究。在比较研究中，挖掘

---

〔1〕 李泓霖：《西方国家安全理论演进及启示》，中国人民公安大学 2018 年博士学位论文，第 2 页。

对我国国家安全实践有借鉴意义的外国国家安全思想，使研究有更强的指导性和实用性；同时，出于统筹自身安全和共同安全、构建人类命运共同体的考虑，我国的国家安全思想也可以对世界其他一些国家的国家安全维护提供借鉴。

官方已经设置国家安全学一级学科，但没有明确其二级学科，因此有必要探讨国家安全学的二级学科设置问题。现在已有一些高校设立了国家安全学院，但对于如何确定其独特的学科方向，如何设置差异化的课程体系，如何构建适应维护国家安全需要的人才培养模式，仍有进一步探讨的必要。国家安全思想史既是课程也是学科。作为课程，它是国家安全学课程体系中的基础性课程；作为学科，它是国家安全学一级学科下的二级学科。加强国家安全思想史研究，对完善国家安全学课程体系和学科体系都意义重大。

# 第十六章

# 国家安全思想史的有益探索：
# 《尚书》中的国家安全思想

　　《尚书》即"上古之书"，先秦时代称为《书》，西汉初期才称为《尚书》，汉武帝立五经博士之后又称为《书经》。《尚书》是我国最为古老的文献典籍之一，在中国文化史和学术史上占有极为重要的地位。[1]《尚书》作为上古时代的重要文献和儒家的经典之作，所论问题众多。著名历史学家顾颉刚曾评价道，《尚书》一书牵涉全部中国古代史，以致影响全部中国史。[2]它既是一部历史书和政治书，也是一部法律书和文学书。古往今来，古圣先贤关于《尚书》的研究成果可谓汗牛充栋，但是这些研究主要集中在《尚书》篇章的释义、"晚书"真伪问题争鸣、《尚书》与中国传统政治、《尚书》与中国传统思想、《尚书》与中国传统法制、《尚书》与中国史学等领域，对《尚书》中蕴含的国家安全思想缺乏系统性研究。

　　在世界进入百年未有之大变局的背景下，中国面临的国内外安全形势日益严峻，能否确保国家安全关系中华民族伟大复兴。党的二十大报告在维护和塑造国家安全方面作出重要部署，提出推进国家安全体系和能力现代化、坚决维护国家安全和社会稳定的目标；在处理安全和发展的关系方面，提出要以新安全格局保障新发展格局。维护国家安全的实践需要先进的国家安全理论提供指导，中国特色国家安全理论体系的核心是总体国家安全观，作为一个开放包容的理论体系，总体国家安全观的思想渊源囊括了古今中外优秀的国家安全思想。中国古代优秀的国家安全思想是中华优

---

　　〔1〕　叶修成：《西周礼制与〈尚书〉文体研究》，中国社会科学出版社 2016 年版，第 1 页。

　　〔2〕　刘起釪：《古史续辨》，中国社会科学出版社 1991 年版，第 382 页。

秀传统文化的重要组成部分，梳理和总结历史上优秀的国家安全思想是丰富总体国家安全观的应有之义，也为当代维护国家安全实践提供了经验和教训。客观理性地看，历史上的国家安全思想有一定历史局限性，我们既要尊重历史规律，又需超然于历史之外看待问题。《尚书》是中国历史上重要的文化元典和政书之祖，探究其中蕴含的丰富国家安全思想，不但可以弥补此领域研究的不足，还有助于完善国家安全学学科建设，克服国家安全领域的历史虚无主义。

## 一、《尚书》简介及研究方法

《尚书》不但有真伪之争，而且有"今文"和"古文"之辨。今文《尚书》是指秦末汉初的博士伏生本，由于是用汉代通行文字书写的，因此称为今文《尚书》；古文《尚书》是指汉武帝时期的孔本，因为是用秦汉以前的古文字书写的，所以称为古文《尚书》。这部《尚书》被孔子第十一世孙汉博士孔安国得到，他将古文字改写成汉代通行的隶书，被称作"隶古定"本。可见，两个版本的《尚书》最后都是以汉代通行的隶书呈现给世人的，从这个意义上讲，两部《尚书》都是"今文"。因此，今文《尚书》和古文《尚书》的区别也是相对的。它们在篇章数目上不同，孔本古文《尚书》实际上比伏生本今文《尚书》多出16篇。鉴于秦汉经师所传授的今文《尚书》是公认的具有极高史料价值的先秦古书，本书探析《尚书》中蕴含的国家安全思想，以今文《尚书》作为研究对象较为稳妥。

今文《尚书》28篇按照时间顺序，分为《虞夏书》《商书》和《周书》三部分，其中《虞夏书》4篇、《商书》5篇、《周书》19篇。在版本的选择上，笔者选取了在出版界享有盛誉的中华书局版的《尚书》。[1]

文献分析法和比较分析法是本书主要的研究方法，笔者通过探究《尚书》中的篇章，发掘其中蕴含的维护国家安全的思想，并进行对比性和综合性研究，归纳出体系性的国家安全思想。上文提到，中国古代优秀的国家安全思想是总体国家安全观的思想渊源之一，因此，对古代国家安全思想的探究正是为了丰富当代的国家安全理论，通过对古代国家安全思想的

---

〔1〕 顾迁译注：《尚书》，中华书局2016年版。本书以下引注皆出自该版本，后不赘述。

扬弃，为当代维护国家安全实践提供适当借鉴。在古为今用思想的指导下，加强古代国家安全思想与总体国家安全观的理论比对研究，进而深入挖掘古代国家安全思想的当代价值是深入理解践行和丰富总体国家安全观的应有之义。

## 二、《尚书》中蕴含的国家安全思想

对《尚书》中国家安全思想的探究要遵循文化传承、古为今用的思路，既要归纳概括其中蕴含的国家安全思想，又要认识到与新时代国家安全思想的内在关联性以及对当代维护国家安全的借鉴意义。主权、政权、领土和居民是构成国家的四个基本要素，传统安全主要围绕上述领域展开，《尚书》蕴含的国家安全思想主要涉及的也是政治安全、军事安全、民生安全等国家安全领域。

（一）重民思想：以人民安全为宗旨思想的起源

"五大要素""五对关系"是总体国家安全观的核心理论内涵，而"以人民安全为宗旨"则是其中最核心的要素。"一切依靠群众，一切为了群众，从群众中来，到群众中去"是对中国共产党群众路线最精炼的表述，而总体国家安全观中的"以人民安全为宗旨"就是群众路线在国家安全领域的表现。"以人民安全为宗旨"意味着维护国家安全的一切投入以及对具体领域国家安全的维护都是为了确保广大人民群众处于安全的状态，人民群众是否安全是检验国家安全工作成败的标准。"以人民安全为宗旨"的国家安全思想并不是凭空产生的，而是有深厚的历史渊源，可以追溯到《尚书》反复强调的重民思想。虽然重民思想的出发点是维护王朝长治久安，但是客观上也提升了民众的地位，促使统治者更加关注民生问题。当然，民众社会地位的提高并不是自动获得的，而是被统治阶级与统治阶级的斗争使后者认识到民众的力量不可忽视。

重民思想可以追溯到上古时代的尧舜禹时期，"乃命羲和，钦若昊天历象——日月星辰，敬授民时"，[1]帝尧任命羲氏、和氏恭敬地按照日月星辰的运转来认识天象，把观测、总结出的节令知识告诉人民，以安排农时，

---

〔1〕《尚书·尧典》，第3页。

方便耕作。上述内容是《尚书》中关于重民思想的记载，帝尧的重民思想对后世统治者有很大的影响。"在璇玑玉衡以齐七政"，[1]帝尧将帝位禅让给舜后，帝舜观察北斗七星的星象，根据斗柄所指来认识、处理四季农事与民生要政，其中就蕴含着丰富的重民思想。"暨稷播奏庶艰食。鲜食，懋迁有无化居，烝民乃粒，万邦作乂"，[2]大禹和稷一道使老百姓在难以得到食物时能吃到东西。有地方缺粮少食的，大禹就从粮食充足的地方调来粮食，让老百姓吃到粮食，国家最终也得以安定。周王朝册封文王之子康叔于卫国，周公反复告诫康叔要明德慎罚、爱护殷民，"天畏棐忱，民情大可见，小人难保"，[3]老天的威严不可测知，可是民情却是很容易见到的，要知道老百姓是不易安抚的。可见，周朝的统治者认识到了民众的力量，这也是重民思想产生的一个重要原因。针对卫国的殷朝遗民，周公也告诫道，"往敷求于殷先哲王，用保乂民"，[4]周公希望康叔广泛寻求殷家古先圣王的治国之道，用来安定和治理那里的百姓，避免重蹈殷民武庚叛乱的覆辙。"文王卑服，即康功田功；徽柔懿恭，怀保小民，惠鲜于鳏寡"，这是周公列举的关于重民思想的正面例子：周文王秉承太王和王季两位先王的德行，亲身管理平治道路和农业生产两件大事；他心地仁慈，和蔼恭谨，关心爱护小民，普施恩惠给那些孤苦无依的人。因此，文王受到民众的爱戴，"文王受命惟中身，厥享国五十年"。[5]《尚书》还举了一个不重视民众而失去天命的反面例子："有夏诞厥逸，不肯戚言于民，乃大淫昏，不克终日劝于帝之迪……天惟时求民主，乃大降显休命于成汤，刑殄有夏。"[6]夏桀违背了天意，对人民的疾苦漠不关心，商汤顺应天命、替天行罚，故取代了夏统治天下。

与重民思想联系密切的是"敬天"和"敬德"，而"敬德"和"保民"被看作上天的要求，这样"敬天""敬德"和"保民"的内在关系就被厘

---

[1]《尚书·尧典》，第17页。
[2]《尚书·皋陶谟》，第44页。
[3]《尚书·康诰》，第180页。
[4]《尚书·康诰》，第179页。
[5]《尚书·无逸》，第250页。
[6]《尚书·多方》，第271页。

清了。"天聪明，自我民聪明；天明畏，自我民明威。达于上下"，[1]上天听取、采集意见，都是根据民众的态度；上天赏赐贤德之人、惩罚有罪之人，也是依据民众的态度。天意民意上通下达。"皇天既付中国民越厥疆土于先王，肆王惟德用和怿先后迷民，用怿先王受命"，[2]周公劝导康叔既然上天把商王国的臣民、疆土托付给先王，今王就要用德行来使那些先后受了迷惑的殷民心悦诚服，这样才能完成先王所受的天命。"天亦哀于四方民，其眷命用懋！王其疾敬德"，[3]老天也怜惜这四方民众，所以顾视天下寻觅一位勤勉有德之人交付天命！周公劝勉周成王要多行德教。可见，"敬德"是"敬天"的要求，而"保民"又是"敬德"的表现；"保民"被赋予天命的色彩，这对当时的统治者也是一种内在的限制。"欲王以小民受天永命"，[4]周公希望周成王能依赖广大民众的力量来承受永久的天命。如果不重视民众的诉求、不保障民众的安全，就是对天命的违抗，就有可能被上天抛弃而丧失统治地位。

需要注意的是，重民思想和民本思想存在着程度上的差别，今文《尚书》28篇对民众的重视程度尚未达到以民为本的境地。《五子之歌》中有句名言"民惟邦本，本固邦宁"，意思是人民是国家的根本，人民稳固了，国家也就安宁了。"民惟邦本"的说法虽然出现在东晋时代，而从"重民"向"民本"的跨越在孟子时代就已经完成了。[5]虽然由于历史的限制，《尚书》中的重民思想还没有达到民本思想的程度，但是重民思想的提出仍具有重大的历史进步意义，是后世民本思想的渊源。从维护国家安全的视角来看，《尚书》中的重民思想就是总体国家安全观中"以人民安全为宗旨"思想的起源，二者具有一脉相承性。在看到重民思想历史进步性的同时，也要认识到其局限性，特别是与"以人民安全为宗旨"在理念上的本质区别。"沉潜，刚克；高明，柔克。惟辟作福，惟辟作威，惟辟玉食"，《洪范》作为周王朝的"统治大法"明确提出，对待百姓，要以强硬方式统治；

---

〔1〕《尚书·皋陶谟》，第41页。

〔2〕《尚书·梓材》，第207页。

〔3〕《尚书·召诰》，第212页。

〔4〕《尚书·召诰》，第218页。

〔5〕姜建设：《〈尚书〉与中国文化》，华夏出版社2022年版，第240页。

对显要贵族，要以温和方式拉拢。只有君王才有权赐予百姓幸福，给予民众刑罚，也只有君王才可以享受锦衣玉食。"庶民惟星：星有好风，星有好雨。日月之行，则有冬有夏；月之从星，则以风雨"，百姓们好比星星，能够影响风雨调顺。[1]如果月亮从星所好，就会引起风雨；如果顺从民欲，就会导致政教失常。上述君王要加强统治不能过于迁就民欲的思想，与重民思想是存在矛盾的。可见，重民思想具有手段性，最终目的是维护王朝的长治久安；如果统治阶级利益和民众利益发生冲突，统治阶级利益还是首要选择。

（二）君权神授的天命观：以政治安全为根本的考量

总体国家安全观将政治安全定性为国家安全的根本，而政治安全的核心是政权安全，在当代语境下，政治安全就是中国共产党领导下的社会主义制度和人民民主专政政权的安全。与当代维护人民当家作主的政治安全不同，《尚书》记述的夏商周的政治安全主要是家天下性质的王权安全，其追求的目标是被统治者对统治者的绝对臣服，是姒姓、子姓、姬姓政权的世代永固。为了让广大民众绝对臣服于自己的统治，各种各样的愚民策略应运而生。尧舜禹时代的"禅让制"被看作氏族时代朴素的民主制度，而禹将帝位传给儿子启则是对"禅让制"的破坏，令包括启在内的夏商周的统治者都需要为自己统治的合法性找到新的理论依据。受制于当时的生产力发展和科技水平，君权神授的天命观是最有效、最经济的策略。君权神授的天命观将统治的合法性归因于上天意旨，出于对上天的恐惧和崇敬，"敬天"成为广大民众最大的义务。君王被打造成上天在人世间的代理人，广大民众有绝对服从王权的义务。君权神授的天命观有明显的历史局限性，本质上是维护绝对王权的愚民政策，但这种观念作为历史阶段性产物，对维持当时的社会秩序稳定起到一定积极作用，客观上也促进了经济社会的发展。

依据君权神授的天命观，夏王朝的建立就是上天选择的结果，即启的统治权是上天授予的。而商汤代夏也是天命，是因为最后一位夏王桀荒淫无道，违背天道、失掉天命，天命才从夏转移到商。同样的道理，小邦周

---

〔1〕《尚书·洪范》，第146、152页。

替代大邑商也是天命，因为最后一位商王纣违背天道而失去上天的支持，周推翻商的统治也是致天之罚、替天行道。"有扈氏威侮五行"，[1]夏启讨伐有扈氏的理由也是天命，即有扈氏上不敬天命，天上五星的运行代表着天命。"非台小子敢行称乱，有夏多罪，天命殛之"，[2]商汤说自己不是胆敢犯上作乱，实是因为夏王罪孽深重，上天命令自己来诛灭他。上述引语载于《汤誓》，正是商汤讨伐夏桀作战前的誓师词，重点叙述了商汤对夏桀罪行的控诉，及其打着"致天之罚"旗号誓师灭夏的决心。"今予发惟共行天之罚"，[3]即周武王称："现在我姬发要奉行上天的惩罚命令。"从中可见，周武王讨伐商纣王也是用"致天之罚"作为合法性理由，宣示天命已由商转移到周。此外，在安置前朝遗民方面，商和周的统治者也淋漓尽致地利用"天命"，使前朝遗民安心接受新朝的统治。"猷告尔多士，予惟时其迁居西尔，非我一人奉德不康宁，时惟天命，无违！朕不敢有后，无我怨"，[4]周公代成王向殷商旧臣发布诰辞，要求其迁到新都洛邑并告诫他们，这是上天的命令不能违抗。

君权神授的天命观在客观上造成两种影响：

第一，天命的可易性让统治者认识到上天意旨是会变化的，如果违背了天道就会失掉天命。因此，要想长久地保有天命，就要遵守治理天下的常理。"鲧则殛死，禹乃嗣兴，天乃锡禹洪范九畴，彝伦攸叙"，[5]大禹的父亲鲧由于治水不力，被诛杀了；禹继起振兴大业，上天就把"大法九章"传授给了禹，禹按照此常理把天下治理得井然有序。"我亦不敢宁于上帝命，弗永远念天威越我民……我后嗣子孙大弗克恭上下，遏佚前人光在家，不知天命不易，天难谌，乃其坠命，弗克经历嗣前人恭明德"，[6]这段是周公和同为成王辅政大臣的召公奭之间的谈话，集中体现了周初的天命思想：周公认为不能安然信赖天命，统治者和辅政者不敢不长久敬念上天的威严

---

[1]　《尚书·甘誓》，第87页。

[2]　《尚书·汤誓》，第90页。

[3]　《尚书·牧誓》，第133页。

[4]　《尚书·多士》，第240页。

[5]　《尚书·洪范》，第137页。

[6]　《尚书·君奭》，第256页。

和关心百姓的疾苦。周朝后续的统治者如果不能顺承天意，不知道获得天命的艰难，不懂得上天也难以完全信赖，就会丧失自己的天命，也就无法继承和经营文王和武王开创的光辉大业了。因此，统治者为了维护天命就要敬德，提升自己的德行；也要保民，积极地实施仁政，这对提升民众的地位和改善民生都是有利的。当然，统治者还要任命贤臣辅佐自己治理国家，而贤臣都是上天降下辅佐明君的，《尚书》中就列举了伊尹、伊陟、巫咸、甘盘等著名贤臣对后世的贤臣政治有重大影响。洪，大也；范，法也。《洪范》记载了治理国家的"大法九章"。其中，第七个和第八个是"明用稽疑""念用庶征"，[1]即运用卜筮来处理疑难问题、用各种征兆验证君主行为的好坏，而这些都是敬天的表现。用卜筮来处理疑难问题兴盛于商朝，"殷人尊神，率民以事神，先鬼而后礼"。[2]"文王惟卜用，克绥受兹命。今天其相民，矧亦惟卜用"，[3]周公认为，文王就是由于懂得遵照占卜行事，才能继承大命；上天还是会给成王降福的，只要还能依照占卜行事。"曰休征：曰肃，时雨若；曰乂，时旸若；曰哲，时燠若；曰谋，时寒若；曰圣，时风若"，描述的是君王有德时上天显示出的美好征兆；"曰咎征：曰狂，恒雨若；曰僭，恒旸若；曰舒，恒燠若；曰急，恒寒若；曰雾，恒风若"，描述的是君王失德时上天显示出的恶劣征兆。[4]用各种征兆验证君主行为好坏被称为"灾异"理论，在一定程度上可以限制统治者做出违背道德的事情。

第二，统治者会因为有天命的庇护而盲目自信，认识不到人民群众的力量。面对周族势力的强势崛起，商纣王的大臣祖伊劝谏纣王称，要去了解天意，要遵循常法。而纣王认为"我生不有命在天乎"，[5]我生下来就是国君的命，这不就是奉行天命吗？可见，君权神授的天命成为商纣王施行残暴统治的借口，导致他最后落得身死国灭的下场而被天下人耻笑。

---

〔1〕《尚书·洪范》，第138页。

〔2〕《礼记·表记》。

〔3〕《尚书·大诰》，第169页。

〔4〕《尚书·洪范》，第150~151页。

〔5〕《史记·殷本纪》，光明日报出版社2015年版，第24~34页。

（三）天下观念：统筹自身安全和共同安全思想的滥觞

统筹自身安全和共同安全是总体国家安全观的核心要义，自身安全的维护离不开外部安全环境的构建和塑造，离开共同安全去追求自身的绝对安全是不切实际的想法。亚洲安全观、全球安全倡议和人类命运共同体思想是中国对国际社会共同安全的理论贡献，而"一带一路"倡议更是中国对共同安全理论的成功实践。考察历史，追求共同安全的思想应该是发轫于《尚书》中的天下观念，而天下观念对维护地区和平以及构建中华民族共同体意识都至关重要。以中国历史上第一个王朝夏朝为例，虽然以夏王朝为核心的联盟是松散的邦国联盟，但是夏王依然是名义上的"天下共主"，这种天下思想也被后世所传承，成为构建中华民族共同体意识的核心思想。天下思想的统治理论分外强调"德治"，这也是"华夏"主导的"天下"秩序并不排除蛮、夷、戎、狄的重要原因。由于有了"天下"观念，统治者就必须通过自己的行动是否符合"天"的意志——天命，来证明其统治的合法性。一方面，王朝的合法性要用是否有天命来证明；另一方面，王朝的更替也要用天命的变更来解释。在夏王朝存续期间，三苗、东夷等"蛮夷"民族和夏王朝经历了一个融合、分离、再融合的过程，最终"蛮夷"民族也成为华夏集团的一部分。可见，在"天下"观念的影响下，多民族国家形成的过程是一部"华夏"文化与蛮、夷、戎、狄文化不断融合、不断吸收消化进而使其不断进入"华夏"集团，从而使"中国"和"中华民族"从小到大不断发展的历史。[1]

"克明俊德，以亲九族；九族既睦，平章百姓；百姓昭明，协和万邦"，[2] 尧发扬大德以身作则，使各个氏族和睦相处；各族和睦了，又辨明、彰显朝中百官，协调处理他们的职守；百官和谐了，进而团结联络其他各个部落。这是《尚书》中体现"天下"观念的表述，对后世影响极大。"柔远能迩，惇德允元，而难任人，蛮夷率服"，[3] 能安远者，须先使内部亲善，敦

---

〔1〕　［日］王柯：《从"天下"国家到民族国家：历史中国的认知与实践》，上海人民出版社2020年版，第59~68页。

〔2〕　《尚书·尧典》，第2页。

〔3〕　《尚书·尧典》，第25页。

厚德行，信任善人、远离巧言佞色的小人，这样就能感化四方蛮夷之族竞相归服。舜帝对 12 州长官的告诫就蕴含着正确处理自身安全和外部安全的天下观念：强化四方部族对中原政权的认同，扩大华夏集团的辐射范围。大禹创立的五服制度更是集中体现了天下观念——将王畿之外的地区每五百里划分为一个区域，分别为甸服、侯服、绥服、要服和荒服。五服制度虽然包含很大的理想化成分，但其中的"羁縻"思想是典型的天下观念。鉴于夏王朝统治力量的有限性，其很难对"九州"都实施有效的直接统治，因此，按照距离王畿地区的远近实施五服划分，每服对中央承担的义务不尽相同，主要体现在贡纳的种类不同等。整体来看，中央对地方的控制力是逐渐递减的，荒服地域内三百里要因俗而治、减省礼节；外二百里地区则无须贡纳。通过五服制度，"东渐于海，西被于流沙，朔南暨，声教讫于四海"，〔1〕禹的统治东面到大海，西面达沙漠，南北及于极远之地，华夏的声威教化遍及四海九州。五服制度采取灵活的统治方式维持了夏王朝"天下共主"的地位，强化了四方对中原文化的认同，为中华民族的形成打下了基础。天下观念和天命观存在着内在联系，即统治者能成为天下共主，得益于统治者的敬天和敬德。"在昔上帝割申劝宁王之德，其集大命于厥躬？惟文王尚克修和我有夏"，〔2〕周公认为，过去上天为什么一直殷勤奖励文王的美德并把天命集中在他身上呢？因为只有文王才能把华夏诸民族团结起来。

（四）居安思危：重视事前预防的国家安全思想

2018 年 4 月 17 日，习近平总书记主持召开了第十九届中央国家安全委员会第一次会议，指出"前进的道路不可能一帆风顺，越是前景光明，越是要增强忧患意识，做到居安思危，全面认识和有力应对一些重大风险挑战"。《国家安全法》是我国国家安全领域的基本法，其明确指出维护国家安全要坚持"预防为主"的原则。《反恐怖主义法》则明确指出，恐怖主义是危害国家安全的重要来源，反恐怖主义工作要坚持"防范为主"的原则。国家安全关系到国家的重大利益，如果仍然墨守成规地坚持"事中处置"

〔1〕《尚书·禹贡》，第 85 页。
〔2〕《尚书·君奭》，第 261 页。

加"事后恢复"的方式处理国家安全问题,对国家重大利益的危害将是不可逆的。无论是"预防为主",还是"防范为主",都体现出事前预防、居安思危的国家安全思想。当然,不出现危害国家安全的情况或者将国家安全威胁消灭在萌芽状态是一种需为之奋斗的理想状态。2023年5月30日,习近平总书记主持召开第二十届中央国家安全委员会第一次会议,强调要坚持底线思维和极限思维,准备经受风高浪急甚至惊涛骇浪的重大考验。底线思维和极限思维是一种做最坏打算的思维方式,也是一种充满忧患意识的思维方式。

"居安思危,思则有备,有备无患",[1]虽然"居安思危"的具体表述并未出现在《尚书》中,但是这种强调事前预防的思想在《尚书》中则是有迹可循的。周公辅佐成王,反复告诫成王,不能贪图安逸,要以殷为诫,不能贪图逸乐、酗酒丧德;应知农事艰难,要效法周文王勤劳为政。"自朝至于日中、昃,不遑暇食,用咸和万民。文王不敢盘于游田,以庶邦惟正之供。文王受命惟中身,厥享国五十年",[2]可见周文王就是居安思危的典型。由于周文王有强烈的忧患意识,虽然他即位时已到中年,却还能享位达50年之久。

(五)明德慎罚、德主刑辅:德治和法治的初次交融

德治和法治是两种不同的国家治理方式,二者虽然在内涵上存在区别,但是在不同的历史时期可以实现具体的统一,是对立统一的关系。德和法的关系处理得好,社会就安定有序;德和法的关系处理不当,社会的平衡和均势就会被打破。符合时代发展的伦理道德是中华优秀传统文化的重要组成部分,在新时代,继续将其发扬光大以为中国式现代化建设服务是应有之义。目前,文化安全、意识形态安全之所以是国家安全的重要组成部分,是因为外来文化的强势入侵以及敌对势力的颠覆和渗透给我国带来了严峻的挑战。在新时代新征程维护中国文化安全和意识形态安全,需要大力发扬中华优秀传统伦理道德和社会主义核心价值观的防御和净化作用。依法维护国家安全是全面依法治国在国家安全领域的要求。党的二十大报

---

〔1〕《左传·襄公十一年》。

〔2〕《尚书·无逸》,第250页。

告在论述健全国家安全体系时指出，要完善国家安全法治体系，其中包括健全国家安全立法体系、国家安全执法体系、国家安全守法体系、国家安全司法体系等。

刑起于兵。在先秦时代，法更多是以刑的形态存在。因此，德和法的关系在特定的历史时期，是以德和刑的关系呈现的。关于如何平衡德和刑的关系，《尚书》进行了比较深入的初期探索，其给出的范式是"明德慎罚"和"德主刑辅"。德治的核心内容是教化，而教化的方法要宽厚。"允迪厥德，谟明弼谐。慎厥身修，思永。惇叙九族，庶明厉翼，迩可远在兹"，德治的表现是仁政，要求君王恪守德行、选贤任能和发扬贤人政治精神。明德要求君王和各级贵族敬修个人德行，以身作则，施德于民。"亦行有九德，亦言其人有德"，人性有九种德行，一个人必须要有德——这是提出"德主刑辅"思想的前提。[1]"朕敬于刑，有德惟刑"，[2]君主要谨慎对待刑狱之事，施行德政离不开善用刑法。善用刑法就是祥刑，意味着要谨慎对待刑法，不滥用刑罚而强调德主刑辅。"文王罔攸兼于庶言、庶狱、庶慎，惟有司之牧夫，是训用违。庶狱庶慎，文王罔敢知于兹"，[3]明德慎罚和德主刑辅还要求君王不要干预具体的刑狱之政与典法情讯之事，而是让司法主管官员去全权处理，君王只用严明观察这些官员是否能贯彻命令。"象以典刑，流宥五刑，鞭作官刑，扑作教刑，金作赎刑。眚灾肆赦，怙终贼刑。钦哉！钦哉！惟刑之恤哉"，[4]《尧典》中的这段话充分体现了"慎罚"精神，认为不但可以用流放代替具有肉刑性质的五刑，还要在主观上区分故意犯罪和过失犯罪，这些针对刑法的灵活态度都体现出适用刑罚的谨慎性。"五刑有服，五服三就；五流有宅，五宅三居。惟明克允"，[5]帝舜让皋陶担任士，兼掌军事和刑狱；五刑都要有承服者，原野、市、朝各当其处；宽宥五刑相应的流刑，远近各等须各有所居，但要明察刑案以定其罪，众人才能信服。帝舜对皋陶的要求体现出慎罚思想。"惟乃丕显考文

---

〔1〕《尚书·皋陶谟》，第39~40页。

〔2〕《尚书·吕刑》，第330页。

〔3〕《尚书·立政》，第289页。

〔4〕《尚书·尧典》，第23页。

〔5〕《尚书·尧典》，第29页。

王克明德慎罚，不敢侮鳏寡，庸庸祗祗威威显民，用肇造我区夏"，[1]这句话直接出现了"明德慎罚"的表述。周公反复告诫康叔要明德慎罚、爱护殷遗民，文王就是因为明德慎罚才能缔造华夏地区，并且得到了天命。"外事，汝陈时臬司，师兹殷罚有伦。要囚，服念五六日，至于旬时，丕蔽要囚"，[2]周公要求康叔按照殷代的刑罚来治理殷遗民，而且对于囚禁的犯人要仔细审理五六天甚至十来天，直到确定没有冤屈再去量定刑罚。"式敬尔由狱，以长我王国。兹式有慎，以列用中罚"，[3]周公非常欣赏负责司法诉讼的司寇苏忿生审理刑狱的做法，认为他谨慎诉讼、按成例给予适中刑罚的经验，足够裨益整个王国。

统治者也非常重视刑法的威慑作用，"皋陶方祗厥叙，方施象刑惟明"，[4]皋陶非常重视大禹的德业，对愚顽不服的人开始明确地用刑法威慑。而且，在德教无法达到治理效果时，要及时使用刑法和刑罚，"亦惟君惟长不能厥家人越厥小臣外正，惟威惟虐，大放王命，乃非德用义，汝亦罔不克敬典乃由"。[5]"至于再，至于三，乃有不用我降尔命，我乃其大罚殛之。非我有周秉德不康宁，乃惟尔自速辜"，[6]周公摄政三年平定奄地叛乱，回到宗周告诫各诸侯国君以及殷商旧臣，要求他们认清天命，忠诚地服从周王朝的统治。

《尚书》中的法律思想主要集中在《吕刑》中，《吕刑》提出了中国古代自成体系的刑法纲领和"祥刑"思想，是探讨先秦时代德治和法治交融的重要史料。"荒度作《刑》以诘四方"，《吕刑》制定之初就秉承着宽容大度的精神，这就为明德慎罚、德主刑辅奠定了基调。"爰制百姓于刑之中，以教祗德"，治理百姓只用适中的刑罚，来教育百姓敬行德教。"五刑不简，正于五罚。五罚不服，正于五过"，"五刑之疑有赦；五罚之疑有赦。其审克之"，这种疑罪不定的做法正是后世疑罪从无原则的思想渊源。"察

---

〔1〕《尚书·康诰》，第 177 页。
〔2〕《尚书·康诰》，第 183 页。
〔3〕《尚书·立政》，第 294 页。
〔4〕《尚书·皋陶谟》，第 53 页。
〔5〕《尚书·康诰》，第 186 页。
〔6〕《尚书·多方》，第 278 页。

辞于差，非从惟从"，断狱要核查实情，不能仅仅依靠口供定案。上述内容都体现出《吕刑》中的"祥刑"思想。[1]《吕刑》还强调要灵活适用刑罚，刑律条款上没有规定的犯罪可以上比重罪、下比轻罪加以确定。"刑罚世轻世重，惟齐非齐，有伦有要"，[2]刑罚还要因地制宜，根据实际情况作出调整才会达到效果。"刑新国用轻典，刑平国用中典，刑乱国用重典"[3]也是刑罚世轻世重思想的进一步引申，甚至可以说当代"宽严相济"的刑事政策都可以溯源到刑罚世轻世重的思想。

（六）恩威并施：军事安全是国家安全的保障

《尚书》所蕴含的军事安全思想主要集中在《甘誓》《汤誓》《牧誓》《费誓》和《秦誓》中，"誓"就是作战前的誓师词。总体国家安全观指出，军事安全是国家安全的保障，没有强大的军队和强大的国防力量就无法保障社会稳定，也无法创造于我有利的外部安全环境，甚至主权和领土安全都无法保障。维护军事安全主要依靠正确的战术和严明的军纪，二者缺一不可。"左不攻于左，汝不共命；右不攻于右，汝不共命；御非其马之正，汝不共命"，[4]一部分战士被安排在战车的左边、右边，还有一部分战士驾驭战车，这体现出当时的军事战术安排。战前准备粮草、武器等物资对取得战争胜利至关重要，"善敕乃甲胄，敿乃干，无敢不吊！备乃弓矢，锻乃戈矛，砺乃锋刃，无敢不善"。[5]由于战术正确、战前准备充分，夏启征伐有扈氏、商汤征伐夏桀、周武王征伐商纣王、鲁国国君征伐淮夷和徐戎的战争都取得了胜利。《尚书》也记载了征战失败的例子。鲁僖公三十三年（公元前627年），秦穆公不听老臣劝阻，派遣孟明视、西乞术、白乙丙率师远袭郑国，回师殽地半途被晋军伏击，全军覆没，三名统帅都被擒获。秦穆公极其自责，强调军国大事要依靠老臣，君主要宽容大度。"邦之杌陧，曰由一人。邦之荣怀，亦尚一人之庆。"[6]

---

〔1〕《尚书·吕刑》，第315~329页。

〔2〕《尚书·吕刑》，第328页。

〔3〕徐正英、常佩雨译注：《周礼·秋官·司寇》，中华书局2014年版，第734页。

〔4〕《尚书·甘誓》，第87页。

〔5〕《尚书·费誓》，第340页。

〔6〕《尚书·秦誓》，第349页。

除了正确的战术安排，严明军纪对取得战争胜利也发挥着关键作用。恩威并施是军队统帅的常用策略，"用命，赏于祖；不用命，戮于社。予则孥戮汝"，[1]夏启警告兵士，奉行命令的，胜利后在祖庙里给予嘉奖；不奉行命令的，就在社坛里杀掉他们。商汤在征伐夏桀前的誓词中也恩威并用，"尔尚辅予一人，致天之罚，予其大赉汝。尔无不信，朕不食言。尔不从誓言，予则孥戮汝，罔有攸赦"。[2]"尔所弗勖，其于尔躬有戮"，[3]周武王在讨伐商纣王前，也威胁要用刑戮来惩戒不奋力作战的士兵。鲁国国君同样威胁要用刑罚来惩罚不遵守军纪的人，"无敢寇攘、逾垣墙、窃马牛、诱臣妾，汝则有常刑"，不允许抢劫掠夺，如果翻墙去盗窃牛马、骗取厮役奴隶，就要受刑法处罚；"甲戌，我惟征徐戎。峙乃糗粮，无敢不逮，汝则有大刑。鲁人三郊三遂，峙乃桢干。甲戌，我惟筑。无敢不供，汝则有无余刑，非杀？鲁人三郊三遂，峙乃刍茭，无敢不多，汝则有大刑"。[4]如果鲁国百姓在储备军需军粮、构筑攻敌工事、储备牛马的草料方面达不到要求，都要处以死刑。

### 三、《尚书》中国家安全思想研究的新时代意义

《尚书》是中国先秦时代维护国家安全思想的宝库，除了上文所探讨的重民思想、君权神授的天命观、天下观念、居安思危的思想以及明德慎罚、德主刑辅等领域的国家安全思想，其中还蕴含着丰富的多领域国家安全思想。例如，严惩赃吏的政治安全思想；为了加强控制，将三苗族的一部分迁到北方，以及将殷遗民迁到新都洛邑的政权安全思想；殷人屡次迁都，以抵御自然灾害威胁的思想；建设新都洛邑，以加强赋税征收力度和对全国的统治辐射力度的思想等。

党的二十大报告指出，"国家安全是民族复兴的根基，社会稳定是国家强盛的前提。必须坚定不移贯彻总体国家安全观"。习近平总书记在2023

---

[1]《尚书·甘誓》，第87页。
[2]《尚书·汤誓》，第91~92页。
[3]《尚书·牧誓》，第135页。
[4]《尚书·费誓》，第341~342页。

年5月30日召开的第二十届中央国家安全委员会第一次会议上指出，"中央国家安全委员会坚持发扬斗争精神，坚持并不断发展总体国家安全观……国家安全得到全面加强"。可见，坚定不移地贯彻总体国家安全观是维护和加强国家安全的法宝。总体国家安全观是具有包容性、不断发展的科学理论，需要在发展中不断获得生命力，《尚书》中蕴含的古代优秀国家安全思想正是总体国家安全观的源泉之一。习近平总书记在2023年6月2日召开的文化传承发展座谈会上指出："只有全面深入了解中华文明的历史，才能更有效地推动中华优秀传统文化创造性转化、创新性发展，更有力地推进中国特色社会主义文化建设，建设中华民族现代文明。"由于当今国家安全形势和《尚书》时代有很大不同，维护国家安全的理念即便有共通之处，具体做法也必须与时俱进。因此，我们不能采取完全的"拿来主义"，做好对《尚书》等古籍中蕴含的国家安全思想的创造性转化、创新性发展工作已为当务之急。目前，对《尚书》中国家安全思想的探析还刚刚起步，尚未引起学界的充分重视，而且研究方法和研究范式还不成熟。希望有更多的理论研究者关注和加入到对包括《尚书》在内的中国古代经典文献的研究中来，充分挖掘其中蕴含的优秀国家安全思想。一方面，从思想史角度完善国家安全学学科建设；另一方面，为我国维护国家安全的当代实践提供有益借鉴。